Confronting “an Unknown Vaccine” with Behavioral Economics

行動経済学で「未知のワクチン」に向き合う

佐々木周作
大竹文雄
齋藤智也

日本評論社

プロローグ

佐々木周作

©Tezuka Productions

漫画家・手塚治虫の作品『陽だまりの樹』には、このような場面が描かれている。２コマ目の後ろ姿は、大阪大学の原点の一つである「適塾」を設立した、江戸時代後期の蘭学者・緒方洪庵のものである。６世紀以降、日本でもたびたび流行してきた天然痘に対する免疫を獲得するために、洪庵らは１８４９年開設の大阪・除痘館を拠点として、牛の天然痘とされる牛痘にかかった子どもにできた膿を、天然痘にまだかかっていない子どもに接種するという「牛痘種法」を広めようと奔走した。

従来、天然痘に対しては、牛痘でなく天然痘そのものに罹患した人にできたかさぶたから、吸入や接触などで感染させて抗体を得ようとする「人痘種法」が試みられていたが、技術的な困難さから逆に感染や流行の拡大につながることもあって、定着しなかった。牛痘種法は人痘種法に比べて安全性が高く、英国の医師エドワード・ジェンナーが1790年代に手法を確立して以降、世界で一気に広がった。日本で牛痘種法が始まったのは世界に50年ほど遅れてのことだったが、当初は牛由来という奇妙な手法への抵抗感が強く、『陽だまり樹』で描かれていたように「接種を受けると牛になる」などの風評も広まって、なかなか信頼してもらえなかったという。

このような啓発に関わる苦労を、洪庵は『除痘館記録』で次のように書き記している。

「市中には牛痘は益がないばかりでなく、かえって小児の体に害があるというような悪説がながれて、誰一人牛痘を信ずるものがいなくなった。やむを得ず、少なからぬ米銭をついやして種痘日に四、五人の貧しい小児を集めたり、四方へ走りまわって、牛痘のことを説明して勧めたりして、三、四年に及び、ようやく再び信用されるようになった。その間に社中各自が辛苦艱難したことはとても書きつくせない」（梅溪昇『緒方洪庵』（吉川弘文館、2016年、172ページ）掲載の現代語訳より一部調整）

牛痘種法は、接種を受けた子どもにできた膿から漿液を採取して別の子どもに植え継ぐという形式だったので、接種者が継続しないと、痘苗が途絶えることになる。そこで、痘苗が途絶えないよう、「少なからぬ米銭」という経済的インセンティブを活用して維持した様子がここに書かれている。洪庵らは、その他にも「引札」というチラシを発行して、牛痘種法の仕組みや安全性、接種後の生活の注意点などを一般の人たちが理解できるように説明した。引札には、次ページの「種痘啓発錦絵」のようなものもあった。天然痘の守り神である牛痘児が白い牛にまたがり、種痘針になぞらえた槍で疫鬼を駆逐する様

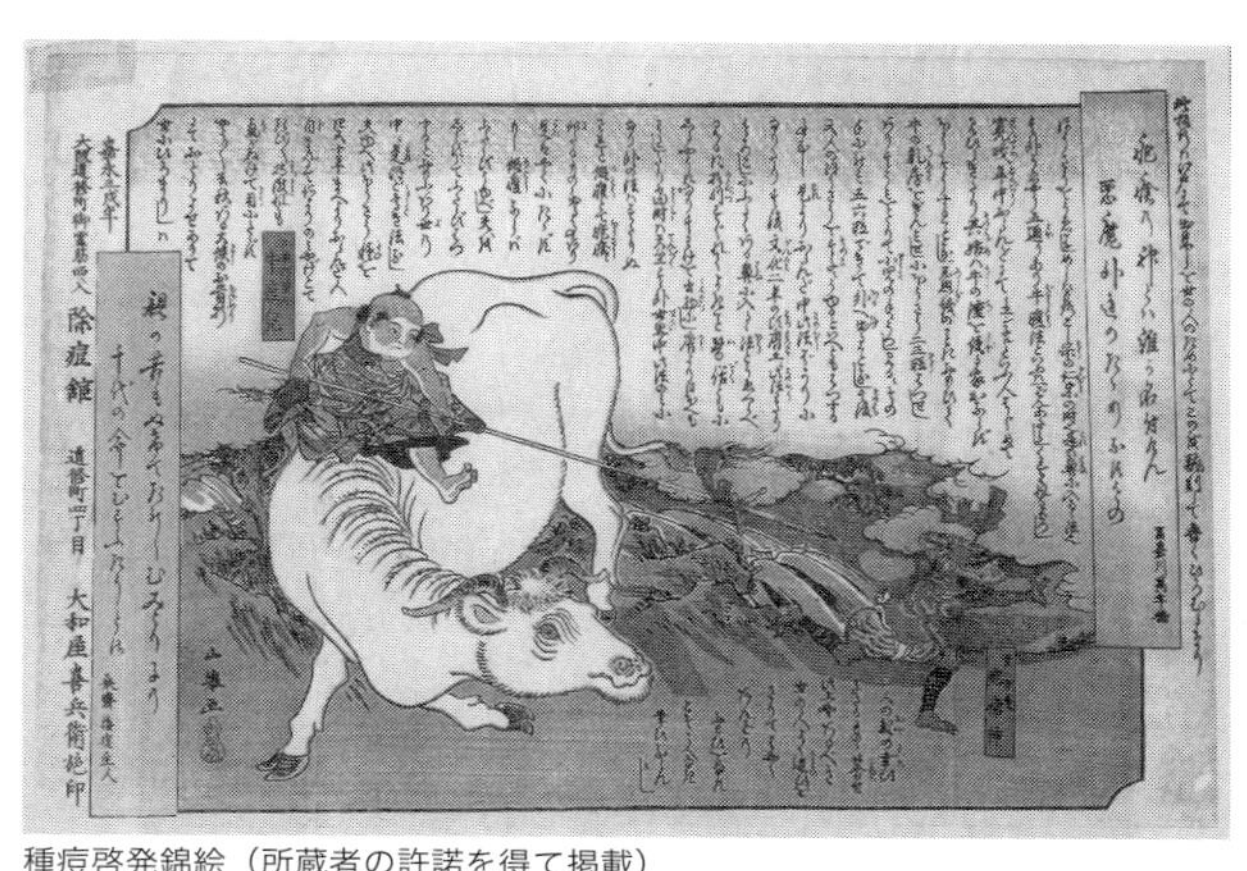

種痘啓発錦絵（所蔵者の許諾を得て掲載）

子を描いたもので、勇敢な姿を見せることで子どもたちの接種意向を高める目的もあったと考えられる。

洪庵らの創意工夫に基づく実績が認められて、設立から10年ほど経った1858年に除痘館はようやく官許を得て、幕府公認の施設となった。それから約百年の歳月を経て、1956年以降、日本では天然痘の発生がなくなった。80年には、世界保健機関（WHO）が天然痘の根絶を宣言した。

天然痘は、現時点において、人類によって根絶された唯一の感染症である。

牛痘種法と新型コロナ・ワクチン

本書の著者の一人である私・佐々木周作は、以前から手塚治虫の『陽だまりの樹』を愛読していた。新型コロナのパンデミックの最中に読み返したとき、緒方洪庵の奮闘のくだりがおよそ昔の出来事には思えなかった。パンデミックで目の当たりにしていることと、ほとんど同じことのように感じられたからだ。

「接種を受けると牛になる」という風評は、「ワクチンにマイクロチップが入っていて、管理される」や「ワクチンを打つと、腕に磁気が帯びて、磁石や金属がくっつくようになる」など、新型コロナ・ワクチンにまつわる誤情報や都市伝説と通ずるところがある。

「引札」でわかりやすい情報発信に努めたり「種痘啓発錦絵」で接種を促したりする工夫は、新型コロナ・ワクチンに関する各国政府の情報発信や、たとえば、「ワクチン接種を受けて、ヒーローになろう」という米国の市民向けメッセージ、英国エリザベス女王のような著名人らが率先して接種を受けて人々にも呼びかけた取り組みなどと通ずるところがある。

これらの共通点を指摘することで、私は、人類に学びや成長がないと主張したいわけではない。むしろ、パンデミックが発生する度に、新しいワクチンに戸惑うことの方が当たり前なのだと思う。牛痘種法は、漿液を種痘針につけて、上腕の表皮直下に小さい傷をつけてすり込むということを5～6カ所やる。抵抗感を覚える方が普通だ。新型コロナのパンデミックでは、「ｍＲＮＡ（メッセンジャー・アール・エヌ・エー）ワクチン」という新しい科学技術が採用されて、通常よりはるかに短期間で開発され、社会に導入された。これまで実装されたことがない科学技術に対しては、不安を感じる方が普通だ。したがって、これらを受け入れてもらえるように政府などの機関が創意工夫を凝らして人々に働きかけることもまた、パンデミックの度に毎回必要になるはずだ。

「未知のワクチン」と行動経済学

新型コロナのパンデミックの初期、私は行動経済学者として、本書の共著者でもある大竹文雄先生とともに、人々が自らソーシャル・ディスタンスをとったり感染予防に努めたりしようと思える**ナッジ**の研究開発に取り組んでいた。人間の意思決定の特性をふまえて自発的な行動変容を後押しするコミュニケーション手法を、行動経済学では**ナッジ**と呼ぶ。研究の結果、「あなたが外出をやめ、『3密』を避け、手洗いやマスクをすることで、身近な人の命を守れます」という**利他性**に訴えるナッジ・メッセージが、「あなた自身の命を守れます」という利己性に訴えるメッセージなどと違って、実際に人々の外出控えを促進する効果を持つことがわかった。一方で、この促進効果は短期間しか続かないこともわかり、人々の行動変容だけに頼り続けることの難しさも露呈した。この発見から私は、人々の行動変容で感染状況をコントロールできている間に、感染症対策として機能する科学技術を人々が早く受け入れて、人々の行動変容に大きくは依存せずに感染状況をコントロールできる段階に移行する必要がある、と考えるようになった。ワクチンはその科学技術の筆頭候補だった。

しかし、行動経済学の観点から考えると、新しく開発されたワクチンを人々が受け入れる過程がスムーズに進むとは到底思えなかった。そもそも人間は、「未知なるもの」を避けたがる傾向を持っているからだ。**曖昧性回避**と呼ばれるこの特性は、たとえば、赤玉50個と白玉50個の入った箱Aと、赤白の比率が不明な箱Bがあって、赤玉を引けば1万円もらえる状況だと、多くの人は当選確率の明らかな箱Aから引きたいと思い、当選確率が曖昧な箱Bを避けたがる、という現象として捉えられてきた。新しく開発されたワクチンは、予防効果が得られる確率も、軽度なものであれ重篤なものであれ、副反応が現れる確率も、かなり曖昧に感じられるものだろう。

確率が明らかになったとして、その確率の数値そのものに対しても人間は特徴的な反応をする。ノーベル経済学賞を受賞したダニエル・カーネマンらが提唱した**プロスペクト理論**では、人が**微小な確率を過**

大に評価する傾向を持つことが指摘されている。重篤な副反応が現れる確率が客観的には0・0005%と極めて小さい数値だったとしても、主観的にはもっと高く、たとえば5%くらいの水準で感じられるかもしれないということだ。このように、行動経済学は不確実な状況での人間の意思決定を研究し、他にも、損失を極端に嫌う**損失回避**や、それゆえに現状を変更する方が望ましい場合でも現状の維持を好む**現状維持バイアス**を発見してきた。たとえば、発熱などのかなりの頻度で現れる副反応による損失を気にして接種をためらうというように、それらの多くは「未知のワクチン」の接種を人々がひとまず様子見するように働くだろうと予想されるものだ。さらに、ワクチン接種の意思決定には、副反応の確率だけでなく、予防効果を得る確率、そもそも新型コロナに感染する確率など、さまざまなリスクが絡み合っていて、それらの交互作用としてワクチン接種を受けるかどうかにどう影響するかは複雑になってくる。

　行動経済学は、現在と将来など、異なる時点間の意思決定の特性についても研究を重ねてきた。その発見をふまえると、人々が「未知のワクチン」の曖昧性や不確実性を何とか乗り越えて、接種を受けようという意向を持ったとしても、その意向通りに接種を受けられない人たちが出てくるだろうと予想された。人間は、遠い将来の計画を立てるときには理性的に選択をしようと決意するが、いざその計画を実行する段階になると、目の前の誘惑に負けて後回しにする傾向を持っているからだ。たとえば、「1年後、1万円受け取る」のと「2年後、1万1000円受け取る」のではどちらがいいか聞かれると、冷静に金額の高い1万1000円を希望する人でも、「今すぐ、1万円受け取る」と「1年後、1万1000円受け取る」だと目の前の誘惑に負けて1万円の選択を実行してしまう。行動経済学では、このような意思決定の癖を**現在バイアス**と呼ぶ。現在バイアスの強い人は計画を後回しにしがちで、積極的な医療・健康行動をとりたいと思ってもなかなか実行できないことが知られていた。ワクチン接種を受けたいと思っても、今すぐ受けるかと言われるとすぐには実行できない人がきっと多いはずだ。

他者や社会のことを人間がどう配慮して意思決定するかも、行動経済学の主要な研究トピックだ。先に触れた**利他性**は、専門的に言うと他者の効用水準が自分の効用関数に含まれることで、他者の喜びを自分の喜びのように感じる性質である。**不平等回避**は、他者と自分の間に差があることを嫌がり、平等を好む性質で、これが他者と同じように振る舞うことで安心するという**同調性**につながり、逆に他者と同じように自分も振る舞わないと、守るべき社会規範を守れていないかのような居心地の悪さを感じるようにもなる。利他性は、他者や社会を守るために自ら接種を受けようという方向に働くと考えられる一方、自分以外の人が接種を受けて他者や社会が守られることからも喜びを感じるので、そういう場合には自分は接種を受けなくていいという方向にも働きうる。同調性は、周囲の大部分の人が接種を受けているときには自分も接種を受けようと思うように作用するが、周囲のほとんどの人がまだ接種を受けていないときには自分も受けなくていいと思うように作用しうる。これらの性質は、接種を促す効果も阻む効果も、両方持つ可能性があるのだ。

それでは、新規のワクチンという科学技術を人々に受け入れてもらうために、何ができるのか。日本の予防接種がさまざまな法改正を経て、義務接種から「努力義務」になっていることは私も知っていた。努力義務とは、法令で「〜するよう努めるべきである」「〜努めることが求められる」などと記されている義務のことだ。法令に基づき人々はできる限り予防接種を受けることが推奨されるものの、接種を強制するものでなく、接種を受けないことによる罰則も存在しない。つまり、努力義務のもとでは、人々が自発的に接種を受けようと思えるような施策が必要とされるということだ。こう考えたとき、自発的な行動変容を人間の意思決定の特性をふまえて後押しするコミュニケーション手法である、ナッジの考え方と共通するところが多いと私は思った。ソーシャル・ディスタンスの確保や感染予防行動の遵守を促すためのナッジの開発研究を行ってきた経験が、ワクチン接種でも活かせるかもしれない。

行動経済学者と感染症学者のコラボレーション

私は、「日本の人たちがどれほどの接種意向を持っているのか、多くの人が自発的に接種を受けようと思えるようなナッジはどういうものなのかなどについて、新型コロナ・ワクチンの接種が始まるより前に研究しておきたい」と共著者である大竹先生に提案した。ナッジはどんな状況でも・誰に対しても常に同じ効果を発揮するわけではなく、環境や対象によって効果が異なることが最新の学術研究で指摘されるようになっていた。だからこそ、どういう使い方なら大丈夫なのかを前もって確認しておく必要があると思った。同時に、「ワクチンの仕組みや効果は高度に医学的なので、この研究を現実の政策にとって意味のあるものにするためにも、私たち行動経済学者だけでなく、感染症学者と一緒にチームを組めないだろうか」とも相談した。そうして大竹先生から紹介してもらったのが、齋藤智也先生だった。さまざまな専門家が集う政府の有識者会議での齋藤先生の活躍に、大竹先生は感服されていた。幸運にも齋藤先生に参加いただけることになり、私たち三人は、２０２０年11月に最初の研究打ち合わせを行った。日本で新型コロナ・ワクチンの高齢者向けの接種が始まる、およそ半年前のことだ。

本書は、それからの歩みと成果を紹介するものだ。おそらく「行動経済学やナッジの政策活用」という言葉から一般的にイメージされるものとは随分違ったものをご覧に入れることになるだろう。私たちの政策研究が順調に進んだのか・修正の連続だったのか、現実の感染症政策にとって意味のある研究ができたのか・そうでないのかは、本書を通じて読者の皆さんにご判断いただきたい。私個人としては反省点も多いが、それでも時間や情報の制約がある中で、「的」を大きくは外さずにやり通して、危機に寄り添いながら行う政策研究の一つのカタチを示せたのではないか、と思っている。読者の皆さんがどう感じられたか・皆さんだったらこのような政策研究をどう実践するか、ぜひ、あなたの感想や意見を聞かせてほしい。

本書で紹介する研究プロジェクトは、たくさんの機関や人たちから支援を得て実現したものだ。まず幸運にも、科学技術振興機構のさきがけ制度の「パンデミック社会基盤」領域で、私の研究課題が採択された。資金面の支援だけでなく、総括の押谷仁先生（東北大学）をはじめとするさまざまな分野の研究者と議論を重ねたことで、感染症政策研究としての価値や貢献を引き上げることができたと思う。また、研究プロジェクトの途中から大阪大学感染症総合教育研究拠点に籍を移したことで、より集中して研究に取り組むことができた。感染症やワクチンの基礎研究だけでなく、科学情報の発信や政策提言も重視するという本拠点のビジョンに、私は深く共感してきた。一度獲得した任期なしのテニュア職を放り出して移籍する、という若手研究者としては酔狂な決断をしてしまったが、そんな私を応援して送り出してくれた、前所属先の東北学院大学の先生方にも感謝申し上げたい。その他にも、日本学術振興会から科学研究費（基盤研究（S・B））、課題設定による先導的人文学・社会科学研究推進事業、厚生労働省から新興・再興感染症および予防接種政策推進研究事業の助成と、経済産業研究所（ＲＩＥＴＩ）の支援を受けた。

本書では、著者三名で実施した研究だけでなく、加藤大貴氏、黒川博文氏、丹治玲峰氏、中山一世氏との共同研究の成果も紹介している。また、本書の文章は、四名の共同研究者に加えて、経済学、心理学、感染症学、公衆衛生学といったさまざまな分野の研究者に事前のレビューをお願いした。快く引き受けてくださった赤塚永貴氏、石原卓典氏、井深陽子氏、河村悠太氏、南宮湖氏、三浦麻子氏に感謝の意を表したい。中でも、さきがけ制度でご一緒している、感染症学者で医師の南宮氏は、本書全体を通読していただき、大変有益なフィードバックとコメントをくださった。最後に、フィールド実験や社会実装など本書の研究プロジェクトにご協力くださった自治体の皆様、また、私たちの思いを受け止め、出版企画を進め、すばらしい編集をしてくださった日本評論社の尾崎大輔氏に感謝を申し上げる。

本書のうち、第1章から第10章までナンバリングされた本体の大部分の執筆は、佐々木が担当した。「大竹文雄の目」という当時の政策議論をまとめたパートは大竹が担当し、第1章・第3節をはじめとする医学関連のパートは齋藤が担当した。なお、特別な注記のない限り、本書の各章で「私」と表現するときは佐々木・個人を指し、「私たち」と表現するときは佐々木・大竹・齋藤の三名を指す。また、本書に登場する人物の所属や肩書きは、原則として言及している当時のものである。

参考文献

梅溪昇（２０１６）『緒方洪庵』吉川弘文館。

緒方洪庵記念財団除痘館記念資料室編（２０１５）『緒方洪庵の「除痘館記録」を読み解く』思文閣出版。

緒方洪庵記念財団除痘館記念資料室編（２０１８）『大坂除痘館の引札と摺りもの』緒方洪庵記念財団除痘館記念資料室。

古西義麿（２００２）『緒方洪庵と大坂の除痘館』東方出版。

目　次

第3部 「未知のワクチン」の接種はじまる

コラム一覧

第1部
「未知のワクチン」にどう向き合うか？

第1章

「未知のワクチン」に向き合うための基本道具

1 ワクチンへの期待と戸惑い

新型コロナウイルス感染症のパンデミックが地球規模で拡大し始めたとき、「ワクチンが開発されるまでの辛抱だ」と考えていた人も多かったのではないだろうか。ワクチン開発とその社会実装がパンデミックにおける最も重要な出口戦略であることは、これまでさまざまな政府機関や専門機関によって説明されてきた。私たち市民も、ワクチン接種が季節性インフルエンザなどの予防策になるということを、日々の生活の中で体感的に学んできた。新型コロナのワクチンが新しく開発されれば、このパンデミックも早晩に終息するだろう。そんなふうに期待するのは自然なことだ。

しかし、「未知のウイルス」のために新しく開発された「未知のワクチン」を社会の人々が受け入れ、政府が目標に設定した人数が接種を受けて、パンデミックの終息まで向かう現実のプロセスは、もっと複雑で、長期的なものだった。ワクチンを実際に目の前にしたとき、私たちはさまざまな戸惑いを覚えたからだ。

「ｍＲＮＡ（メッセンジャー・アール・エヌ・エー）ワクチンって何？　これまでのワクチンとどう違うの？」

「海外の人たちは早く接種を受けられてうらやましい。でも、日本人にも同じように効果があるのかな…」

「発症予防効果って何？　接種を受けても、周りに感染を広げにくくなるわけではないの？」

「接種を受けても、確実に免疫がつくわけではないのかな…」

「接種を受けたのに、発症したのはなぜ？」

「あれ、二回の接種で終わりじゃなかったの？」

戸惑いを覚えたのは市民だけではなかったのかもしれない。接種を勧奨する側の政府や自治体も手探りの部分が多かったはずだ。

「発症予防効果がメインなら、『周りに感染を広げないために接種を受けましょう！』とは呼びかけられないのか…。『自分自身の発症や重症化を防ぐために接種を検討しましょう！』ならどうだろうか？」

「でも、発症者や重症者が減れば医療機関の負担も減るから、自分自身のためだけというわけではなく、社会全体のためにもなるのか…」

いざ接種を受けられる段階になると、私たちは、ワクチンの持つ多彩かつ不確定・不確実な特性が気になり始める。それらの多くは、実は私たちがこれまで受け入れてきた「既知のワクチン」と共通するものだったとしても、新しく開発されたばかりで、身近な人たちがまだ接種を受けていない「未知のワクチン」に対しては、なおさら鮮明に感じられたのかもしれない。

2　三つの視点と本書のねらい

新型コロナウイルスのパンデミックを通して研究を行う中で、私・佐々木は、大きく三つの視点からワクチンの特徴を理解することが重要であると、気づかされた。

第一の視点　ワクチン接種の効果は多様である
第二の視点　ワクチン接種の効果は変動する
第三の視点　ワクチン接種の効果は不確実である

第一に、ワクチン接種の効果は多様だという視点である。効果には、「感染予防効果」だけでなく、「発症予防効果」「重症化予防効果」なども存在するということを、行動経済学者である私は研究を始める段階になって初めて知った。詳しくは次節で説明するように、感染症が人々に及ぼす影響には「感染」「発症」「重症化」という三つの段階があり、「感染予防効果」は、最初の感染するリスクそのものを下げる効果である。「発症予防効果」は、感染した人が発症するリスクを下げる効果で、「重症化予防効果」は、感染し発症した人の重症化リスクを下げる効果である。ちなみに、私たちに馴染み深い季節性インフルエンザのワクチンは、二つ目の発症予防効果や三つ目の重症化予防効果が期待されたものである。

開発当初の新型コロナ・ワクチンもまた、基本的には発症予防効果が期待されたものであり、その効果は季節性インフルエンザ・ワクチンよりも大きいと報告されていた。一方で、感染予防効果についてはまだよくわかっていなかった。したがって、新型コロナ・ワクチンには、「自分の接種が自分以外の人たちに感染を広げるリスクを下げて集団免疫の獲得を早める」という意味での社会的便益を、強くは期待できない。一方、発症リスクが下がり、それに伴って重症化リスクが下がることには、「パンデミック下で逼迫しがちな医療提供体制の維持に貢献する」という意味での社会的便益は期待できる。

第二に、ワクチン接種の効果は変動するという視点である。実際、新型コロナ・ワクチンの効果の種類や程度は、時間の経過とともにだんだんと明らかになっていった。これは新しく開発されるワクチンに共通する特徴だ。新規ワクチンは、当初は厳格な臨床試験によって感染予防効果、発症予防効果、重症化予防効果の有無や程度などが検証される。その確認後に、社会における接種の推進と併行して、現場で収集されるデータを使って、長期的な効果や周囲への感染拡大を防ぐ効果、臨床試験では観察されない重症化や死亡に対する効果などが確認されていく。新型コロナ・ワクチンは臨床試験で非常に高い発症予防効果が確認され、それによって特例承認されてから、その後、感染予防効果や重症化予防効果などに関するエビデンスが蓄積されていった。実際、一回目の接種開始時には、発症予防効果の説明のみが内閣官房や厚生労働省のホームページに掲載されており、後日、感染予防効果も一定程度認められるような説明が追記されていった。

ウイルスの変異株の出現もワクチンの効果を変動させる大きな要因になる。また、ワクチンには一度きりの接種で十分なものと、接種後一定期間で効果がなくなるため定期接種が必要なものがあるが、新型コロナ・ワクチンは後者で、その回数も変異株の出現によって変わっていった。

第三に、一人ひとりにとっては、ワクチン接種の効果はそもそも不確実であるという視点である。ワクチン接種を受けた人全員が、確実に同じ程度の発症予防効果を享受できるわけではない。免疫を獲得しやすい人もいれば獲得しにくい人もいる。これは、ワクチン接種を受けたことの個人的な便益を私たちが実感しづらいことの大きな原因になっている。

この不確実性に加えて、接種から感染までに時間差があることで、その間に獲得した免疫が減弱する現象や、ウイルスの変異によって発症リスク・重症化リスクそのものが低下する現象が絡み合い、「ワクチン接種を受けたことが原因で、症状がこの程度で済んだ」という因果関係を人々が実感することが難しくなっている。副反応も、発現しやすい人とそうでない人がいて不確実だという点では同じだが、発現する場合のほとんどは接種の直後に現れるので、「ワクチン接種を受けたことが原因で、副反応が出た」という因果関係を人々がより実感しやすいという特徴がある。

本書では、このように不確定要素が多く、不確実性も伴う「未知のワクチン」に、一般の人々がどのように向き合ってきたのかを、独自にアンケート調査を行いながら、ひも解いていく。同時に、政府の有識者会議の議事録を振り返りながら、専門家や政策担当者がどのように向き合ってきたのかも整理していく。そして、実証実験を行いながら、「未知のワクチン」の接種を人々にどのように勧奨するのがよいか、また、どのような場合は勧奨すべきでないのかを検討していく。

ここからは、本書を読み進めてもらうための背景知識として、「新型コロナ・ワクチンの医学的な特性」「ワクチン接種の法的位置づけ」「ワクチン接種の経済学研究」を紹介していこう。

3 新型コロナ・ワクチンの医学的な特性

そもそも、ワクチンとは何か?

新型コロナ・ワクチンの医学的な特性を説明するために、まずは、ワクチンとは何か、を改めて解説したい。「感染症のワクチン」とは、「病原体に対する免疫を付与する、あるいは増強させることで、病原体に対する防御力を高めるための製剤」である。そして、そもそも「感染症」とは、人が病原体に曝露し、感染（＝病原体が体内に侵入して増殖）することによって、何らかの症状が引き起こされることを指す。私たちは病原体に曝露する前にワクチン接種を受けることで、その病原体に対する免疫を体内に獲得できる。

ワクチンの効果には、大きく分けて次の三種類がある。

◆ **感染予防効果**：病原体が人の体内に入り増殖すること（＝感染）を予防する効果
◆ **発症予防効果**：病原体が人の体内に入った後に症状を引き起こすこと（＝発症）を予防する効果
◆ **重症化予防効果**：発症しても症状の悪化（＝重症化）を予防する効果

一般的なワクチンは、感染者に接触するなど病原体に曝露する「前」に接種することで予防効果を発揮することを期待するものだが、病原体によっては、曝露した「後」にワクチンを接種しても発症などを予防する効果を発揮する場合がある。たとえば、狂犬病ワクチンは、狂犬病の犬に噛まれた際に発症した場合の致死率がほぼ１００％であることから、曝露後であってもワクチンを接種する必要がある。

また、ワクチンの中には、感染症の予防のみに限らず、その感染症が原因となるがんまで予防する効果を持つものもある。Ｂ型肝炎ワクチンは慢性肝炎・肝硬変・肝がんを予防するし、ＨＰＶ（ヒトパピローマウイルス）ワクチンは子宮頸がんを予防するもので、子宮頸がんワクチンとも呼ばれる。

ワクチンの種類

ワクチンは製造法によっていくつかの種類に分けられる。新型コロナ・ワクチンが登場するより以前から一般的に使われてきたワクチンは、大きく「生ワクチン」と「不活化ワクチン」の二種類に分かれていた。

生ワクチンとは、病原性を弱めたウイルスなどをワクチンとして使うものである。病原性の低いウイルスや細菌などが体内で増殖し、感染防御免疫が誘導される。代表例は、麻しんや風しんのワクチンである。

不活化ワクチンとは、病原体で、その後感染したり増殖したりしないように病原性を消失させたもの、または病原体が出す毒素を無毒化したものをワクチンとして使うものである。代表例は、季節性インフルエンザ・ワクチンである。近年は、遺伝子組換えによりウイルスの表面蛋白の一部をワクチンとして使うものもあり、「組換えタンパクワクチン」と呼ばれるが、これも不活化ワクチンの一種である。

これらに加えて、近年、「ウイルスベクターワクチン」や、mRNAワクチンに代表される「核酸ワクチン」の開発が進んできた。これらはウイルスの一部のタンパク質の遺伝情報を体内に接種することで、ヒトの細胞内でそのタンパク質を一時的につくらせ、ウイルスに対する免疫応答を誘導するものである。この種のワクチンは、病原体そのものがなくても、病原体の遺伝情報さえ入手できれば開発可能になるので、迅速に開発を始められるという特徴がある。2020年末に登場した新型コロナ・ワクチンはまさにこの代表例であり、未知のウイルスの出現からおよそ1年で開発された。

その他に、「トキソイド」と呼ばれるワクチンもある。これは、細菌が産生する毒素を精製して無毒化したものである。毒素に対する抗体を体内に事前に産生させることで、感染して体内に入った細菌が産生する毒素を中和して発病を抑えるために使用する。また、近年は、複数の病原体に対するワクチン成分を含むワクチンもよく使われており、「混合ワクチン」と呼ばれている。

ワクチンの効果と副反応

「ワクチン接種を受ければ、絶対にその病気にかからない」というわけではない。接種を受ければ多くの人はその疾病に対する免疫を獲得するが、これも決して100%ではない。ワクチン接種を受けても必要な免疫が得られない人もいるし、免疫が得られてもその後抗体の量が低下するなどして、感染や発症を防げなくなる場合もある。しかし、防御の効果が100%でないからといってワクチン接種の意義が失われるわけではない。感染や発症、重症化するリスクは、接種していない場合に比べて減少する。

よく「ワクチンの効果は70%」などといった表現で説明される。こう聞くと「ワクチン接種を受けた人の70%はその病気にかからないで済む」と思われるかもしれないが、誤解である。仮に、この70%が感染を予防する効果だったとすると、これは、

「ワクチン接種を受けずに病原体に感染した患者が100人いたときに、仮にその100人全員が事前にワクチン接種を受けていたならば、そのうちの70人は感染せずに済んでいた」

という意味である。つまり、感染するはずだった人の割合が減るということだ。言い換えれば、ワクチン接種を受けると、受けなかった場合に比べて、病原体に曝露したときに感染するリスクが70%減少するという意味である。図1-1のように、ワクチンの非接種者群での発病率を1とすると、接種者の発病率が0・7減少して0・3になる。発病した人たちの割合を100%として考えたとき、接種者群で発病する割合が70%減少して30%になるということである。

感染予防効果を持つワクチンには、「集団免疫効果」が期待できる。感染者が発生しても、感染を防御できる人(=感染しない人)が社会に多数存在すれば、その感染者から周囲に感染させる機会が減少し、大きな流行に至る確率が減少する。そのため、ワクチンを接種していない者や免疫が得られなかっ

図1-1　ワクチンの有効率と相対危険の概念図（効果70%の場合）

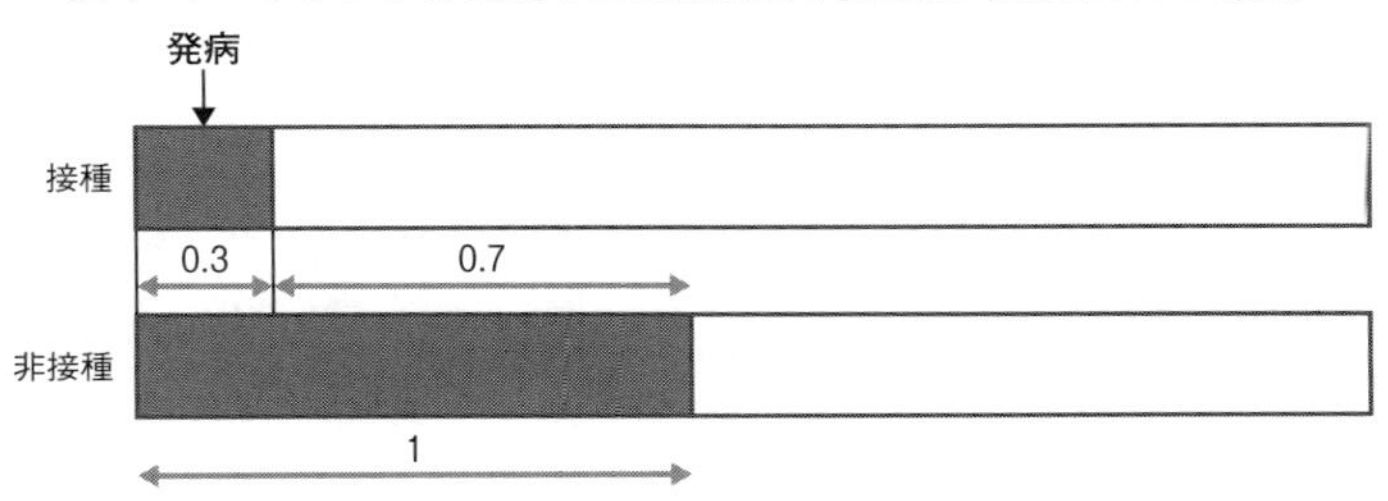

（注）相対危険とは、非接種の罹患リスクを1としたときの接種者の罹患リスクのこと。
（出所）廣田良夫・加地正郎（1997）「インフルエンザワクチンをめぐる論点」『綜合臨牀』46(11): 2665-2672。

た者であっても感染する確率は減少し、間接的に守られることになる。このような効果を「集団免疫」と呼ぶ。

かつて生ワクチンの接種は終生免疫を導入すると言われていたが、免疫の継続性は病原体の種類によることがわかってきた。多くのワクチンは一定期間後に効果が減少する可能性があるため、接種後一定期間を空けてブースター接種（追加接種）が行われることが多い。

ワクチン接種後に発熱や痛みが発生したり、時には死亡したりする事象も報告されてきた。ワクチン接種が原因かどうかに関わらず、ワクチン接種を受けた人に発生する医療上好ましくないすべての事象を「有害事象」と呼ぶ。有害事象のうちワクチン接種と因果関係のあるものは副反応と呼ばれる。感染症に対する免疫をつけることがワクチン接種の目的だが、副反応はそれ以外の有害な作用（副作用）や接種行為に起因する有害事象のことだ。

副反応の内容はワクチンによって異なるが、皮膚の腫れや発熱、発しんといった比較的軽いものから、稀ではあるがアナフィラキシー（重いアレルギー症状）や脳炎・脳症といった重篤なものまである。たとえば、1976年に予防接種が中止された天然痘だが、旧ワクチン株は急性脳炎などの中枢神経系の副反応が、10〜50万人に一人の割合で報告された。

ワクチンの開発と効果検証、承認、実装プロセス

ワクチンの効果の検証のために、「動物による実験」と「ヒトによる臨床試験」が行われる。まず動物に対する安全性と効果が確認されると、次にヒトによる試験に進む。ヒトに対する安全性と有効性が確認されると、製品として販売する承認を受けて市販される。

承認前の段階では、まず、実験動物やヒトにおいて、ワクチンの投与により、抗体価など対象病原体に対する免疫の指標となる数値が上昇するか（免疫原性）が、どれくらいの効果があるかの一つの判断基準となる。動物においては、ワクチンを接種した動物と接種していない動物に対して感染実験を行って、その経過を比較して効果（感染防御、発症予防効果）を判断することもある。ヒトにおいては、接種による免疫原性を確認することに加え、ワクチンの接種群と非接種群（統制群）に分けて、感染や発症、重症化などの経過を観察し、効果を比較する臨床試験も行われる。臨床試験には、安全性と免疫原性に関する予備的な探索を目的とした小規模な「第1相試験」、基本的な接種スケジュールなどを明確にすることなどを目的とした小規模な「第2相試験」、ワクチンの有効性と安全性のデータを得るために実際の使用条件を考慮してデザインされる大規模な「第3相試験」がある。

市販された後も、疫学研究により、実際のフィールドでの効果検証が行われる。臨床試験の段階では、非常に限定的な人数で、健康成人など限られた人口集団で接種が行われるが、市販後は、年齢や各種疾患の罹患歴、社会背景などさまざまな背景を持つ人口集団で多人数の接種が行われる。また、接種後の

長期的な予防効果を臨床試験で観察することは困難である。感染による重症化や死亡といった頻度が低い事象に対する効果は、短期間で観察することが難しい。また、抗原性が変異した変異株が流行する場合もある。実際の人口集団で見られる効果や、重症化などに対する予防効果、長期の予防効果、変異株に対する効果などを観察するため、市販後のフィールドでの調査研究は欠かせない。

ワクチンの安全性に関しても臨床試験で完全にはわからない。接種後、予期できない健康被害や、極めて稀な異常反応による重大な健康被害が生じる可能性がゼロではない。大規模に接種が行われる中で生命に関わる事態が生じることはありうる。有害事象や副反応の事例を探知する方法として、予防接種法に基づく報告制度がある。医師等は予防接種を受けた者が一定の症状を呈し、報告基準を満たしている場合に、厚生労働省に報告しなければならない。対象疾病ごとに事象・症状の種類と接種後症状出現までの時間が規定され、該当症状が規定の期間内に出現した場合は、因果関係の有無を問わず報告する。そのため、ワクチンによる副作用や副反応ではないものも報告される。また、製造販売業者等が医薬品医療機器等法[1]に基づいて行う副作用等報告もあり、企業等が副作用の疑われる症例等を知ったときは、厚生労働省に報告することが義務づけられている。これに関連して、国立感染症研究所では、独立行政法人医薬品医療機器総合機構（ＰＭＤＡ）と共同で予防接種後副反応疑い報告あるいは副作用報告として報告された内容を集計・解析し、異常な集積がないかについて毎週集計し、情報を共有している。もし異常な集積が認められた場合は、ロットごと、期間ごと、ワクチンごと、症状ごとに分析して、緊急な対応が必要かどうかについて検討を行っている。[2]

ワクチン接種に関わる政策判断は、ワクチンの有効性と副反応などのリスクの比較衡量によって行われる。感染症による重症化・死亡のリスクが高い場合は、副反応などのリスクがあっても有効性がリスクを上回りうる。ワクチンの有効性と副反応などのリスクが同じでも、感染症による重症化・死亡のリスクが低い場合は、有効性がリスクを下回りうる。たとえば、感染してもほとんど症状がない場合、感染を防ぐが副反応があるワクチンを接種する意味は小さい場合がある。このような感染のリスク、感染症による重症化・死亡のリスク、副反応などのリスクとワクチンの有効性のバランスは、年齢、基礎疾患などの医学的な背景、あるいは流行地域などによっても異なる。

新型コロナ・ワクチンの医学的な特性

新型コロナ・ワクチンの開発はさまざまな製法で進められた。その結果、生ワクチンとも不活化ワクチンとも異なる、新たな製法のワクチンが導入されることとなった。その一つが、「ｍＲＮＡワクチン」である。先述の通り、このワクチンは、ウイルスのタンパク質の一部をつくらせる遺伝情報を持つｍＲＮＡを使って、体内でウイルスの一部を模倣するタンパク質をつくらせ、それによってウイルスに対する免疫を形成する。その他にも、別のウイルスを「運び屋」として使用し、コロナウイルスのタンパク質の一部の情報を体内に運び、ｍＲＮＡワクチンと同様に体内でウイルスの一部を模倣するタンパク質を作り出す「ウイルスベクターワクチン」も今回導入された。国内では「組換えタンパクワクチン」も導入された。

最初に導入されたｍＲＮＡワクチンは、標的となるタンパク質の遺伝子配列が判明すれば作製可能であることから、新型コロナウイルス（SARS-CoV-2）の遺伝子配列が同定されてから驚異的なスピードで開発が行われた。２０１９年12月に中国の武漢市で新型コロナウイルスの最初の感染例が発見されてから、約４カ月後の20年３月にはヒトを対象とする最初の臨床試験（第１、２相）が開始されて、その結果が同年７月に報告された。そして、同年11月に示された大規模臨床試験（第３相臨床試験）の速報値では、発症予防効果95％という高い有効性が示された。12月に入ると、英国や米国、イスラエルなどで米ファイザー社や独ビオンテック社のワクチンの緊急時使用が許可されるに至った。日本国内でも、海外臨床試験・国内臨床試験の結果をふまえて、21年２月にファイザー社のワクチンが特例承認され、その後各社のワクチンが順次承認されていった。

新型コロナ・ワクチンは、承認段階で非常に高い発症予防効果を示して、その後感染予防効果も確認されたものの、[3] 時間の経過とともに抗体価の減衰が報告されるようになった。[4] 先行して接種が始まっていたイスラエルなどからの報告をふまえ、抗体価の減衰への対応として、ブースター接種（三回目接種）の必要性や時期について検討が行われることとなった。[5] ２０２１年９月に開催された厚生科学審議会予防接種・ワクチン分科会で三回目接種が必要であるとの見解が示され、12月には三回目接種が始まった。

変異株のデルタやオミクロンの出現によって、初期ほどの高い発症予防効果・感染予防効果は見られなくなった。[6] 一方で、重症化予防効果はウイルスの変異があっても比較的保たれていた。発症予防効果・感染予防効果の持続期間は2～3カ月、重症化予防効果は1年以上と一定程度持続し、また、ワクチンのブースター接種を行うことで、さらに追加的な重症化予防効果などが得られるとのことだった。

このような効果の持続性や変異株に対する効果は、ワクチン接種者から採血し、血液中の抗体価などを調べる血清疫学研究や、医療機関などでの疫学研究によって評価される。社会へのワクチン導入後に、ワクチンの接種群と非接種群を分けて感染症罹患を比較観察することは困難であることから、近年よく使われる手法として、検査陰性デザインによる症例対照研究という手法がある。これは、医療機関を受診し検査で新型コロナ陽性の方を「症例」、新型コロナ陰性の方を「対照」と分類し、それぞれのグループでワクチン接種割合を比較する手法である。国内の例としてＶＥＲＳＵＳスタディ[7]などがある。

副反応については、接種後の注射した部分の痛み、疲労、頭痛、筋肉や関節の痛みなどが知られるが、接種から数日以内に回復する。ｍＲＮＡワクチンの臨床試験では、ワクチン接種者とプラセボ（薬効成分を含まない生理食塩水など）接種者の間で重い病気を発症したり亡くなったりする人の割合に差がないことが確認されており、安全性が確認されたうえで承認され、供給されている。また、米国の大規模な観察研究でも、ｍＲＮＡワクチンの接種後の死亡リスクについて、統計的に意味のある上昇は認められていない。

一般的には、ウイルス感染やワクチン接種によってできた抗体が、ウイルスの感染や症状をむしろ促進してしまう「抗体依存性感染増強（ＡＤＥ）」という現象も知られている。ＳＡＲＳコロナウイルス感染による重症急性呼吸器症候群（ＳＡＲＳ）について、アカゲザルの実験で不活化ウイルスの接種により抗体依存性増強反応が認められた事例などがあり、新型コロナウイルスのワクチン接種においても、ワクチン接種により感染したときの症状が増強する現象（ワクチン関連疾患増強（ＶＡＤＥ））が起こる可能性があると言われていた。しかし、国内で接種可能な新型コロナ・ワクチンについて、ＡＤＥが起こり重症化したという報告はこれまでに確認されていない。

4 ワクチン接種の法的位置づけ[8]

日本の予防接種法は、1948年に制定されて以来、感染症対策の一つの枠組みとして、度重なる改正を経て今日に至っている。初期の予防接種法では、天然痘、ジフテリア、腸チフスなど、伝染性が強く、まん延の恐れがある疾病に対して、予防接種が法的に義務づけられていた。これらの疾病に対する接種は、「罰則付きの義務規定」として実施され、国民に対して広く徹底された。

しかし、1970年代に予防接種による副反応が問題視されるようになり、76年に健康被害救済制度が法制化された。これによって、予防接種による健康被害が発生した場合は、国が審査を行い、医療費や補償が迅速に提供されることが保障された。また、これを契機に、義務規定は残しながらも、罰則は廃止されることとなった。

さらに、1994年の法改正では、公衆衛生の進展と国民の意識変化をふまえて、予防接種に対する法的枠組みが大きく見直されて、従来の義務規定から「努力義務規定」への移行が行われた。努力義務とは、法令において「～するよう努めるべきである」「～努めることが求められる」などと記される義務のことである。法令に基づき、個人はできる限り予防接種を受けることが推奨されるものの、接種を強制するものではなく、接種を受けないことによる罰則も存在しないという性質を持つ。このように予防接種を受けるかどうかは最終的には個人（または保護者）の判断に基づくものとされて、接種の義務がさらに緩和されていった。

一方で、接種による集団防衛は依然として公衆衛生の観点から重要視されたため、一部の疾病は「定期接種」の対象として公的な接種勧奨が続けられてきた。定期接種は、国が公衆衛生上の重要性を考慮して指定した疾病に対して自治体が主体となって実施するもので、接種費用は原則として自治体が負担する。現在、麻しん・風しん、日本脳炎、ポリオ（急性灰白髄炎）などが定期接種の対象となっている。対象となる疾病は、さらにA類とB類に分類されている。A類はより集団予防目的に重点を置いたもので、接種勧奨が行われ、努力義務が課せられる。B類はより個人予防目的に重点を置いたもので、接種勧奨は行われず、対象者に努力義務は課せられないものの、法に基づく接種が行われる。

定期接種とは別に、予防接種法に基づかない、いわゆる「任意接種」もある。これは個人の判断に基づいて行われる接種で、法的な義務は伴わないが、個人の希望や必要性（流行地への渡航など）に応じて接種を行う。一部の任意接種に対して費用助成を行っている自治体はあるものの、一般的に、任意接種の費用は、接種を希望する個人の自己負担となる。季節性インフルエンザのワクチンは、重症化しやすい高齢者を除いて任意接種となっている。同様に、定期接種の対象となっているワクチンでも、対象外の者が任意接種として接種する場合もある。

感染症のまん延時やパンデミック下の接種については、複数の法的枠組みがあり、かなり複雑になっている。まず、予防接種法には、感染症のまん延予防について緊急の必要性があるときに、定期接種の対象として設定されていない予防接種を行う「臨時接種」がある。病原性の強さに応じて、努力義務や接種勧奨など、公的な関与の度合いの異なる枠組みが用意されている。

続いて、パンデミックのような緊急時の予防接種の枠組みとして、新型インフルエンザ等対策特別措置法（以下、特措法）に基づく「特定接種」と「住民接種」がある。これらは、２００９年の新型インフルエンザ・パンデミックの後に整備された。「特定接種」は、新型インフルエンザ等が発生した際、医療従事者や社会機能維持者といった社会基盤を支える特定の職業や役割を持つ人々を対象に接種を行うものである。これは予防接種法に基づく予防接種とはまったく異なる枠組みで、国の危機管理対策として行われる。特定接種の対象外の者に対しては、予防接種法上の「臨時接種」として接種が行われるが、その際に、特措法に基づく「住民接種」として、対象者や期間を定めることで予防接種の優先順位を示すことが想定されている。

新型コロナウイルス感染症は特措法の対象となり、政府対策本部も設置され、特措法に基づく措置が行われたが、予防接種については「特定接種」など特措法に基づく接種は行われなかった。予防接種法上の「臨時接種」に関する特例を設けて、接種勧奨と接種を受ける努力義務が課されること、費用は市町村負担でなく、全額国庫負担で接種が行われることが決まった。接種順位については、感染リスクが高く医療提供体制の維持に必要であるという観点から医療従事者を、重症化リスクが高いという観点から高齢者・基礎疾患を有する者を優先することとなった。

なお、２０２４年10月からは、新型コロナ・ワクチンは定期接種として実施されている。

5 経済学はワクチン接種をどう分析してきたか？

基本的な枠組み

このような複雑な特性を持つワクチンが、制度の変革とともに社会に導入されてきた中で、それを経済学はどのように研究してきたのだろうか。大きな特徴として、これまでの多くの研究は接種が「感染予防効果」を持つことを前提に置いて分析してきた。この時点ですでに新型コロナ・ワクチンのケースと完全には一致しないのだが、まずはここから始めてみよう。経済学用語に耳慣れない読者にはややこしい説明が続くかもしれないが、しばしお付き合いいただきたい（何なら一度スキップして読み進めて、後から戻ってきてもいい）。

すでに何度も出てきた感染予防効果は、文字通り、「感染」を予防する効果のことである。感染予防効果がある場合、私たちはワクチン接種に大きく二つの便益を期待できる。一つは、接種者本人が感染して不健康な状態に陥るリスクを下げられるという、私的な便益である。もう一つは、接種者以外の人たちに感染を拡大させるリスクを下げられるという、社会的な便益である。

経済学は、二つ目の社会的な便益を、「非排除性」と「外部性」というキーワードを使って特徴づける。非排除性とは、自分がある財を手に入れた場合に他の人が対価を支払うことなくその財を消費することを排除できないという性質のことである。正の外部性がある状態とは、財の消費や生産において自分以外の人の消費や生産が自分の便益や費用に良い影響を与える状態のことを指す。ある財が非排除性を備えている場合に、外部性が存在することになる。

ワクチン接種を例に言い換えると、ある人が感染予防効果を持つワクチンを接種したときに、接種を受けていない周囲の人が、対価を支払うことなく感染リスクが下がる便益を享受することを排除できない。さらに、この非排除性があることによって、ある人が接種を受けるとその周囲の人の感染も防げるという正の外部性が生じる、ということになる。

感染予防効果を持つワクチンの接種は、この正の外部性を通じて、集団免疫の獲得に貢献する。一方で、興味深いことは、この正の外部性が原因で、社会全体でのワクチン接種率が集団免疫の獲得に必要な水準より過小になってしまう可能性もあることで、この現象は経済学で長らく注目されてきた。

図1-2は、ワクチン接種を分析するための経済学のフレームワークである。各個人のワクチン接種に対する支払意思額（willingness to pay：WTP）を高い人から順番に並べた曲線が、「私的限界便益曲線」として表されている。支払意思額は、ワクチン接種を受けるために支払ってもよいと思う最大の金額であり、各個人の需要の高さに相当する。「限界」は経済学でよく出てくる表現で、限界便益はワクチン接種者がさらにもう一人増えたときに、その人がワクチン接種から得られる便益を指す。そして、この限界便益は、その人のワクチン接種に対するWTPそのものとなる。私的限界便益曲線は、WTPの高い人から順番に並べているので、右下がりになる。

ここで、自分のWTPが一回のワクチン接種に必要となる費用（「限界費用」）よりも高い人だけが、ワクチン接種を受ける。限界費用には、接種のために支払う価格や接種を受けるための手続き費用など

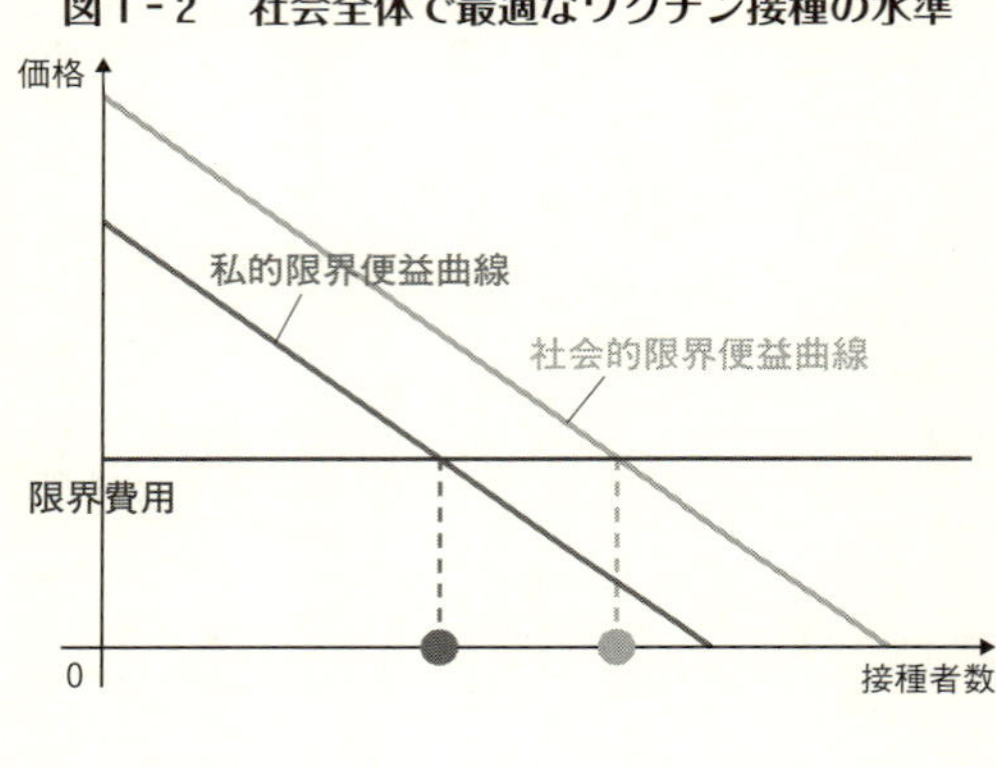

図1－2　社会全体で最適なワクチン接種の水準

が含まれる。したがって、費用が高額の場合はワクチン接種を受ける人が少なく、低額の場合は多くなる。たとえば、1万円の費用がかかるときには全体の3割しか接種したいと思わないが、費用が5000円まで下がると5割が接種してもいいと思う、ということである。

社会全体のワクチン接種者の数は、私的限界便益曲線が限界費用と一致する点で決まる。図1－2では、すべての人の接種に同じ限界費用がかかるように設定しており、水平の直線として描かれている。社会で接種者がもう一人増えたときに、その人の私的な便益（WTP）が一回のワクチン接種にかかる限界費用と一致する点での人数が、ワクチン接種を受けることになる。

正の外部性が存在することによって、ワクチン接種の限界便益は大きくなる。正の外部性によるワクチン接種の限界便益を私的限界便益に追加したものを「社会的限界便益」と呼ぶ。社会的限界便益曲線は私的限界便益曲線よりも正の外部性の分だけ縦方向に大きくなって、限界費用との交点で決まる社会的に最適な接種者数もまた、私的な便益で決まる接種者数よりも増加する。

世の中のすべての個人が私的な便益しか考慮しない完全に利己的な人だった場合には、接種者数は私的限界便益曲線に基づいて決まるため、社会的に最適な接種者数を下回って、十分な数の接種が行われなくなる。さらに、私的便益の大きなＷＴＰの高い人から接種が進んでいくと、感染予防効果を持つワクチンの正の外部性を通じて、まだ接種を受けていない人の感染リスクが下がるので、その人たちが接種のために自ら支払ってもいいと思える金額（ＷＴＰ）もその分下がって、社会全体の接種者数がより過小になってしまう。この現象は、経済学で「ただ乗り（フリーライド）」と呼ばれる。

個人が利他性を持ち、社会的な便益も考慮すると想定した場合でも、不一致は生じうる。利他性を持つ人は自分の接種が社会の感染リスクを下げるという社会的便益も私的便益として受け取るので、ＷＴＰはその分上昇し、私的限界便益が社会的限界便益に近づいていく。つまり、利他性は人々の接種を促す方向に働く。ただし、自分以外の他者が接種を受けても、社会の感染リスクは下がる。利他性を持つ人は、この他者の接種による社会的便益も私的便益として受け取るので、他者の接種によって十分な数の接種が行われると思えば、自分自身は接種を受けなくていいという方向にも動機づけられる。この現象は、経済学で「クラウディング・アウト」と呼ばれる。

利他性を持つ人が、医学的エビデンスによる集団免疫が獲得された事実をもって十分な数の接種が行われたと考え、それに基づく社会的便益を考慮して意思決定するならば、クラウディング・アウトは大きな問題にならない。しかし、社会の接種率の推移からこのまま進めば十分な数の接種が行われるだろうという予想をふまえて意思決定したり、社会全体ではなく身近な人たちの接種状況だけをふまえて意思決定したりすれば、利他性を持つ人々で構成される社会の接種者数もまた、最適な接種者数まで到達しない可能性が出てくる。

図1－3　社会全体での接種者数を引き上げる工夫

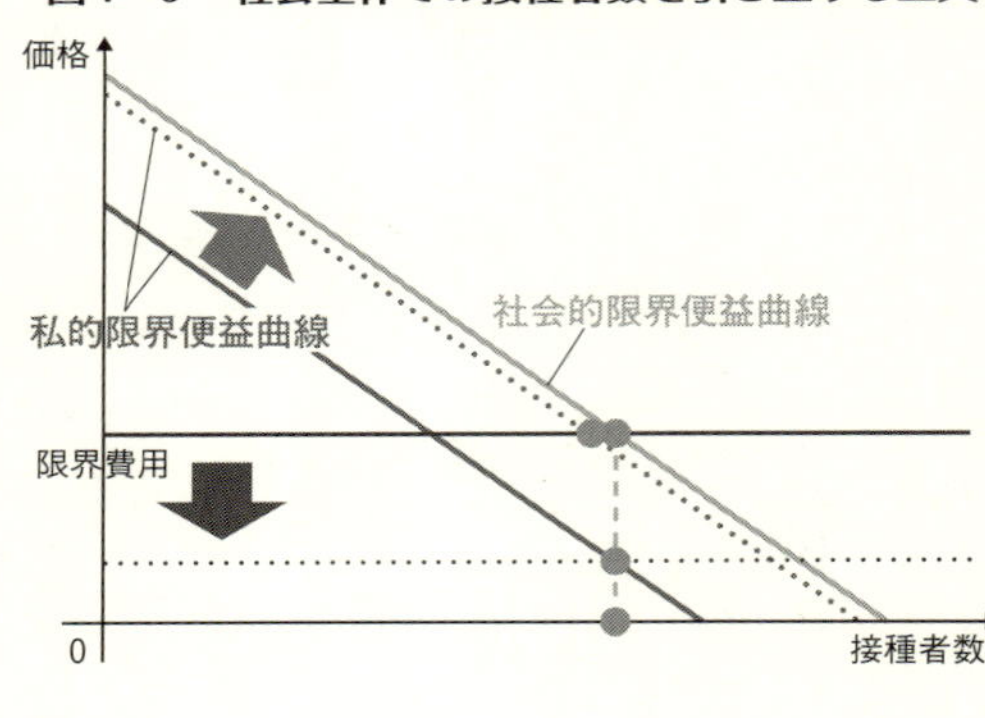

金銭的インセンティブとナッジ

ワクチン接種者数が社会的に最適な水準より過小になるという課題を克服するために、政府はさまざまな介入を行ってきた。代表的な介入はワクチン接種に対して「金銭的報酬」を提供するもので、たとえば、ワクチン接種に助成金をつけて、価格を下げたり無料化したりする政策がこれに相当する。この政策は、ワクチン接種の正の外部性を助成金によって内部化し、社会的に最適な接種者数に近づけることを意図している。具体的には、図1－3のように限界費用を引き下げることによって、新しい限界費用と私的便益曲線の交点におけるワクチン接種者数が、当初の限界費用と社会的便益曲線の交点における接種者数まで近づく効果が期待されている。実際、多くの国々で新型コロナウイルスのワクチン接種に助成金がつけられ、人々は無料で接種を受けることができた。さらには、ワクチン接種者に宝くじに参加する権利が付与されて一定比率で高額の金銭を獲得できるというように、接種を無償とするのに必要な金額を超えて助成金が設定されている国や地域もあった。

金銭的報酬に加えて、行動経済学の「ナッジ」のような非金銭的な政策介入の採用も検討されてきた。第3章で詳細を解説するが、ナッジには、ワクチン接種の予約方法の変更や、通知書類のデザインの工夫、リマインド・メールの送付やメッセージの工夫などさまざまな種類がある。

たとえば、一般的な接種の呼びかけでは、対象者に対して接種可能な場所や時間を知らせて、本人が希望する時間と場所を選び申し込んで予約する仕組み（＝オプトイン）が採用されてきた。これに対して、接種日付をあらかじめ仮決めしたうえで接種勧奨を行う施策も一部で検討されている。これは、人々の選択が初期設定（＝デフォルト）に影響されるという行動経済学の知見をふまえたもので、対象者は仮決めされた日程や場所の都合が悪ければ電話問い合わせなどで変更できるが（＝オプトアウト）、その日程で問題なければ、追加の手続きなく接種を受けることができる。

従来の予約システムであるオプトイン形式も、デフォルト・ナッジを活用したオプトアウト形式も、ワクチン接種が可能な日時・場所などの情報は同じで、人々は接種を受けることも受けないこともできる。違うのは、何も行動を起こさないとオプトイン形式ではワクチン接種をしないことになるのに対して、オプトアウト形式ではワクチン接種をすることを前提に予約が確保される、という点である。伝統的な経済学では、接種予約の手間は非常に小さいと考えられていたので、どちらの方法でもワクチン接種率は変わらないと予想された。しかし、行動経済学は、人々は沢山の候補の中から接種日を選ぶこと自体を負担に感じたり、予約手続きの負担を主観的に大きく感じたりすると考える。したがって、オプトアウト形式の接種勧奨には、日程選択や予約手続きに伴う面倒臭さなどの認知的な負担を解消する効果が期待でき、図1－3における限界費用を引き下げる介入の一種と解釈できる。

さらに、ナッジの中には、接種を促すためのリマインド・メールを送って、そのメールの中のメッセージの内容や表現を工夫するものもある。これは、ワクチン接種に心理的な私的便益を追加することで、私的限界便益曲線を社会的限界便益曲線に近づけようとする介入である。図1－3に示したように、押し上げられた私的限界便益曲線と限界費用の交点でのワクチン接種者数が、社会的に最適な接種者数に近づく効果が期待されている。季節性インフルエンザや新型コロナのワクチンの文脈では、「あなたのためにワクチンを確保しています」というメッセージに促進効果が確認され、実際に活用されてきた。

伝統的な経済学では、提供される情報の内容が論理的に同じなら、その表現方法に違いがあってもワクチン接種の意思決定には影響を与えないと考えられてきた。たとえば、ワクチンがすでに自分のものとして確保されている場合でも、申し込めば確保される場合でも、そこに大きな違いはないと予想する。しかし、行動経済学では、同じ物であってもそれに対して感じる価値が、自分が保有する前よりも後の方が高くなるという「保有効果」の存在が知られている。したがって、ワクチンをすでに確保していることを強調したメッセージは保有効果を発生させて、ワクチン接種を受けることの私的な便益を増幅させたのだと解釈できる。

正の外部性の異質性

ここまでの基本的な分析枠組みは、ワクチンがしっかりとした感染予防効果を持つことを前提にしていたが、新型コロナ・ワクチンがそうであったように、現実のワクチンは感染予防効果が不確実だったり、発症予防効果が主要な効果だったりする。発症予防効果からも、パンデミックで逼迫しがちな医療提供体制の維持に貢献するという意味での社会的便益が期待できるが、感染予防効果に比べて正の外部性は弱くなるはずだ。

経済学には、感染症の流行過程を記述する伝統的な数理モデルと、経済学の分析枠組みとを組み合わせて、季節性インフルエンザを例にしながら、正の外部性の大きさが異なるときに社会的限界便益曲線と私的限界便益曲線の形状がどのように変化するかを予測した研究がある。[9] 図１－４では、横軸にワクチン接種率、縦軸に社会的・私的限界便益をとり、ワクチンの有効性１００％を仮定した場合の社会的限界便益曲線・私的限界便益曲線と、有効性60％を仮定した場合の社会的限界便益曲線、そして、有効性10％を仮定した場合の社会的限界便益曲線を示している。

図１－４　ワクチンの外部性の影響と便益の関係

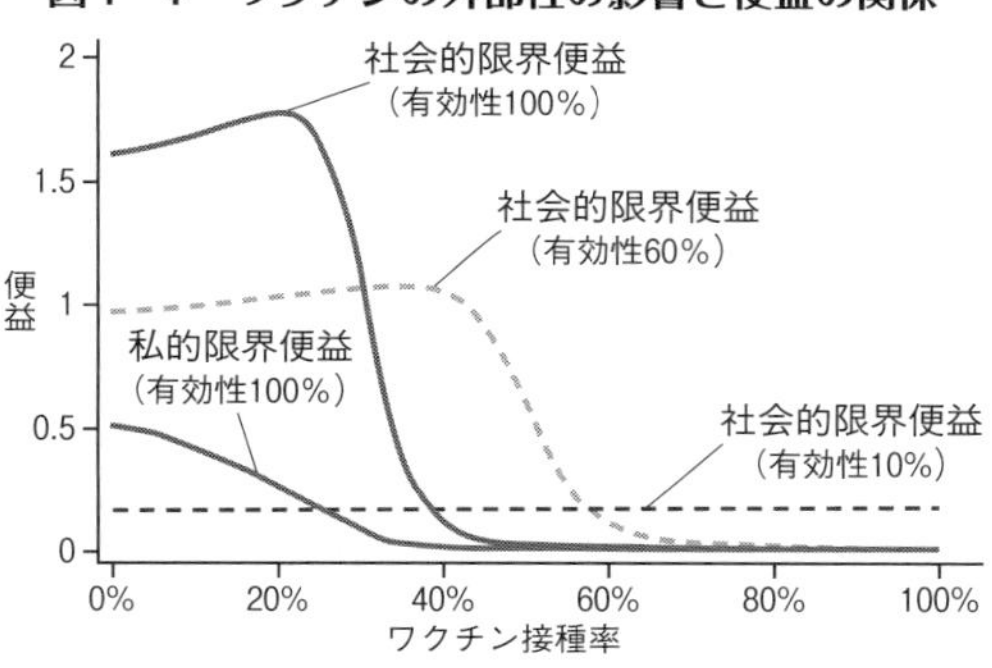

（出所）Boulier, B. L., Datta, T. S., and Goldfarb, R. S.（2007）"Vaccination Externalities," *B.E. Journal of Economic Analysis & Policy*, 7(1), Figure A1より作成。

まず、有効性１００％の場合から見てみよう。ここでの私的便益は、たとえば、接種率０％の状況だと、一人のワクチン接種によってその人自身が平均的に０・５回分の感染を回避できるというものである。また、他者の感染も予防するという正の外部性は、社会的限界便益曲線と私的限界便益曲線のギャップとして表現されている。これも接種率０％の状況だと、一人のワクチン接種により社会全体で平均的に１・６回分の感染を回避できるというもので、その人自身の感染を回避できる分（０・５回分）を差し引いた１・１回分が正の外部性に相当する。

私的限界便益はワクチン接種率の上昇に応じて右下がりに減退する傾向にあるが、これは接種率の上昇によって社会の感染者数が減少するにつれて、未接種者が感染するリスクが低くなる現象を反映している。私的限界便益が減退する一方で、社会的限界便益曲線は、ある閾値（約25％）に達するまでは横ばいのままである。閾値を超えると、社会は集団免疫を獲得して、感染症の流行を防止できるようになる。集団免疫が獲得されると、それ以上の人がワクチン接種する必要がなくなる。グラフでは、ワクチン接種の限界便益がゼロとして表されている。

日本での季節性インフルエンザの平均的なワクチン接種率は約３割で25％を超える水準であるが、頻繁に流行が発生していることをふまえると、ワクチンの有効性１００％という仮定はやはり現実的ではないだろう。有効性60％の場合を見てみると、正の外部性が減退して社会的限界便益曲線はよりなだらかになり、集団免疫を獲得するための閾値が約43％まで上昇する。さらに有効性が10％まで下がると、閾値に達することがなくなる。

もちろんこれらの予測結果は多くの前提条件に依存しているため、どれくらい正確に現実の動きを反映できているかについては慎重であるべきだろう。一方で、ワクチンの有効性の程度の違いによって社会的限界便益曲線と私的限界便益曲線の形状、つまり正の外部性の大きさや閾値の水準あるいは有無が変化するという結果からは多くの示唆が得られる。これまで述べてきた通り、新型コロナ・ワクチンの有効性が不安定で時間を通じて変化したという事実は、社会的限界便益曲線と私的限界便益曲線の形状が時間を通じて変化する中で、政府は接種計画のかじ取りを行っていたことを意味しており、人々はそのような状況の中で未知のワクチンの接種に向き合っていたことを意味する。

ワクチンの最適配分

実際ワクチンをどのように配分するかを検討するときには、ワクチンそのものの効果に加えて、次のようなさまざまな条件が考慮されることになる。

◈ **政策目標**：感染者数・重症者数・死者数のどれを最小化したいのか
◈ **供給量**　：ワクチンの供給量が十分にあるのか、不足しているのか
◈ **異質性**　：感染リスク・重症化リスク・死亡リスクの年齢による違い等（たとえば、活動量の多い若年層ほど感染リスクが高いが、重症化リスクや死亡リスクは高齢層ほど高い等）

図1－5　各目標に対する最適なワクチン配分（シミュレーション結果）

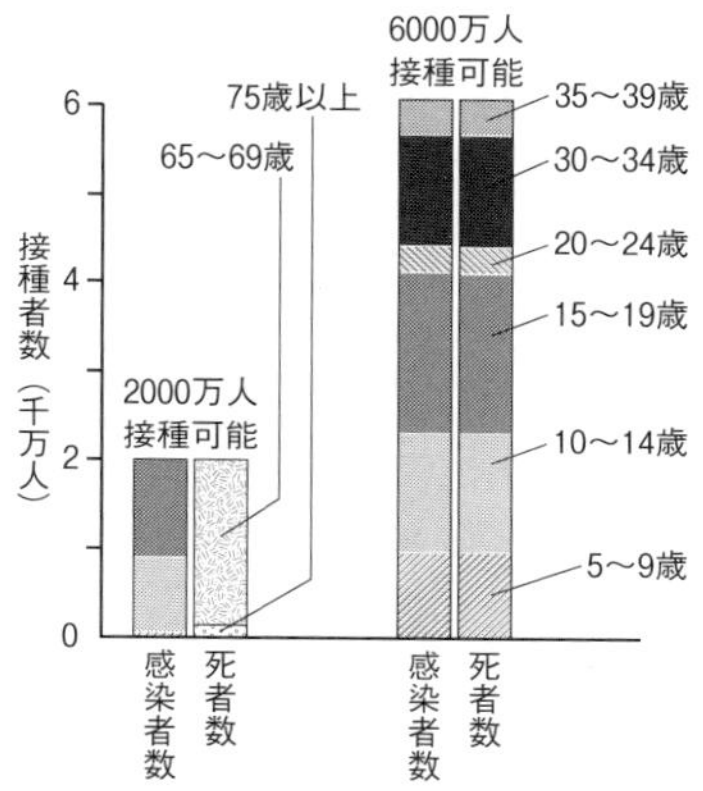

（出所）Medlock, J. and Galvani, A. P.（2009）"Optimizing Influenza Vaccine Distribution," *Science*, 325(5948): 1705-1708, Fig. 2より作成。

新型コロナのパンデミックの以前から、これらの条件を考慮したときにワクチンの最適な配分戦略がどのように違ってくるかをシミュレーションする研究が行われてきた。図1－5は、世界的権威のある学術雑誌『Science』に掲載された研究に基づいて整理し直したもので、「アジア風邪」として知られる1957年のH2N2インフルエンザ・ウイルスのパンデミックのデータを用いた分析結果である。[10]

これによると、感染リスクは若年層で高く、

重症化および死亡リスクは高齢層で高く、かつワクチン供給量が不足している（２０００万人接種可能）という条件のもとでは、「感染者数」を最小化したいときと「死者数」を最小化したいときで、どの年齢層から優先的にワクチンを配分していくかが大きく変わってくるという。感染者数の最小化戦略では10代の若者に優先配分する方針が最適だと推薦されるが、死者数の最小化戦略では、75歳以上の高齢者に集中して配分する方針が最適と推薦されている。一方で、供給量が十分にある状況（６０００万人接種可能）だと、最適な配分方針は感染者数と死者数どちらの最小化を目指しても大きな違いはなくなり、30代以下の若年層に配分する方針が最適だと推薦される。この方針は、５〜19歳の学校に通う子どもたちが主要な感染源で、その親世代の30〜39歳が残りの年齢層にまで感染を拡大させる橋渡しとなっているため、両者を優先してワクチン接種することで人口全体の感染拡大を効果的に抑制でき、結果的に、死者数も減少させられるというメカニズムに基づいている。

この研究では、１９５７年より以前の、「スペイン風邪」と呼ばれた１９１８年のＨ１Ｎ１インフルエンザ・パンデミックのデータを用いたシミュレーションも行っている。ワクチンの供給量が不足している条件のもとでの感染者数の最小化戦略は57年のパンデミックのシミュレーション結果と似ていて、10代の若者に優先配分する方針が最適と推薦されている。一方で、死者数の最小化戦略は一見すると異なり、10代と30代前半に優先配分する方針が最適だと推薦されるようになっている。この違いは、18年のパンデミックでは子どもを含む若年層の死亡リスクが高かったことを反映しているので、死亡リスクの高い年齢層に優先的に配分しているという意味では、実は57年の結果と共通している。さらに、ワクチンの供給量が十分な条件の結果に着目すると、これもまた57年の結果とほとんど同じ傾向を示していることがわかった。

以上をまとめると、供給量が不足している状況におけるワクチンの配分戦略は、感染者数を最小化したい場合には活動量が多く社会に感染を拡大させるリスクの高い年齢層を優先する方針が最適となり、死者数を最小化したい場合には重症化リスクおよび死亡リスクの高い年齢層を優先する方針が最適となるということである。一方で、供給量が十分な状況における配分戦略は、感染者数と死者数のどちらを最小化したい場合においても、感染源となる年齢層および社会への感染拡大の媒介となる年齢層に優先して配分する方針が最適となるということである。

ただし、これらの方針はワクチンが一定程度の感染予防効果を持つことを前提としている。この前提が崩れて感染予防効果に期待できず発症予防効果が主な効果になった場合は、感染者数を最小化する目標の達成が見込めなくなるので、重症者数や死者数を最小化する目標がより重視されて、重症化リスクや死亡リスクの高い年齢層を優先して接種する方針が最適となっていく。

日本でも、新型コロナ・ワクチンについては、一橋大学と慶應義塾大学の研究チームが一般高齢者向け接種の開始までの新型コロナの感染や死亡に関するデータを使用して、最適配分戦略のシミュレーション結果を報告していた。[11] それによると、たとえば、感染力が60％で、重症化リスクが90％下がるワクチンの場合、死者数を最小化するには、やはり高齢者の中で高リスクの人を優先することが最適になり、感染者数を最小化するには人数が多く活動量の多い20～59歳を優先することが最適になるという。一方で、重症者数を最小化する場合は、年齢よりもリスクの高さが優先され、次いで、低リスクの高齢者や他の年代が対象になっていくという。[12]

最終的に配分戦略を政策決定するときには、このような「便益の最大化を目指す考え方」に加えて、「公平性を重視する考え方」、最悪の結果を回避しようとする考え方」、「社会的な便益と貢献のバランスを重視する考え方」などのさまざまな価値観が考慮されることになる。[13]「公平性〜」は文字通り資源の配分において特定の層を優遇せず公平性を担保する方針で、極端に言えば、抽選などのランダムな方法でワクチンを配分することが検討される。「最悪の結果〜」は感染症のリスクに最もさらされている人々に優先して配分する方針で、死者数を最小化したい場合の戦略と共通するところが多いかもしれない。「社会的な便益と貢献のバランス〜」は、たとえば、医療従事者のようにパンデミック下で重要な役割を果たす社会的貢献度の高い人を優先しながら、便益の最大化を図る方針である。

結果的に、日本での新型コロナ・ワクチンの一回目・二回目接種の配分戦略は、これら複数の価値観のそれぞれに一定程度配慮するものになっていたと整理できるだろう。当初、医療従事者の接種からスタートしたのは社会的貢献度の高い人を優先する価値観に沿っている。その後、65歳以上の高齢者を優先して接種を進めたのは、ワクチンの主な効果が発症予防効果で、かつ供給量も限定される中で、重症者数・死者数を最小化したいという目標（便益）を重視する価値観に沿っているし、かつ、感染症のリスクに最もさらされている人々を守るという価値観にも沿っている。職業や年齢に基づく優先接種は一見すると公平でないように思われるが、医療従事者や高齢層を優先する方針に反対する人が社会に少ないなら、大きく公平性を損なう計画ではなかったと言えるだろう。

ただし、米国では人種マイノリティの平均年齢が低いため、高齢層を優先する方針をとるとマイノリティにとって不公平になる可能性が論点に上がっていたようだ。また、ワクチン接種の効果や副反応に不安を感じる高齢者は、高齢層が優先接種の対象となることにむしろ不公平を感じたかもしれない。公平性は余命を考慮したうえで検討するという考え方もある。いずれにせよ、配分戦略の政策決定には、そのプロセスに対する高い透明性と、国民に対する説明責任が政府に求められることになる。

注

1 正式名称は「医薬品、医療機器等の品質、有効性及び安全性の確保等に関する法律」。
2 岡部信彦他（２０２４）『予防接種の手びき（２０２４-２０２５年度版）』近代出版。
3 たとえば次を参照。Polack, F. P. et al.（2020）"Safety and Efficacy of the BNT162b2 mRNA Covid-19 Vaccine," *New England Journal of Medicine*, 383(27): 2603–2615. Baden, L. R. et al.（2021）"Efficacy and Safety of the mRNA-1273 SARS-CoV-2 Vaccine," *New England Journal of Medicine*, 384(5): 403–416.
4 たとえば次を参照。Chemaitelly, H. et al.（2021）"Waning of BNT162b2 Vaccine Protection against SARS-CoV-2 Infection in Qatar," *New England Journal of Medicine*, 385(24). Goldberg, Y. et al.（2021）"Waning Immunity after the BNT162b2 Vaccine in Israel," *New England Journal of Medicine*, 385(24). Tartof, S. Y. et al.（2021）"Effectiveness of mRNA BNT162b2 COVID-19 Vaccine up to 6 Months in a Large Integrated Health System in the USA: A Retrospective Cohort Study," *Lancet*, 398(10309): 1407–1416.
5 厚生労働省「新型コロナワクチンの接種について」第24回厚生科学審議会予防接種・ワクチン分科会、令和３年９月17日、資料１（https://www.mhlw.go.jp/content/10601000/000833964.pdf）。
6 Accorsi, E. K. et al.（2022）"Association Between 3 Doses of mRNA COVID-19 Vaccine and Symptomatic Infection Caused by the SARS-CoV-2 Omicron and Delta Variants," *JAMA*, 327(7): 639–651.
7 ＶＥＲＳＵＳは「Vaccine Effectiveness Real-time Surveillance for SARS-CoV-2」の略称で、国内の臨床研究によって新型コロナ・ワクチンの有効性を明らかにすることを目的としたプロジェクト（https://www.tm.nagasaki-u.ac.jp/versus/about.htm

1)。
8　厚生労働省「接種類型と定期接種化プロセスについて」第34回厚生科学審議会予防接種・ワクチン分科会予防接種基本方針部会、令和元年9月26日、資料2-2（https://www.mhlw.go.jp/content/10906000/000550939.pdf）。
9　Boulier, B. L., Datta, T. S., and Goldfarb, R. S.（2007）“Vaccination Externalities,” *B.E. Journal of Economic Analysis & Policy*, 7(1).
10　Medlock, J. and Galvani, A. P.（2009）“Optimizing Influenza Vaccine Distribution,” *Science*, 325(5948): 1705–1708.
11　Wang, H., Ibuka, Y., and Nakamura, R.（2022）“Mixing Age and Risk Groups for Accessing COVID-19 Vaccines: A Modelling Study,” *BMJ Open*, 12(12), e061139.
12　後藤励・大竹文雄・井深陽子・野口晴子・仲田泰祐（２０２３）「コロナ対応とワクチン接種に対する医療者と経済学者の相違」『現代経済学の潮流２０２２』：225–270。
13　Persad, G., Wertheimer, A., and Emanuel, E. J.（2009）“Principles for Allocation of Scarce Medical Interventions,” *Lancet*, 373(9661): 423–431.

大竹文雄の目

ワクチン導入をめぐる政策議論

有識者会議での政策議論に参加して

ここでは、経済学者として新型コロナウイルス感染症に関するいくつかの有識者会議に参加してきた私・大竹が、議事録を読み返しながら、当時の日本政府の立場や有識者の考え方を改めて整理してお伝えする。ちなみに、私が有識者会議に参加するようになったのは、2019年末から厚生労働省の事業として、風しん追加的対策の行動経済学研究（第5章のコラム⑥、201ページ）を行っていたことがきっかけである。有識者会議でどんな議論が繰り広げられていたのかを知ってもらえれば、それに応じて私たちの研究チームがどのように考えながら政策研究の方向性や内容を決めてきたかについても、より深くわかってもらえるのではないかと思う。[1]

背景知識として、まずは、新型コロナに関する有識者会議の種類と役割について紹介しておこう。有識者会議には、

①　基本的対処方針分科会（以下、対処方針分科会）
②　新型コロナウイルス感染症対策分科会（以下、コロナ対策分科会）
③　新型コロナウイルス感染症対策専門家会議（２０２０年2～6月まで開催。以下、専門家会議）
④　新型コロナウイルス感染症対策アドバイザリーボード（以下、アドバイザリーボード）
⑤　厚生科学審議会（感染症部会、予防接種・ワクチン分科会等）

の五つがあった。私は、①・②と、②の前身組織である③に参加した。本書の共著者である齋藤智也さんは、④に参加していた。

①の対処方針分科会は、名前の通り、基本的対処方針に関連して、緊急事態宣言やまん延防止等重点措置の発出について議論して、政府に意見を述べるものである。②のコロナ対策分科会と③の専門家会議は、基本的対処方針以外の事項に関して議論するもので、たとえば、政府・地方自治体・医療機関・市民の感染対策について提言を行った。

④のアドバイザリーボードは、新型コロナの感染状況、ウイルスの特性など医学的・公衆衛生的事項について、厚生労働省に対して助言するものである。⑤の厚生科学審議会では、たとえば、ワクチンの認可に関する議論が行われた。

おおまかに分けると、①～③は行動制限や感染対策について、④と⑤は医学的・公衆衛生的事項について議論していたが、両者間で情報共有は頻繁に行われていた。たとえば、分科会の冒頭では、たいていアドバイザリーボードの議論の内容が報告された（各会議の位置づけや関係性については、図1も参照）。

これらに加えて、有識者がインフォーマルに議論する機会も設けられていた。コロナ対策分科会の会長

図１　新型コロナ対策に関する政府有識者会議

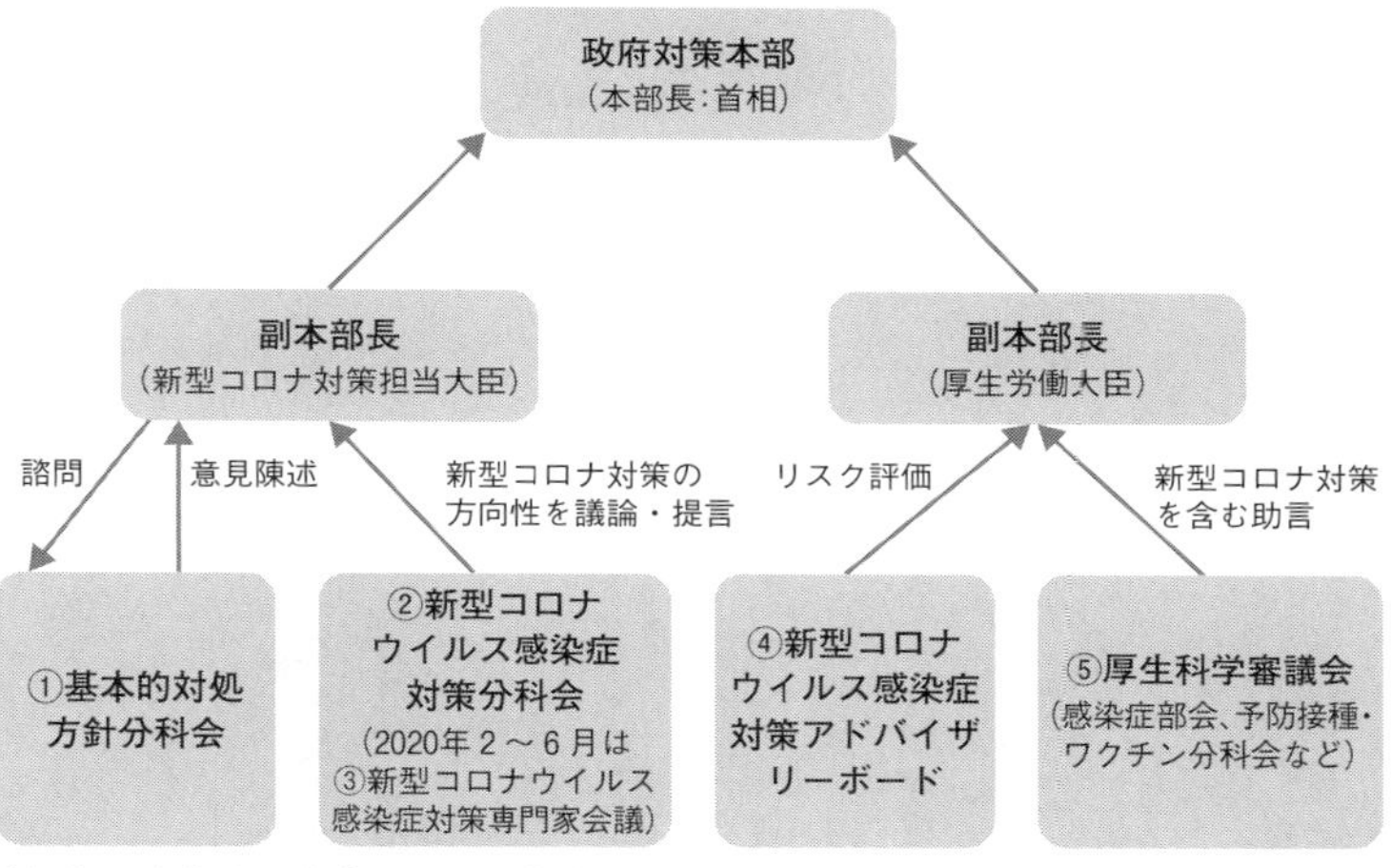

（出所）尾身茂（2023）『1100日間の葛藤――新型コロナ・パンデミック、専門家たちの記録』日経 BP、p.41の図に基づいて作成。

などを務めた尾身茂氏[2]が主催する、

⑥ 勉強会

である。勉強会には、主に専門家会議、コロナ対策分科会、アドバイザリーボードの構成員が参加していた。オンラインで毎週開催され、毎回半日程度にも及び、新型コロナの感染状況や疾病に関する新たな知見に関する情報共有、今後どのような対策を考えるべきかの検討、コロナ対策分科会に提出する提言案の作成作業などを行っていた。

本書のテーマである「新型コロナ・ワクチン」については、まず②のコロナ対策分科会で、優先順位などの接種方針を議論した。また、①の対処方針分科会で行動制限の必要性や期間、社会に求める感染対策を議論するときにも、ワクチンの効果や接種率などは重要な情報だった。

ちなみに、分科会はあくまで政府に助言や参考意見を提供するものであり、決定権を持つものではなかった。分科会の議事は、政府によって設定されるもの、関係者の意見書に基づいて設定されるもの、勉強会での検討のうえで設定されるもの、などがあった。ワクチンの接種方針の議事は政府によって設定されて、まずコロナ対策分科会で意見がとりまとめられ、提案が作成された後、次に政府がその提案を参考にして、接種方針を確定するという流れだった。

ただし、ワクチン接種の推進施策の検討と実施は、コロナ対策分科会でなく、ワクチン担当大臣と内閣官房を中心に行われてきた。当時の菅義偉政権は、ワクチン接種を当初から重視していた。2021年1月に、接種を円滑に進めるため、河野太郎・行政改革担当大臣をワクチン接種推進担当として任命した。岸田文雄政権もそれを引き継ぎ、堀内詔子氏や松野博一氏がワクチン担当大臣となった。

その結果、コロナ対策分科会では、接種率向上策についてはあまり議論されず、特措法での行動制限の必要性などに焦点を絞って議論していた。本来、行動制限の必要性はワクチン接種率と大きく関係するはずだが、尾身会長の方針のもとで、ワクチン接種について政府に提言することの優先順位は低く設定されているように感じた。このような方針の背景には、新しいワクチンの接種がどれだけ順調に進むかわからない、接種が進んでもそれでパンデミックが終わるというわけではないといった、感染症専門家のワクチンに対する不安感などもあったのかもしれない。

そのような複雑な事情はあるものの、ここからは公開されている有識者会議の議事録に基づいて、「ワクチン接種の導入前（2020年8月~21年2月）」の議論の流れや内容を紹介していこう。この時期の議論の要旨は、次の通りである。

◆ワクチンの詳細がわからない中で接種方針について議論することについて、当初は、**有識者も困惑し**

ている様子だったこと

◆ワクチンの効果や国民の接種意向・導入後の接種率については、**かなり慎重な見通し**を持っていたこと

◆そんな中で、コロナ対策分科会としては、2020年9月の時点で接種方針についての意見のとりまとめを行っていたこと

2020年8月21日：「ワクチン接種」の議論が始まった

政府が示した議題

2020年1月に日本で最初の新型コロナウイルス感染症の感染者が確認され、4月7日に第1回の緊急事態宣言が発出された。2020年夏には緊急事態宣言こそ発出されなかったが、第2波の感染拡大が生じていた。

この時期、新型コロナ・ワクチンはまだ研究開発の段階で、実用化されていなかった。その状況下で、2020年8月21日に開催されたコロナ対策分科会で、政府は「ワクチン接種の目的、確保、接種の枠組、接種順位の検討」という議題を出してきた。私を含め有識者委員の多くは、「まだどんなワクチンができるのかわからないのに、これを議論するのか」という印象を持っていたと思う。しかし、政府としては、あらかじめこの段階で「ワクチンができたとしたらどうするか」を決めておく必要があったのだ。この日、

最も私の印象に残ったことは、ワクチンに関する認識のギャップが、有識者委員と政府の間にあるということだった。

この日に政府がワクチンに関する議題を出した背景には、7月31日に、政府と米国ファイザー社との間でワクチン供給についての基本合意に至ったことがあった。英国アストロゼネカ社のワクチンについても、開発に成功した場合には供給を受けることについて基本合意に至っていた。この経過が加藤勝信・厚生労働大臣から報告された。大臣説明の後、政府側から、国内外のワクチンの開発状況、ワクチンの種類、ワクチンの効果などの基本情報が説明された。

国内開発のワクチンには、この時点で「第3相試験」（ワクチンの有効性と安全性のデータを得るために実際の使用条件を考慮してデザインされる大規模な臨床試験）に進んでいるものはなかった。これに対して、海外開発のワクチンは「第3相試験」を開始しているものが多くあった。開発中のワクチンの種類に関する解説もあった。他の感染症ですでに実用化されているワクチンは、不活化ワクチン、組換えタンパクワクチン、およびペプチドワクチンであり、開発に時間がかかるということだった。一方、新型コロナ・ワクチンとして開発されているものは、DNAワクチン、mRNAワクチン、ウイルスベクター・ワクチンと呼ばれるもので、開発スピードは早いが、当時はまだ承認・実用化されたものはなかった。

政府が提示した資料を見たときの私の印象は、「過去に承認実績のあるワクチンは開発に時間がかかり、新型コロナウイルス感染症対策としてすぐに活用できるとは期待できない。一方で、新しい開発手法のワクチンは、開発スピードは早いものの、まだ承認実績がないので不確実性が大きい」というものだった。

図2　2020年8月21日のコロナ対策分科会で政府が提示した資料

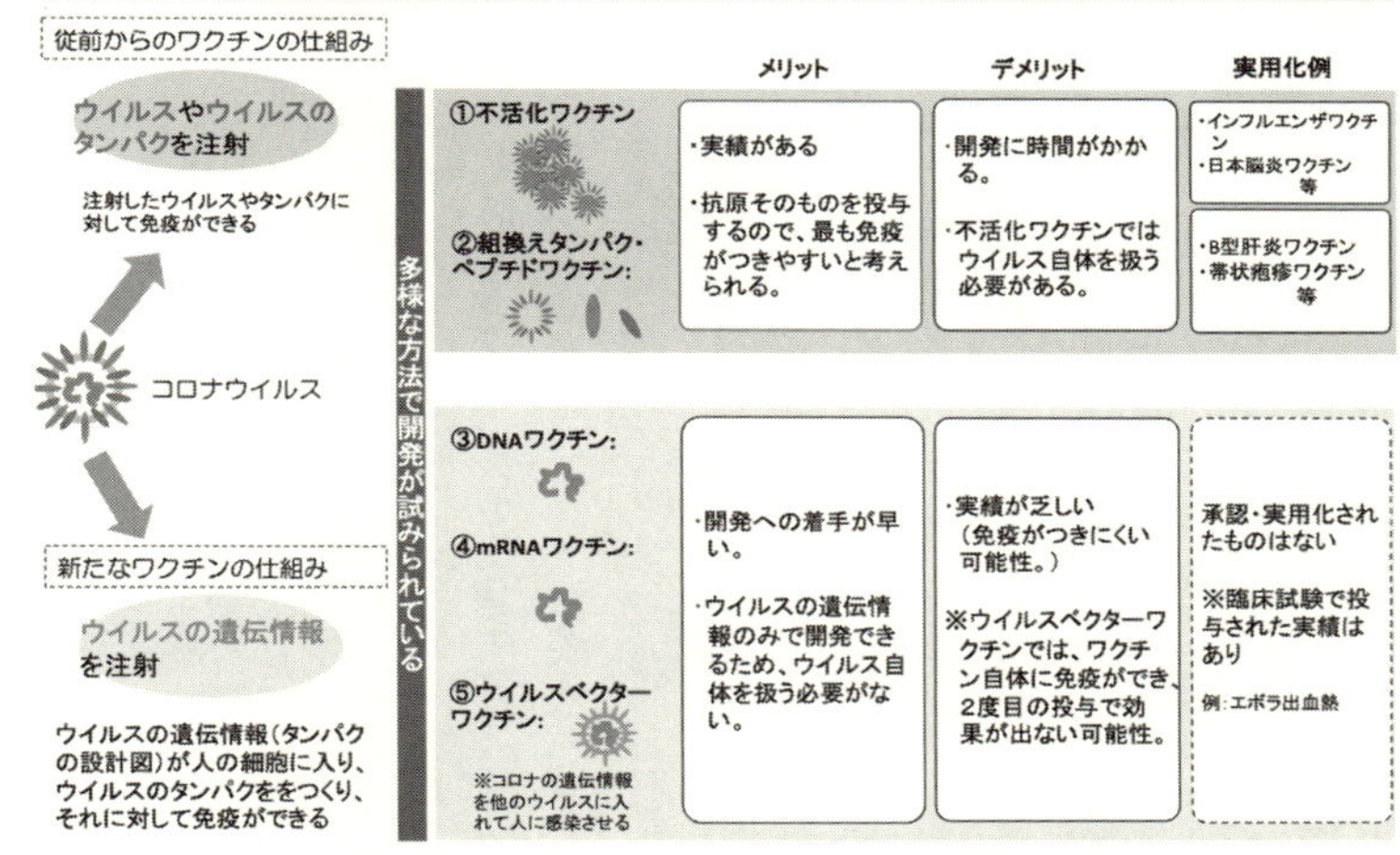

（出所）新型コロナウイルス感染症対策分科会、第6回「資料3」2020年8月21日（https://www.cas.go.jp/jp/seisaku/ful/bunkakai/corona6.pdf）。

ワクチンの効果に懐疑的な専門家

この日、感染症専門家の多くは、ワクチンの効果については悲観的で、「ワクチンができたとしても感染予防効果は期待できないこと」「日本人はワクチンの副反応についてセンシティブであることを前提にすべき」という意見が出た。たとえば、押谷仁委員（東北大学大学院医学系研究科教授）、今村顕史委員（東京都立駒込病院感染症センター長）、脇田隆字委員（国立感染症研究所長）らが、次のような指摘をしている。

押谷委員は、2009年の新型インフルエンザ（H1N1）が流行した際にも海外開発のワクチンをかなりのお金をかけて輸入したが、ほとんど使われなかったことを指摘した。その理由として、ワクチンが使えるようになったのが遅かったということに加えて、日本の人々は世界標準に比べても副反応に対して非常にセンシティブな国民性があるということを挙げている。

そのうえで、「これまで人類の歴史の中で十分な感染阻止効果を持つ呼吸器ウイルスに対するワクチンができたことがないという事実がある」ので、「感染阻止効果を過度に期待できないというか、ほとんど期待できないかもしれないと思っておいたほうがいいと思う」という意見を述べた。

今村委員も、効果に対して懐疑的だった。「恐らく予想されるのは打ってもかかるパターンになる可能性は極めて高い」ので、「期待していただけに期待を裏切られたときのショックも大きいし、それに対する反動も大きいのではないかと思う」という危惧を表明した。

脇田委員は、「呼吸器ウイルスのワクチンは非常に難しい」と述べた。「今のワクチンは抗原を免疫して血中のＩｇＧ抗体を誘導することや、細胞性免疫を誘導するということだが、ウイルスは上気道へ入ってきて、それで肺の中に入ってくる。だから、最初にそういった防御抗体と出会うということはない」ので、「どうしても感染を防ぐことは理論的に難しい」という。そのため、ワクチンでは「発症予防や重症化予防というところがまずは期待されると考えている」という考えだった。

副反応の強さへの懸念も指摘された。脇田委員は、核酸やウイルスベクターを使ったワクチンは、開発段階で直接的な有効性指標がなく、抗体を誘導することを指標として開発されているため、どうしても副反応が強くなると述べた。発熱や局所の痛み、全身の倦怠感といったものがかなり出てくるようなワクチンが多いと予測されていることを考慮して、接種対象を検討すべきとしている。別の論点として、薬事申請から承認に至るまでの期間を通常より短縮化するので、ワクチンの品質管理ができるのかという懸念も述べている。

日本の人たちのワクチン接種意向に悲観的な専門家

新しく開発されるワクチンへの懸念は、他の委員からも挙げられた。舘田一博委員（東邦大学医学部教授）は、日本では子宮頸がんワクチン（ＨＰＶワクチン）が感情論から受け入れられない期間が長かったことをふまえて、「国民の理解をいかに形成しながらこれを導入していくのかということが大事だ」と指摘している。

釜萢敏委員（日本医師会常任理事）も、ＨＰＶワクチンの事例から、「国民の皆さんが納得していただけるような形で正確な情報をなるべく頻回にお伝えをしていくということが、実際にワクチンの接種に至るまでの期間において非常に重要な役割だということを痛感する」と述べた。

リスク・コミュニケーションの専門家の石川晴巳委員（ヘルスケアコミュニケーションプランナー）は、「このワクチンの真の課題は、接種を望まない方が多いということだと思う」と、かなり悲観的な予想をしていた。

このような意見の背景には、やはり、国際的にも日本だけに生じたＨＰＶワクチンに対するネガティブな反応があった。それ以前にもＭＭＲワクチンに無菌性髄膜炎の副反応が発生し、1993年から厚生労働省は接種を見合わせることにしたという経験がある。このような背景から、日本ではワクチンに対する不信感が高い、と医療関係者が予想していた。

ここでは、私自身は、ワクチンの性能に応じて、接種目的も接種順位も変わってくることを指摘した。発言の要旨は、次の通りである。

「政府資料からは、開発中のワクチンは、かなりの確度で発症予防効果や重症化予防効果は期待できるが、感染予防効果については不確実性が高いと理解できる。一方で、資料の中に接種目的として『まん延防止及び死亡者や重症者の発生の抑制』と説明が書いてあることについて、まん延防止が先に来ると、感染予防効果があるような期待を生む可能性がある。人々のワクチンに対する期待形成という意味でも、死亡者や重症者の発生の抑制を第一の目的とするとしておく必要がある。感染予防を目的とすると期待されると、実際にはそうでなかったということで、人々がかなりがっかりするということもある。

重症者の発生の抑制を目的とするのであれば、対象者は重症化リスクが高い人に限られる。重症化リスクが低い若年層は元々対象にする必要がないということになるが、感染予防効果があるワクチンであれば、今度は若年層も対象になってくる。したがって、もう少しワクチンの性能と併せて、目的、対象者を書くことが必要ではないか。それが広報的にも重要である。

また、仮にワクチンが確保されたとしても、受けないという人が結構出てくる可能性がある。そのときに医学的に大丈夫だというものであれば、できるだけ受けるような形で推奨していくことが必要になるが、それはワクチンの性能次第という形になる」

ワクチンや薬に頼らない感染対策を重視すべきでは？

押谷委員からは、ワクチンや薬に頼らないで感染対策をすべきという意見も出された。具体的には、

「ワクチンや薬に対する過度な期待はすべきではないと思うのだが、この感染症のリスクを軽減することは、我々はできてきている。高齢者施設とか院内感染が特に首都圏で減っている。そういうリスクマネジメントがかなりできるようになってきて、本当に亡くなる人たちを最小限に抑えることができつつ

ある。だから、薬やワクチンに頼らないリスク低減を徹底していくことのほうが重要だというメッセージも同時に発信していく必要があるのではないかと思っている」

と述べた。

分科会構成員の最終意見

このような意見がとりまとめられて、この日のコロナ対策分科会では、「新型コロナウイルス感染症のワクチンの接種に関する分科会の現時点での考え方」という構成員提出資料が決定された[3]。

ワクチン接種の目的では、「死亡者や重症者をできる限り抑制し、国民の生命及び健康を守るため」と重症化予防効果が強調されている。ワクチンの安全性及び有効性については、「科学的な不確実性がある一方で、国民の期待も極めて大きいことから、しっかりと正確な情報を丁寧に伝えていく必要がある」と、効果の不確実性と情報提供の重要性が指摘されている。安全性及び有効性の指摘は、現在開発中のワクチンが核酸やウイルスベクター等の極めて新規性の高い技術が用いられていること、ワクチンによっては抗体依存性増強（ＡＤＥ）など重篤な副反応が発生しうることをふまえている。

接種の優先順位については、医療従事者、高齢者及び基礎疾患を有する者へのワクチンの接種は優先されるべき、とワクチンの想定される性能（発症予防・重症化予防）に対応した順番になっている。それに加えて、国民生活・国民経済の安定に寄与する業務を行う事業者の従業員や感染対策の実施に携わる公務員などの社会機能維持者（いわゆるエッセンシャル・ワーカー）も優先接種の対象とする「特定接種」の枠組みで進めるのではなく、あくまで「住民接種」の枠組みとして、その中で、医療従事者、高齢者及び基礎疾患を有する者の接種の優先順位を上げるという進め方がよいだろうとされた。ただし、そこに高齢者及び基礎疾患者の施設従業員や妊婦を加えるかどうかについても検討課題として残している。

一方で、感染予防効果の高いワクチンの開発に成功した場合には、重症化リスクが相対的に低い若年者の接種状況がまん延を防ぐためには重要になると考えられるため、接種順位がワクチンの性能に依存することも記載された。

また、接種を優先すべき対象者がリスクとベネフィットを考慮した結果、接種を拒否する権利も十分に考慮する必要があるとして、義務化はすべきではないとしている（実際、日本の新型コロナ・ワクチンの接種は義務ではなく、「努力義務」が適用された）。

２０２０年９月25日〜21年２月９日：「ワクチン接種の方針」が決定した

コロナ対策分科会で決定した接種方針

２０２０年９月25日のコロナ対策分科会では、政府から「新型コロナウイルス感染症に係るワクチンの接種について（中間とりまとめ）」[4]という案が提示され、それに基づいて議論を行った。また、「別紙」として過去のコロナ対策分科会での構成員の意見を整理した資料が提示されたため、この日は、ワクチンに関する悲観的な議論は繰り広げられなかった。副反応とその審査体制、集団接種と個別接種の組み合わせ、ワクチンの配送システム、登録システムなどに関する確認のための意見が、複数の委員から出された。

この中間とりまとめは、以下のように構成されている。

1 接種目的
2 ワクチン確保
3 接種の実施体制
4 接種順位
5 ワクチンの有効性及び安全性
6 健康被害救済制度
7 広報
8 今後の検討等

接種の実施体制においては、前回の議論の通り、社会機能維持のために特定の業種について接種を行う特定接種の枠組みはとらず、住民への接種を優先し、簡素かつ効率的な接種体制を構築することとされた。また、接種順位については、対象者の範囲と事務的な対応のしやすさ等をふまえて、まずは新型コロナウイルス感染症患者に直接医療を提供する施設の医療従事者等、高齢者及び基礎疾患を有する者を接種順位の上位に位置付けて接種することとし、今後より具体的な範囲等について検討することが盛り込まれていた。

2020年9月25日のコロナ対策分科会以降の流れとしては、11月9日に、米国ファイザー社が、第3相試験の中間解析の結果、開発されたワクチンから95%程度の発症予防効果が確認されたと発表した。12月14日には、米国でワクチン接種が始まった。日本では、12月18日にファイザー社が厚生労働省に新型コロナ・ワクチンの承認申請を行い、2021年2月14日に特例承認された。

最終的な政府の方針

2021年2月9日に、政府が、新型コロナ・ワクチンに関する最終方針を示した。この日のコロナ対策分科会では、内閣官房及び厚生労働省の「新型コロナウイルス感染症に係るワクチンの接種について」[5]という文書について説明された。この文書において、ワクチン接種の目的は、

「新型コロナウイルス感染症の発症を予防し、死亡者や重症者の発生をできる限り減らし、結果として新型コロナウイルス感染症のまん延の防止を図る」

と明記された。このように記載されたのは、この時点では高い発症予防効果のみが確認されていたからである。感染予防効果については強調されておらず、「結果として……まん延の防止を図る」という形で、明確な因果関係を前提としない記述になっていた。

接種の実施は、

「特定接種の枠組みではなく、予防接種法の臨時接種の特例として、住民への接種を優先する考えに立ち、簡素かつ効率的な接種体制を構築する」

とされた。

接種順位については、

図3　政府の最終的な接種計画の方針

接種順位の上位に位置づける者の接種順位と規模（想定）

- 接種順位の上位に位置づける者の接種順位については、まず医療従事者が接種を受け、高齢者がそれに続き、さらに基礎疾患を有する者と高齢者施設等の従事者が続く。（60～64歳の者については、ワクチンの供給量により接種時期を検討）
- それぞれの対象者の範囲については、新型コロナウイルス感染症対策分科会及び厚生科学審議会において整理。
- 対象者の規模については、合計5770万人と推計。（60～64歳の者も含んだ推計）

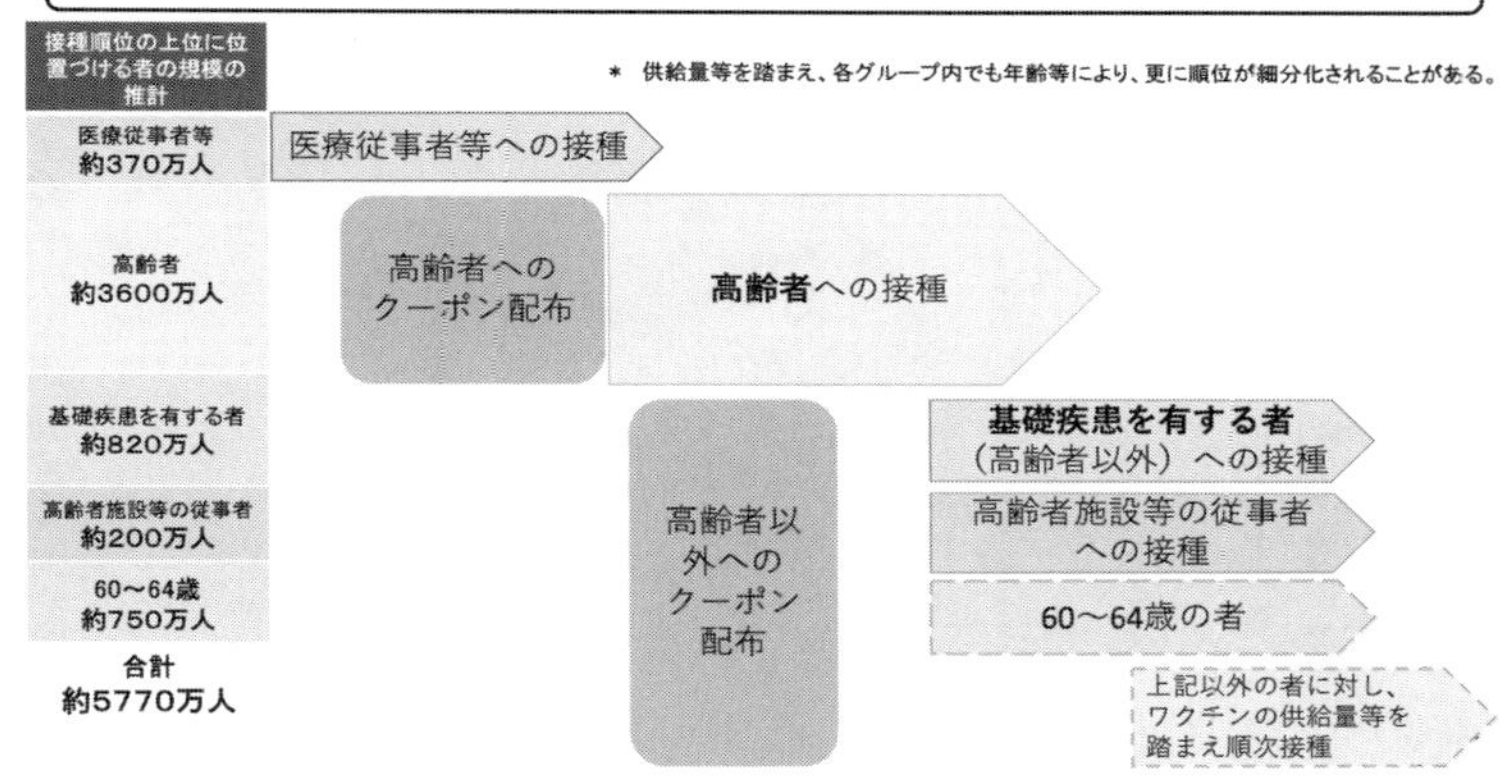

（出所）新型コロナウイルス感染症対策分科会、第24回「資料2－3」2021年2月9日（https://www.cas.go.jp/jp/seisaku/ful/bunkakai/corona24.pdf）。

「重症化リスクの大きさ、医療提供体制の確保等を踏まえ、まずは①医療従事者等への接種、次に②高齢者、その次に③高齢者以外で基礎疾患を有する者、及び高齢者施設等の従事者への接種をできるようにする。その後、それ以外の者に対し、ワクチンの供給量や地域の実情等を踏まえ順次接種をできるようにする」

と示された。

この優先順位について、押谷委員からは、高齢者施設の従業員よりも、高齢者を優先することが、重症者、死亡者をできるだけ低減することにつながるか否かは現時点ではわからないので、データがもっと蓄積された段階で見直すことも考えるべきではないか、という意見があった。

これに対して、厚生労働省担当者は押谷委員の指摘に同意しながらも、「分からないから何も決めないでは全然前に進まないので、取りあえず最新の知見、それから先生方の御意見を踏まえて、今回の方針で行かせていただいて、随時、様々な知見がまた得られれば、あるいは先生方から御意見をいただければ、見直していくという姿勢でこれから進めていきたい」という、政策担当者としての見解を示している。

こうしたやりとりには、情報が不完全な状況で判断する必要がある政策担当者の姿勢と、厳密で正しい情報提供をすべきという学術研究者の姿勢の違いが、明瞭に現れているように感じられる。学術研究者が政策判断に関わるときには、政策担当者が必要としている情報のタイプをよく理解する必要がある。

注

1 ここでは、以下で個別に言及した資料等に加えて、次も参考にしている。林修一郎（２０２２）「新型コロナウイルス感染症に対するワクチン接種事業の全容」『保健医療科学』71(4)：335-345（https://www.niph.go.jp/h-crisis/archives/340396/）。新型コロナウイルス感染症対応に関する有識者会議（２０２２）「新型コロナウイルス感染症対応について――保健・医療の提供体制や新型インフルエンザ等対策特別措置法の運用等を中心とした政府のこれまでの取組～２０１９年12月末から２０２２年５月まで～」２０２２年６月15日（https://www.cas.go.jp/jp/seisaku/coronavirus_yushiki/pdf/attachment.pdf）。「基本的対処方針分科会」「新型コロナウイルス感染症対策分科会」の議事録：内閣官房ホームページ、２０２１年３月まで（https://www.cas.go.jp/jp/seisaku/ful/yusikisyakaigi.html）、２０２１年４月以降（https://www.cas.go.jp/jp/seisaku/ful/taisakusuisin.html）。

2 尾身氏は、専門家会議の副座長、コロナ対策分科会の会長、対処方針分科会の会長を務めた。

3 この提言の提出者は、尾身茂、脇田隆字、岡部信彦、押谷仁、舘田一博、今村顕史、武藤香織、小林慶一郎の各氏と私・大竹であった。

4 内閣官房・厚生労働省「新型コロナウイルス感染症に係るワクチンの接種について（中間とりまとめ）」２０２０年９月25

日（https://www.cas.go.jp/jp/seisaku/ful/bunkakai/corona_vaccine_1.pdf）。

5　内閣官房・厚生労働省「新型コロナウイルス感染症に係るワクチンの接種について」２０２１年２月９日（https://www.cas.go.jp/jp/seisaku/ful/bunkakai/wakuchin_sesyu.pdf）。

第 **2** 部

「未知のワクチン」の接種開始前夜

2020年7月31日

日本政府、1億回以上分の新型コロナ・ワクチン供給について、
米ファイザー社と基本合意

2020年12月14日

米国でワクチン接種開始

2021年1月8日

東京都など1都3県に、緊急事態宣言発令

2021年1月15日

大阪府・愛知県・福岡県など7府県まで、
緊急事態宣言の対象地域拡大

2021年2月12日

米ファイザー製のワクチン、日本に初到着

2021年2月14日

厚生労働省、ワクチンを特例承認

2021年2月17日

医療従事者・370万人を対象に、
ワクチン接種開始

2021年3月28日

空港検疫で、デルタ株の患者の
発生を初確認

2021年4月12日

65歳以上高齢者・3600万人を対象に、
ワクチン接種開始

2021年5月7日

菅首相、「1日100万回接種を目標に」と表明

第2章 「接種を受けるつもり」を測定する意義
～たかが意向、されど意向～

1 日本の人たちはワクチンを信頼していない？

「ワクチンの信頼度、日本は最低レベル　149の国・地域データ分析」という衝撃的なタイトルのついた新聞記事を覚えているだろうか。[1] この記事は、コロナ禍真っ只中の2020年9月29日付の『朝日新聞』に掲載された。国際的に権威のある学術雑誌『Lancet』にロンドン大学の研究チームが発表した研究を紹介するもので、[2] 日本のワクチンへの信頼度は、コロナ禍以前は世界最低レベルだったことが強調されている。この研究は2015～19年に、149の国・地域の約28万人を対象に行われた調査に基づいており、

ワクチンは、①安全だと思うか、②有効だと思うか、③子どもに重要だと思うか

という三つの質問に対する回答を国際比較している。日本の調査では、①の質問に「強くそう思う」と回答した人の割合は8・92％、②の質問に「強くそう思う」と回答した人の割合は14・71％であり、どちらも最下位から3番目で非常に低かったという。③の質問に「強くそう思う」と回答した人の割合は41・76％だったが、それでも最下位から12番目だった。

このように、新型コロナ・ワクチンの接種がスタートする前の時点では、日本の人たちのワクチンへの一般的な信頼度は極めて低いと考えられていた。これには、予防接種に関する日本の歴史的な経緯も影響している。まず、天然痘ワクチンの問題である。日本国内では1956年以降発生がなかったが、海外からの侵入の可能性に備えるため、76年まで定期接種が続けられた（80年に世界保健機関〔WHO〕が天然痘の根絶を宣言したことで、全世界で天然痘ワクチンの接種は終了となった）。その間、複数の子どもたちが定期接種の副反応によって重度の障がいを負い、その家族が賠償請求の集団訴訟を起こした。最終的に、国は敗訴した。

次に、予防接種法に基づき1977年から小学校・中学校内で行われていた、季節性インフルエンザ・ワクチンの集団接種である。効果が疑問視されたうえに副反応として急性脳症が発生したとされて、87年に、保護者の同意を得た希望者にのみに接種するように法律が改正された。さらに94年には、予防接種法の対象疾病からインフルエンザが削除され、希望者が個別に医療機関へ出向いて接種を受ける「任意接種」に切り替わった。同時期には、89年導入の国産MMR（麻しん・おたふくかぜ・風しん）ワクチンが、無菌性髄膜炎という副反応が多発したことで、93年4月に接種中断となった。

日本でワクチンに対する不信感がさらに深まった出来事として、「HPVワクチン（子宮頸がん予防ワクチン）」の積極的勧奨の停止があるだろう。２０１０年に、ワクチン接種緊急促進事業としてＨＰＶワクチンの公費助成が始まり、結果として１９９４～99年生まれの女子の約7割が接種を受けた。しかし、その後、ＨＰＶワクチン接種後に発生したさまざまな症状が繰り返しメディアで報道され、薬害訴訟に発展したことを受けて、厚生労働省は２０１３年6月にＨＰＶワクチンの「積極的な接種勧奨の差し控え」を発表するに至った。これによってＨＰＶワクチンの接種率は急落して、しばらくの間ほぼ停止状態になった（その後の疫学調査で、報告されていた有害事象がワクチン接種による特異的なものではないと結論づけられ、ようやく21年11月から接種勧奨が再開された）。

ワクチンの「接種意向」を調査する意味

このような事情から、新しく開発される新型コロナ・ワクチンの接種が日本で円滑に進むかどうかについては、政策担当者や感染症の専門家の間でかなり疑問視されていた。行動経済学の見地から整理してみても、やはり接種が順調に進むようには思えなかった。「未知のワクチン」ということは、どのくらいの確率で効果や副反応が現れるかがまだわかっていないということである。本来、人間にはそうした曖昧さの伴う行動を避ける傾向がある。それらの情報がわかってきたとしても、客観的には小さな確率を主観的には大きいと感じる傾向も人間にはあるので、たとえば、副反応のリスクを恐れて接種を受けたがらないかもしれない。

私は、だからこそ、日本でどのくらいの人たちが新型コロナ・ワクチンの接種意向を持っているのかを事前に確認しておくことが大切だと考えた。政策担当者や専門家の言うように、接種する意向を持っていない人が本当に多数派だったとしたら、まずは、「人々が接種について前向きに検討できるようになるための施策」が必要となる。一方で、専門家の予想に反して、実はすでに接種する意向を固めている人が多数派だったとしたら、「人々の意向を阻害せず円滑に接種までつなげるための施策」が必要となる。接種意向があっても、将来の計画を先延ばしにする傾向が人間にはあるので、接種までうまくたどり着けないかもしれないからだ。つまり、事前の接種意向の有無や程度によって、勧奨施策の方向性や内容が変わってくるのである。季節性インフルエンザ・ワクチン等と違い、新型コロナ・ワクチンのように過去に接種行動が観察されたことのない「未知のワクチン」ならなおさら、接種方針を検討するときは接種意向の情報に頼らざるをえない。

海外では、パンデミックの初期から、新型コロナ・ワクチンの接種意向を把握するための調査研究がたくさん行われていた。[3] それによると、全体的には、すでに7割の人たちが新型コロナ・ワクチンの接種を受ける意向を持っているという国が多いようだった。中国・インドネシア・マレーシア・エクアドルのように、接種意向のある人の比率が9割を超える国もあった。一方で、米国・フランス・イタリア・ロシア・ポーランド等では5割に下がったが、それでも、二人に一人は接種する意向をすでに持っているということだった。

それでは、日本はどうだろうか。ワクチンへの信頼が低い国だから、比率は5割を切って、たとえば、2〜3割くらいの人しか接種意向を持っていないのだろうか。

日本の人たちの新型コロナ・ワクチンの接種意向は…？

この疑問に答えるために、私たちの研究チームは、日本の人たちの接種意向を把握する全国調査を行うことにした。初動は海外に比べて遅れたが、２０２０年の秋頃には準備を始めて、プレ調査を繰り返しながら質問の形式や表現を検討して、21年1月に本番の調査を行った。

日本では、医療従事者への接種が2月17日に始まり、65歳以上の高齢者への接種が4月12日に始まったので、日本で新型コロナ・ワクチンの接種が本格的に始まる前のギリギリの時点で接種意向の調査を行うことができた。優先接種の対象であった高齢層と対象ではなかった若年層の接種意向の特徴を比較するため、60～70歳台の高齢者と20～30歳台の若年者を調査対象に設定することにした。調査に、

新型コロナウイルス感染症のワクチンが開発され、日本での接種が始まり、接種のためのクーポン券があなたの手元に届いた状況を想像して、あなただったらどうしたいかを考えてください。

「あなたは費用を自己負担することなく、このワクチンを接種できるとします。

このとき、あなたは接種場所を訪問して、ワクチンを接種しますか？　それとも、接種しないですか？」

という質問を設定して、「接種する」と回答した場合に「無料の接種を受ける意向がある」と分類した。

さらに、無料で「接種する」と回答した人には、接種を受けるために最大で何円まで支払う意思があるか（支払意思額）を把握するための質問に進んでもらった。無料でも「接種しない」と回答した人には、最低でも何円もらえれば接種を受ける意思を持つか（受取意思額）を把握するための質問に進んでもらった。支払意思額および受取意思額は、経済学で意向の強さを金銭的価値で表すためによく使われ

てきた指標だ。また、受取意思額は、無料では接種を受けない人たちにも接種を受けてもらいたいときに、追加の助成金をいくらで設定すればいいかを考えるときの参考情報になると考えられてきた。

この調査データを使って、私たちは、

問い①：日本の人たちの新型コロナ・ワクチンに対する接種意向はどのくらいの水準なのか？

を検証した。加えて、次の三つの問いも検証することにした。

問い②：日本の人たちの接種意向は「社会の感染状況」や「社会の接種状況」に依存して変化するのか？

問い③：どのような特徴の人たちが強い接種意向を持っているのか？

問い④：日本の人たちの接種意向は「発症予防効果」か「感染予防効果」かによって変化するのか？

これら三つの問いに答えることもまた、政策的に重要だと考えたからだ。

調査を行った時点では感染者数が増加していたが、日本で優先接種が始まる2021年4月頃には、緊急事態宣言によってある程度落ち着いてきているだろうと当時予想されていた。また、優先接種の対象となる65歳以上高齢者は、日本社会の大部分の人々がまだ接種を受けていない状況下で、接種を受けるかどうかを検討するように依頼されることになる。このことから、問い②のように、接種意向が「社会の感染状況」や「社会の接種状況」に依存して、どのように変化するのかを確認することは政策的に重要だろうと考えた。

実際、接種意向の強さは「社会の状況や時間の経過」によって変化することが以前から知られていた。

日本でも、2009年の新型インフルエンザのときの経験から、接種意向は「水物」で大きく変わってしまうという懸念が、政策担当者や感染症の専門家の間で共有されていた。新型インフルエンザは、日本では流行後すぐに発生数が減少に転じたため、新しく開発されたワクチンの接種率が伸びず大量に余る事態となってしまい[4]、その経験が関係者の間で大きな印象を残していた。

接種意向が「社会の接種状況」に依存して変化する可能性も、経済学の研究等で以前から指摘されていた。たとえば、他者の喜びを自分の喜びとして感じる「利他的な人」や、他者と同じように振る舞うことで安心する「同調的な人」を想定して考えてみよう。社会の接種水準がまだ十分でない場合、利他的な人は自分の接種が自分の感染だけでなく他者の感染をも防止する効果を持つことや、医療提供体制の安定につながることを見越して接種に積極的になる。同調的な人は、接種を受けていない多数の他者にならって消極的になると予測される。一方で、社会の接種水準が高まってくると、利他的な人の中には他者の接種によって十分な数の接種が行われると考え、それによる社会的便益から喜びを得ることで、むしろ接種に消極的になる人も出てくるが、同調的な人は接種を受けている多数の他者にならい積極的になると予想される。したがって、社会や周囲の接種率が高まることの効果が平均的に接種の促進につながるか、あるいは阻害することになるかは、実際にデータで確認してみないとわからない問題なのである。これまでの研究の中にも、促進する効果を報告するものと阻害する効果を報告するものの両方があり[5]、今回も確認してみないとわからないと私たちは考えた。

さらに、問い③に取り組み、高齢者や若年者の接種意向が人々の属性や行動習慣・認識の点でどのような違いがあるのかを明らかにすることで、目標接種率まで引き上げるための勧奨施策の立案やその改善に貢献できると考えた。

効果の違いに関する問い④については、日本で接種計画の検討が始まった時点では、ワクチンの主な効果は発症予防効果と説明されていた。ただし、時間が経過するにつれてエビデンスが蓄積されて、感染予防効果の存在が確認される可能性もあると私たちは考えた（実際、2021年夏の頃には、政府資料の中で感染予防効果もあるというエビデンスが紹介されるようになった）。その可能性を考慮して、ワクチンが発症予防効果を持つケースと感染予防効果も持つケースで、接種意向がどのように異なるのかを確認することにした。

ここで先に、主な結果を紹介しておこう。

結果①：高齢者の76・5％（10人中7～8人）・若年層の65・1％（10人中6～7人）が、発症予防効果を持つワクチンの接種を受ける意向がある、と回答した

結果②：高齢者・若年者ともに、人々の接種意向は「社会の感染状況」と「同年代の接種率」に依存して大きく変化した。優先接種が始まる頃には、高齢者の接種意向が低下している可能性も示された

結果③：高齢者の中でも男性や既婚者、普段から頻繁に外出している人は、接種意向が平均的に下落するような状況であっても接種を受けようという意向を維持していた

結果④：発症予防効果に加えて感染予防効果があることがわかれば、接種意向はさらに高まった

「日本の人たちのワクチンに対する信頼は低いから、新しいワクチンの接種はスムーズに進まないだ

ろう」という悲観的な見通しにたくさん触れていたからか、最初に結果を見たとき、私は「意外と、接種を受けるつもりの人が多いんだな」と思った。高齢者と若年者を足し合わせると、平均的に7割の人が接種意向を持っているということであり、実は接種を受けるつもりの人が多数派なのではないかと感じた。国際比較調査をふまえても、この7割という比率は、海外の国々とそう違わない水準であった。

2 接種意向はどのように測定すべきか？

「接種意向を測定する」と一言でいってもさまざまな方法がある。日本で最も発行部数の多い新聞である『読売新聞』は、定期的に電話等で行われる全国世論調査に、ワクチン接種意向を把握するための質問を早くから設定していた。たとえば、２０２０年12月と翌年2月の調査には、「新型コロナウイルスのワクチンが承認されると、無料で接種を受けられるようになります。あなたは、どうしたいと思いますか」という質問が設けられていた。選択肢は、

①すぐに接種を受けたい、②急がないが接種は受けたい、③接種は受けたくない

の三つである。「どちらとも言えない」という中間選択肢は設定せずに、あくまでも無料のときに受けたいか・受けたくないかを聞いている点が特徴的だ。

2020年12月の結果は、「すぐに接種を受けたい」が15%、「急がないが接種は受けたい」が69%、「接種は受けたくない」が15%で、回答しないが2%だった。翌年2月の結果も同じ傾向のままで、「すぐに接種を受けたい」が18%、「急がないが接種は受けたい」が65%、「接種は受けたくない」が15%で、回答しないが3%だった。

どちらの結果からも、少なくとも無料ワクチンの接種を受けるつもりのある人が83〜84%いたことがわかる。実際『読売新聞』は、2020年12月の世論調査のダイジェストで、

「接種の希望を尋ねると、『すぐに接種を受けたい』15%、『急がないが接種は受けたい』69%を合わせ、84%の人が接種の意思を示した」

と紹介していた。[6]

一方で、『朝日新聞』の調査結果は、一見すると正反対に感じられた。同じ時期の2021年1月に行われた全国世論調査には、「新型コロナウイルスのワクチンが、無料で接種できるようになったら、どうしたいですか」という質問が設定されていた。質問文そのものは読売新聞と似ているが、選択肢の表現が大きく異なっていた。具体的には、

①すぐに受けたい、②しばらく様子を見たい、③受けたくない

の三択で、読売新聞では「急がないが接種は受けたい」だった選択肢②が、朝日新聞では「しばらく様子を見たい」になっていた。結果は、「すぐに受けたい」が21%、「しばらく様子を見たい」が70%、

「受けたくない」が8％であった。

『読売新聞』と『朝日新聞』の回答分布を照らし合わせてみると、おそらく、『読売新聞』の調査で「急がないが接種は受けたい」を選んでいたような人たち（65～69％）が、『朝日新聞』の調査では「しばらく様子を見たい」（70％）を選んでいたのだろうと想像できる。一方で、二つ目の選択肢の表現によって調査結果全体への印象がまったく変わってくるのは驚きだ。「すぐに受けたい」の割合は『読売新聞』（15～18％）よりもむしろ『朝日新聞』（21％）で高く、「受けたくない」の割合は『読売新聞』（15％）より『朝日新聞』（8％）で低かった。しかし、『朝日新聞』は世論調査のダイジェストで、

「『すぐに受けたい』は21％にとどまり、『しばらく様子を見たい』が70％、『受けたくない』が8％だった。特に女性は73％が『様子見』で、『すぐに』は15％だった。『すぐに』は年代が上がるほど多いが、70歳以上でも29％だった」

と紹介していた。[7]

各新聞社がどのような意図を持っていたかを追及することは本書の主眼でないとしても、冷静に見れば同じような傾向を示している可能性の高いものが、選択肢の表現の違いや結果の焦点の当て方によって正反対の印象を生みうる懸念については肝に銘じておく必要がある。

その懸念に完全に対処できるものではないだろうが、私たちは、一つのやり方として、できるだけ現実の日本の接種計画に基づいた内容で質問文を作成して、選択肢も「接種する」「接種しない」という客観的な表現で作成するようにした。

図2－1が、実際の調査で使用した、接種意向を測定するための質問である。まず、接種のためのクーポン券が手元に届いた状況を想像してもらい、新しく開発されたワクチンが発症予防効果を持つことを説明しながら、「あなたは費用を自己負担することなく、このワクチンを接種できるとします。このとき、あなたは接種場所を訪問して、ワクチンを接種しますか？　それとも、接種しないですか？」と回答者に尋ねた。

図2－1　接種意向を測定するための質問

新型コロナウイルス感染症のワクチンが開発され、日本での接種が始まり、接種のためのクーポン券があなたの手元に届いた状況を想像して、あなただったらどうしたいかを考えてください。

- このワクチンには、**発症予防効果**があることが確認されています。
- 接種により、あなた自身が新型コロナに感染した場合に発症する可能性を下げる効果があります。
- 現時点で、重篤な副反応の報告はありません。

あなたは費用を自己負担することなく、このワクチンを接種できるとします。このとき、あなたは接種場所を訪問して、ワクチンを接種しますか？　それとも、接種しないですか？

○ 接種する

○ 接種しない

接種開始前から、市区町村がワクチン接種の対象となる居住者にクーポン券を発行して郵送する計画は発表されていた。対象者はクーポン券を持ち医療機関等の接種会場を訪問し、ワクチン接種を受ける。そして、医療機関等は回収したクーポン券を使用して市区町村に接種費用を請求する。接種対象者の自己負担を0円とすることも事前にわかっていた。

副反応については、調査を行った時点で、アナフィラキシー等の重篤な副反応の発現頻度は低い（米国で100万人中5人程度）と報告されていた（厚生労働省「国内でのアナフィラキシーの発生状況について」2021年3月21日）。そのことをふまえて、質問では「現時点で、重篤な副反応の報告はありません」とした。

ただし、接種部位の痛みや腫れ、発熱等の発現頻度は相対

図2-2　支払意思額・受取意思額を測定するための質問

	接種する	接種しない
0円を支払うとき	◉	○
1,000円を支払うとき	○	○
3,000円を支払うとき	○	○
5,000円を支払うとき	○	○
8,000円を支払うとき	○	○
10,000円を支払うとき	○	○
15,000円を支払うとき	○	○
20,000円を支払うとき	○	○
30,000円を支払うとき	○	○

	接種する	接種しない
0円を貰えるとき	○	◉
1,000円を貰えるとき	○	○
3,000円を貰えるとき	○	○
5,000円を貰えるとき	○	○
8,000円を貰えるとき	○	○
10,000円を貰えるとき	○	○
15,000円を貰えるとき	○	○
20,000円を貰えるとき	○	○
30,000円を貰えるとき	○	○

的に高いこともわかっていた。それらの重篤性の低い副反応に関する情報が提供されたときには、回答者のワクチンの接種意向は下落する可能性がある。私たちは、「あなたが新型コロナウイルス感染症のワクチンを接種した場合、あなたに副反応が生じて、重篤な後遺症が残る可能性はどのくらいあると思いますか？」という質問も別途設定していた。その回答を使って、副反応の発現確率を主観的に大きく評価している回答者とそうでない回答者に分けて分析を行うことで、副反応と接種意向の関係を検証するようにした。

さらに次のステップとして、無料で「接種する」と回答した人には、接種を受けるために最大何円まで支払う意思があるか（支払意思額）を把握するための質問に進んでもらった。また、無料でも「接種しない」と回答した人には、最小で何円もらえれば接種を受ける意思を持つか（受取意思額）を把握するための質問に進んでもらった（図2-2）。

これらの回答を使えば、回答者の接種意向の強さ・弱さの「程度」を把握できる。たとえば、無料で「接種する」と回答した人が、8000円以下の金額を支払うときには接種を受けて、1万円以上の金額を支払うときには受けないと回答したならば、その人の支払意思額は８０００円と1万円の間にあるということになる。分岐点前後の金額の「中点」を支払意思額として計算すると、この人の支払意思額は９０００円になる。これは、「９０００円を支払ってでもこのワクチン接種を受けたいと思っている」ということを意味する。

一方で、無料でも「接種しない」と回答した人が、1万５０００円以下の金額をもらえる場合でもまだ接種を受けないが、2万円以上の金額をもらえる場合には受けると回答したならば、その人の受取意思額は両者の中点の1万７５００円ということになる。これは、「1万７５００円もらえればワクチン接種を受けようと思っている」ということを意味する。受取意思額にマイナスをつけて、マイナス1万７５００円にすれば、支払意思額としても解釈できる。

3 ワクチンの効果・社会の感染状況・社会の接種状況

２０２1年1月18〜22日までの5日間にわたって、インターネットで調査を行った。調査会社に登録している日本全国の60〜70歳台の高齢層と20〜30歳台の若年層を対象にして、合計1万２０００名分の回答データを回収した。性別・年齢・地域（北海道・東北・南関東・北関東／甲信・北陸・東海・近畿・中国・四国・九州）の観点で、回答者の分布が住民基本台帳の分布と一致するように割り当てて回

図2－3　質問の条件

質問	条件	
質問1	発症予防効果	
質問2	発症予防効果＋感染減少・接種率10	順番はランダム
質問3	発症予防効果＋感染減少・接種率50	順番はランダム
質問4	発症予防効果＋感染増加・接種率10	順番はランダム
質問5	発症予防効果＋感染増加・接種率50	順番はランダム
質問6	発症予防効果＋感染予防効果	

収した。

この調査では次の①、②、③の点でさまざまな条件を設定して、それぞれで新型コロナ・ワクチンに対する接種意向を測定した。言い換えれば、一人の回答者にさまざまな条件のもとで接種意向の質問に回答してもらったということである。

① ワクチンの効果（発症予防効果のみを持つのか、加えて感染予防効果も期待できるのか）

② 社会の感染状況（新規感染者数が減少している小康期なのか・大幅に増加している感染拡大期なのか）

③ 社会の接種状況（接種開始直後の初期段階なのか、接種が進んだ中期段階なのか）

図2－3に示したように、まずは②社会の感染状況と③社会の接種状況について条件は付けないで、発症予防効果のみを持つワクチンに対する接種意向を測定した。続いて、②や③について条件付けた質問をランダムに提示した。②社会の感染状況については、

「新規感染者数は減少傾向にあり、低水準で推移しています」（感染

図２－４　感染増加・接種50の説明文

- このワクチンには、**発症予防効果**があることが確認されています。
- 接種により、あなた自身が新型コロナに感染した場合に発症する可能性を下げる効果があります。
- 現時点で、重篤な副反応の報告はありません。

日本では現在、新型コロナの**新規感染者数は増加傾向**にあり、高水準で推移しています。また、日本に住む**あなたと同年代の10人中５人**が、すでにこのワクチンを接種しています。

減少）

「新規感染者数は増加傾向にあり、高水準で推移しています」（**感染増加**）

という説明を追記した。③社会の接種状況については、

「日本に住むあなたと同年代の10人中１人が、すでにこのワクチンを接種しています」（**接種率10**）

「日本に住むあなたと同年代の10人中５人が、すでにこのワクチンを接種しています」（**接種率50**）

という説明を追記した。例として、「感染増加・接種率50」の画面を図２－４に示している。さらに、発症予防効果に関する質問の後は、感染予防効果も期待できるワクチンに対する接種意向を測定するための質問を提示していった。

コラム① インターネット調査の使いどころ

インターネット調査は、文字通り、「インターネットを介して調査を実施して回答データを収集する手法」である。面接調査や郵送・留置調査に比べて迅速かつ廉価に実施でき、広範囲で多様な人々から回答データを収集できるという強みがある。インターネット調査には、調査会社が管理するモニター（登録パネル）を対象に行う「モニター型調査」と、SNS、ウェブサイト、メール等を通じて広く募集して一般のインターネットユーザーを対象に行う「非モニター型調査」があるが、私たちが行ったインターネット調査は前者のモニター型調査である。

今回のパンデミックは、感染拡大防止のために政府からソーシャル・ディスタンスをとることを要請される期間が長く続いたため、面接調査や郵送・留置調査を大規模に行うことが憚られた。その意味で、インターネット調査は非常に有用で実現可能性の高い手法だった。実際、今回のパンデミック下では非常に多くのインターネット調査が行われた。学術文献データベースで調査したところ[8]、パンデミック発生前の2016～19年の4年間における「online survey」というキーワードを含む出版物は10万2635件だったが、パンデミック発生後の2020～23年の4年間は15万1028件になり、5万件ほど増加した。そのうち「COVID-19」というキーワードを含むものが3万6984件で、増加分の約76％を占めていた。

一方で、インターネット調査には参加協力するモニターの特徴に偏りが生じやすいという懸念があり[9]、特に高齢回答者はその偏りが大きいと言われてきた。総務省「通信利用動向調査（令和元年調査）」によると、近年になるほど高齢層のインターネット利用率は大きく上昇しており、60代の利用率は90・5％に、70代で

74・2%に達している。それでもやはり、インターネット調査のモニターとして登録している高齢者には、高水準の認知および身体機能を維持している人が多く含まれる可能性が高い。

ただし、このようなインターネット調査の偏りは、「接種意向の特徴に基づき、ワクチンの自発的な接種行動の促進する（または阻害しない）勧奨計画の立案に貢献したい」という私たちの目的にとって、大きな問題にならないとも考えた。インターネット調査の回答者になるような認知や身体機能が高めの高齢者は、本人の接種意向が実際の接種行動を決定づける程度がより大きくなると予想されるからである。逆に、それらの機能が低下している高齢者の接種行動は、本人の意向ではなく、家族の意向や施設の方針等に大きく左右される可能性がある。[10]

4 四つの問いに対する調査結果

問い①：日本の人たちの新型コロナ・ワクチンに対する接種意向はどのくらいの水準なのか？

優先接種の対象に含まれる65～74歳の高齢者の**76・5%（10人中7～8人）**が、発症予防ワクチンが無料で提供されれば接種を受けると回答した。25～34歳の若年者は、**65・1%（10人中6～7人）**が無料ワクチンの接種を受けると回答した。このように、高齢層の接種意向の方が若年層よりも高かったが、どちらの年代でも**7割前後**の人たちが接種意向を持ち、接種を受けるつもりの人たちが多数派のようだった。

『読売新聞』の調査では84％の人が、『朝日新聞』の調査では21％の人が接種する意向を示しているという結果だったので、私たちの結果は、朝日新聞よりかなり高く、読売新聞の結果より若干低い水準だった。ただ、多くの国で7割程度の人たちが新型コロナ・ワクチンの接種を受ける意向を持っていたという国際比較調査の結果をふまえると、日本の人たちも世界的に見て平均的な傾向を持っている可能性が調査から示されたと言える。事前に、日本のワクチン信頼度は低いという悲観的なニュースに触れていたので、接種意向を持つ人が多数派かもしれないという結果を、私は驚きを持って受け止めた。

次に、接種意向の強さ・弱さを捉える支払意思額を計算してみると、高齢者の平均値は「**プラス2025・7円**」であった。これは、高齢層の回答者は「2000円強の金額を追加で支払ってでも、このワクチンを接種したい」に考えているということである。一方で、若年者の平均値は「**マイナス1646・5円**」であった。これは、若年層の回答者は「1600円強の金額を追加でもらえるなら、このワクチンを接種してもいい」と考えているということである。

高齢層と若年層の支払意思額の差は3600円以上だった。金額差に加えて、高齢層の支払意思額がプラスであるのに若年層ではマイナスで、符号が真逆になっている点が大きな違いだ。若年者でも10人中6～7人が無料ならワクチン接種を受けると回答しているのに、高齢層に比べると若年層の支払意思額の平均値がマイナスに片寄っているのは、どれだけ高額のお金を支払ってでもこのワクチンを接種したい人たちの割合や、逆にどれだけ高額のお金をもらっても接種しない人たちの割合の違いが影響しているからだろうと思われた。

そこで、支払意思額の分布を細かく見るために、ヒストグラムを描いてみた（図２－５）。白色のバーが65～74歳の高齢者のもの、グレーのバーが25～34歳の若年者のもの、縦軸は割合を表している。高齢層のヒストグラムは、若年層に比べて、全体的に支払意思額がプラスの方向に寄っている。特に、「**３万円よりも高額のお金を支払ってでも**、このワクチンを接種したい」と希望する高齢者が１割以上も存在しており、これは若年者の２倍の水準であった。一方で、「**３万円よりも高額のお金をもらえる場合でも**、このワクチンを接種しない」と回答する者の割合は、高齢層・若年層ともに約15％で、同じくらい存在していた。全体を見ると０円以上の支払意思額を持つ者が大部分を占める中、左端に３万円の金額をもらってもワクチンを接種しないという人は高齢層・若年層で同じくらい存在したが、高額を支払ってでも接種したい人たちが若年層では少なく、それが若年層の支払意思額の平均値を引き下げていることがわかった。

ところで、この３万円をもらっても接種しないという15％の人たちは、どのように働きかけてもワクチン接種を受けようとしない集団だと考えられる。しかし、逆に言えば、ワクチン接種に２万円程の金額を追加で助成する等の工夫をすれば、比較的接種意向の低い人たちを含めて、85％の人たちまでは接種意向を持つかもしれない、という見通しが立てられる結果でもあった。

図２－５　高齢層と若年層の比較

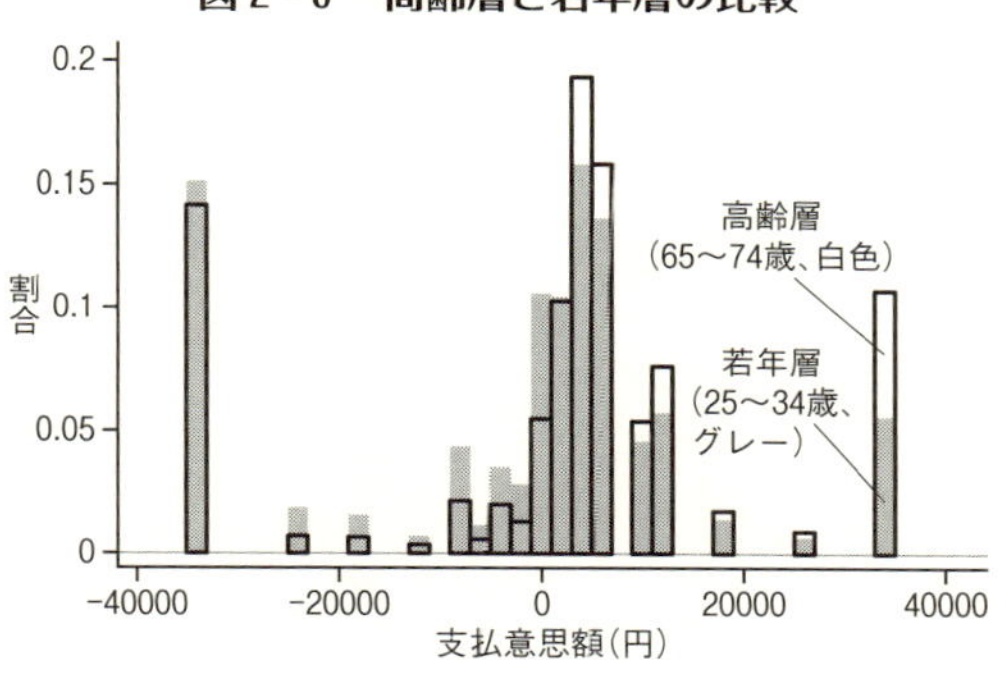

では、多くの人が気にしていた、副反応が接種意向に与える影響を分析してみよう。調査には、「あなたが新型コロナウイルス感染症のワクチンを接種した場合、あなたに副反応が生じて、重篤な後遺症が残る可能性はどのくらいあると思いますか?」という質問を設けていて、0%を「絶対に重篤な副反応は生じない」、100%を「必ず重篤な副反応が生じる」として回答してもらった。そして、この回答の中央値を使い、下位50%(発症予防ワクチンの副反応をあまり心配していない人)・上位50%(心配している人)の2グループに分けた。ちなみに中央値は「10・0%~19・9%」であった。これは、平均的な回答者は、10人中1~2人の割合で副反応が生じて、重篤な後遺症が残るように感じていたことを意味する。この調査の時点で、米国でアナフィラキシー等の重篤な副反応が発現した頻度は100万人中5人程度だったことをふまえると、重篤な副反応の発現確率を主観的に大きく認識している人が多かったということである。

副反応について心配していない高齢者の支払意思額の平均値は「**プラス4679・6円**」であったが、心配している高齢者の平均値は「**マイナス486・4円**」で、差は5000円以上もあった。また、3万円の金額をもらってもワクチンを接種しないという高齢者の割合は、前者では10%弱だったが、後者では20%に迫る水準だった。このように、事前に想像されたように、副反応の心配はワクチン接種意向に大きな影響を与えていた。

重篤な副反応の報告件数は、一般的に、接種が進んで社会の中に接種者が多くなるほどに増えていく。したがって、今後そういう報道が出たときには、人々の接種意向はある程度落ち込む可能性がやはり示された。

問い②：日本の人たちの接種意向は「社会の感染状況」や「社会の接種状況」に依存して変化するのか？

続いて、発症予防効果を持つワクチンに対する接種意向は、「社会の感染状況」と「社会の接種状況」という二つの条件からどのような影響を受けるかについて見ていこう。65〜74歳の高齢者のデータを使用して、ワクチンが無料提供されたときの接種者の割合を状況別に描いた結果を図２－６に示している。

これによると、接種意向（無料のワクチンを接種する意向のある人の割合）は二つの条件から大きく影響を受けていて、感染状況が深刻な段階や同年代の接種が進んだ段階で高まることがわかった。無料

図２－６　高齢者の条件ごとのワクチン接種意向

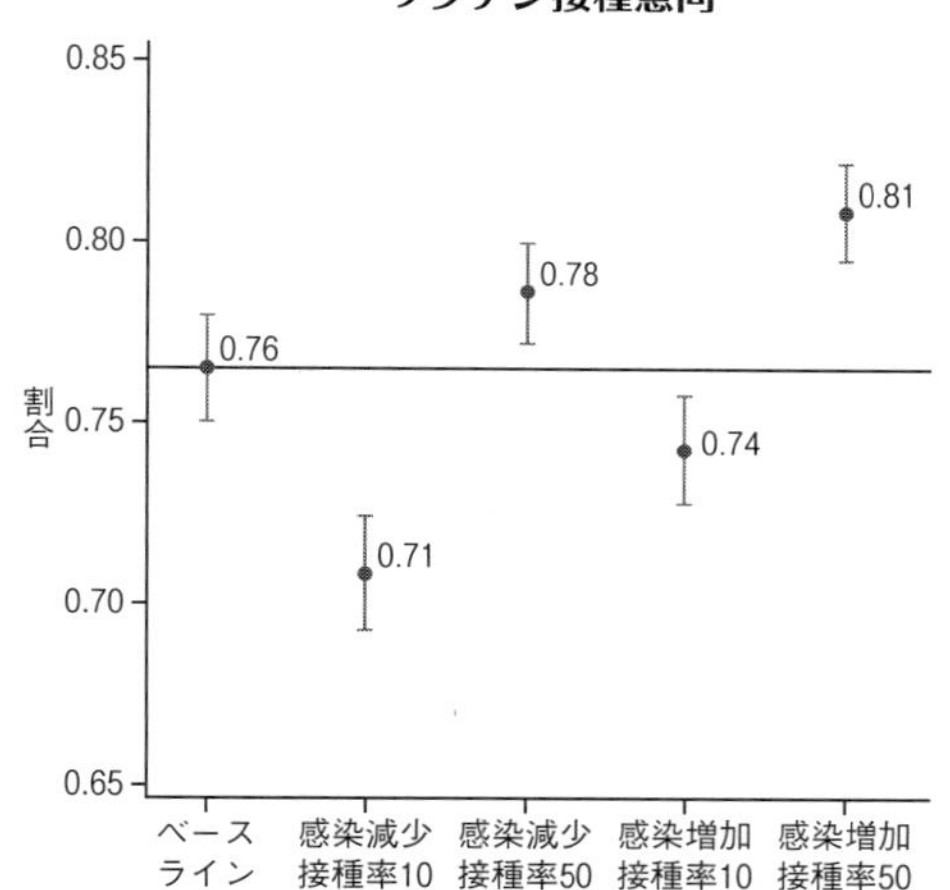

（注）「感染減少（増加）」は感染者数が減少（増加）傾向にあるという感染状況が、「接種率10（50）は同年代の10人中１人（５人）がすでに接種済みであるという接種状況が提示されたうえでの回答であることを示す。

接種者の割合は、新規感染者数が増加していて、同年代の接種率も50％まで進捗している状況が最も高くなって**80・9％**になり、ベースライン（76・5％）より**4・4ポイント高い**。逆に、新規感染者数が減少していて、同年代の接種率も10％に留まっている状況だと**71・1％**まで下がり、ベースラインより**5・4ポイント低い**。

ただし逆に考えると、どの状況でも**71・1％〜80・9％**の数値をとっており、無料提供されるときには接種すると回答する高齢者がやはり多数派だったと言える。25〜34歳の若

年者の接種意向も同じ傾向で、どの状況でも59・6%〜70・4%の人たちが無料提供されるときには接種すると回答していた。

問い③：どのような特徴の人たちが強い接種意向を持っているのか?

発症予防ワクチンを率先して接種したいと思う高齢層の回答者には、どんな特徴があるだろうか。私たちは統計解析の手法を使って、「新規感染者数は減少傾向で、同年代の接種率は10%」でも接種を受ける意向を持つ人がどのような特徴を持っているかを探索した。先ほどの結果②から、接種意向はこのような状況で最も低くなることがわかった。意向が減退しがちな状況でも、率先して接種したいと思う高齢者の特徴を把握して、実際に接種につなげて、接種件数を積み上げていくことは政策的に重要だろうと思った。

解析結果をふまえると、たとえば、次の特徴の高齢者が接種意向を持っていた。

- 新型コロナウイルスの主観的な感染確率や、感染したときの重症化確率を高く認識している人
- ワクチン接種を受けた後に重篤な副反応が発現する確率を低く認識している人
- 政府や分科会、医療機関への信頼が高い人
- せっかちでない人

一つ目の新型コロナウイルスの感染やそれによる重症化のリスクを心配している人ほど接種意向が強いという特徴や、二つ目の副反応をあまり心配していない人ほど接種意向が強いという特徴は、直感的

に理解しやすい。三つ目はワクチン接種政策に関わる機関を信頼している人ほど接種意向が強いという結果で、これも理解しやすい。海外でも、政府への信頼が高い人ほど政府の勧めるワクチンなら安全性や有効性は高いはずだと感じたり、製薬会社との関係への疑いが減ったりするという研究結果が報告されていた[11]。

四つ目の「せっかちさ」は、経済学の「時間割引率」という概念に関連する。時間割引率とは、将来に得られる便益を割り引いて評価する程度のことで、時間割引率の大きな人ほど「せっかちである」と分類される。たとえば、「今すぐ、1万円を受け取る」か、「1年後、1万1000円を受け取る」かを尋ねて、前者を選んだ場合には時間割引率が大きいと評価する。今すぐ1万円を受け取るために1000円分の追加利得を放棄しており、1万1000円を受け取れるのが1年後のために割り引いて評価して、今日の1万円より価値の低いものとして認識していると考えられるからだ。このような時間割引率の大きい人は積極的な医療・健康行動をとりにくいと考えられてきたので、ワクチン接種も受けたがらないと予測するのが自然だ。四つ目の結果は、せっかちでない、将来の利得の大きさを客観的に評価できる人ほど強い接種意向を持つという結果なので、これも予測通りの自然な結果である。

しかし、率先して接種しそうな人から働きかけるということを考えたとき、これらの特徴は外見から判断することが難しい。解析結果からは、男性や既婚者、外出ニーズの高い人、季節性インフルエンザ・ワクチンの接種歴がある人等もまた強い接種意向を持ちやすいことがわかったので、ワクチン接種開始直後はそういう特徴の中から観察しやすい情報を頼りにして、たとえば、外出ニーズの高そうな既婚男性に働きかけることが、接種率をスムーズに積み上げるのに有効かもしれない。

問い④：日本の人たちの接種意向は「発症予防効果」か「感染予防効果」かによって変化するのか？

ワクチンに発症予防効果だけでなく感染予防効果も期待できるようになった状況だと、65～74歳の高齢者の支払意思額は**3704・1円**まで上がった。これは、発症予防効果のみのワクチンの支払意思額（2025・7円）より**約1700円高い水準**である。接種の開始時点では、ワクチンの主な効果は発症予防効果だと説明されていた。一方で、時間の経過とともにエビデンスが蓄積されて、感染予防効果も認められれば、人々の接種意向はより高まっていくと期待できた。

5 ワクチン接種開始前に私たちが手に入れたエビデンス

それでは、ワクチン接種が始まる前の時点で、私たちが手に入れた調査研究のエビデンスと政策へのメッセージをまとめてみよう。

結果①は、**約7割の人が接種を受ける意向を持っている**というものであった。具体的には、発症予防ワクチンの接種が無料であれば、**高齢者の76・5％（10人中7～8人）**と**若年者の65・1％（10人中6～7人）が接種を受ける**と回答した。高齢者の接種意向は若年者より高く、この結果はシンプルに、高齢者の優先接種が円滑に進むことを期待させるので、接種政策の担当者にとって安心材料となったかもしれない。この時点で若年層の接種意向が低いのも、自分たちが優先接種の対象ではないことを反映しているからかもしれなかった。また、それでも、若年層も過半数以上が接種意向を持っていることがわかった。

事前の見通しから、私個人としては、接種意向を持っている人は2〜3割かもしれないとも思っていたので、結果は驚きであったし、「思い込み」の怖さを知った。すでに接種を受ける意向を持っている人が多いということは、その人たちの意向を阻害せず円滑に接種までつなげるための施策が大切となるということだった。

結果②は、逆に政策担当者にとって不安材料になったかもしれない。**高齢者・若年者ともに、人々の接種意向が「社会の感染状況」と「同年代の接種率」に依存して変化すること**がわかった。具体的には、発症予防ワクチンに対する接種意向は、「新規感染者数が減少傾向にあって、感染状況が落ち着いているとき」や「接種の進捗状況が初期で接種者は同年代の10人中1人のみ」というときに下落してしまう。逆に、新規感染者数が増加したり同年代の接種者の割合が高まったりする場面では上昇した。

2021年1月に緊急事態宣言が発出されていたので、高齢者のワクチン接種が始まる4月頃になると、日本国内の新規感染者数は減少傾向にあると予想されていた（結果的には、一度減少した後、再度増加していったが…）。また、接種の開始直後は、当然ながら接種者の数は少ない。接種意向の強い高齢者でさえ接種への積極性が落ち込む条件が揃う中で、どのように接種件数を積み上げていくかが課題となる可能性が見えてきていた。

結果③は、そういう状況でどうやって接種件数を積み上げていくかという課題への対処方法を検討するためのヒントを提供してくれた。**接種意向が下落する状況であっても接種を受けようと強く思う人たちの**

特徴が、彼ら・彼女らの属性や行動習慣、主観的な認識で説明できることがわかった。外出ニーズの強い人・既婚者・男性という特徴に当てはまる高齢者は接種意向が高いままだった。接種開始直後は、たとえば、外出ニーズの強い高齢・既婚・男性を中心に働きかければ、その人たちから率先して接種して、接種件数がスムーズに積み上がっていくかもしれない。

ただし、この結果を見たとき、ワクチンを接種した外出ニーズの高い人たちが感染予防の水準を大きく引き下げることがないように呼びかける必要があるだろうとも思った。ワクチンに期待している人ほど、ソーシャル・ディスタンスをとることを疎かにしやすいという傾向が海外の研究で報告されていたからだ。[12] ワクチンの効果が十分に得られるまでには一定程度の期間を要する。また、この時点で今回のワクチンは発症予防効果を持つものであって、感染予防効果についてはより頑健な研究の成果を待っている状況にあった。接種を受けた本人が発症したり重症化したりするリスクは下がる一方で、無症状感染者として、まだ接種を受けていない他の人に感染させるリスクは残っていた。したがって、率先して接種を受ける人たちにも、引き続き、感染予防を心がけるように呼びかけることが重要だった。

結果④は、発症予防効果に加えて感染予防効果もあることがわかれば、人々の接種意向はさらに高まるというものだった。これは一見すると当たり前のように感じられるが、経済学的には当たり前ではない。第1部で解説したように、感染予防効果を持つことでワクチンの正の外部性が強まれば、同時に、人々が他者の接種に「ただ乗り」するインセンティブも高まるので、接種意向を下げる方向にも働くからだ。私たちの調査結果はその逆効果の可能性は小さいことを示したので、感染予防効果について強固な研究結果が確認されれば、人々の接種を効果的に促すために感染予防効果の存在を積極的に広報するのがいい、というシンプルな戦略を提案してくれる。

一方でこの結果は、感染予防効果が一度確認された後、変異株の出現等によって感染予防効果が再び確認されなくなった場合には、接種意向もまた再び落ち込む可能性も示唆しているのかもしれなかった。新型コロナ・パンデミックで、**人々の接種意向が上がったり下がったりすることを予期させる結果**でもあった。

6 ワクチンの信頼は低いのに、接種意向は高かったのはなぜか?

そもそも、この章の調査研究プロジェクトは、「日本の人たちのワクチンに対する一般的な信頼が低いので、おそらく新型コロナ・ワクチンの接種意向も低いと考えられる。だから、接種は順調には進まないかもしれない」という問題意識から始まった。しかし蓋を開けてみると、高齢者では76・5%が、若年者では65・1%が、すでに無料のワクチン接種を受けるつもりがあることがわかった。想像していたよりも多くの人がワクチン接種に前向きだったということである。この7割という水準は、『朝日新聞』調査より高いが『読売新聞』調査よりは低いので、ものすごく過大に評価しているというわけでもなさそうだ。

では、ワクチンへの一般的信頼と新型コロナ・ワクチンに対する事前の接種意向が大きくずれたのはなぜか。パンデミックの緊急事態性から、ワクチンへの一般的信頼が高くなくても、新型コロナ・ワクチンの接種ニーズは高まっていたという説明が、まずはありうるかもしれない。

一方で、日本人の中間回答選択肢を好む傾向が信頼の水準を引き下げていた、という説明も成立しそうだ。『朝日新聞』の「ワクチンの信頼度、日本は最低レベル　149の国・地域データ分析」の記事の元になった学術論文をよく読んでみると、

ワクチンは、①安全だと思うか、②有効だと思うか、③子どもに重要だと思うか

という三つの信頼尺度の質問に対して、

「強くそう思う」、「強くそう思わない」、「それら二つのどちらでもない」

という三つの回答選択肢が設定されていた。そして、記事では、一つ目の「強くそう思う」の比率の低さが注目されていた。

しかし、複数の研究から、日本の人たちは「それら二つのどちらでもない」のような中間回答選択肢を選ぶ傾向が強いことはよく知られている。[13] したがって、国際比較調査の結果を読み解くときには、国・地域による回答のクセの違いに注意を払うことが大切なのである。

今回のケースも、本当なら日本の人たちのワクチンの一般的信頼はもっと高かったのに、「強くそう思う」を選択した比率だけで評価したときには、「低い」と判定されてしまったということかもしれない。私たちの認識がどういう情報に基づいているかとともに、その情報がどうやってつくられているか

に注意を払うことの重要性を改めて実感させられた、そんな調査研究プロジェクトだった。

付記

第２章の元になった論文：佐々木周作・齋藤智也・大竹文雄（２０２１）「ワクチン接種意向の状況依存性――新型コロナウイルス感染症ワクチンに対する支払意思額の特徴とその政策的含意」RIETI Discussion Paper Series, 21-J-007。

注

1　「ワクチンの信頼度、日本は最低レベル　１４９の国・地域データ分析」『朝日新聞』２０２０年９月29日付。

2　De Figueiredo, A., Simas, C., Karafillakis, E., Paterson, P., and Larson, H. J. (2020) "Mapping Global Trends in Vaccine Confidence and Investigating Barriers to Vaccine Uptake: A Large-scale Retrospective Temporal Modelling Study," *Lancet*, 396(10255): 898-908.

3　García, L. Y. and Cerda, A. A. (2020) "Contingent Assessment of the COVID-19 Vaccine," *Vaccine*, 38(34), 5424-5429.
Harapan, H. et al. (2020) "Willingness-to-pay for a COVID-19 Vaccine and its Associated Determinants in Indonesia," *Human Vaccines & Immunotherapeutics*, 16(12): 3074-3080.
Sallam, M. (2021) "COVID-19 Vaccine Hesitancy Worldwide: A Systematic Review of Vaccine Acceptance Rates," medRxiv, 2020-12.
Wong, L. P., Alias, H., Wong, P. F., Lee, H. Y., and AbuBakar, S. (2020) "The Use of the Health Belief Model to Assess Predictors of Intent to Receive the COVID-19 Vaccine and Willingness to Pay," *Human Vaccines & Immunotherapeutics*, 16(9): 2204-2214.

4　厚生労働省新型インフルエンザ対策推進本部（２０１０）「今般の新型インフルエンザ（A/H1N1）対策の経緯について～ワクチン～」２０１０年５月19日（https://www.mhlw.go.jp/bunya/kenkou/kekkaku-kansenshou04/dl/infu100519-19.pdf　２０２４年８月11日閲覧）。

5　Hershey, J. C., Asch, D. A., Thumasathit, T., Meszaros, J., and Waters, V. V. (1994) “The Roles of Altruism, Free Riding, and Bandwagoning in Vaccination Decisions,” *Organizational Behavior and Human Decision Processes*, 59(2): 177–187.
Ibuka, Y., Li, M., Vietri, J., Chapman, G. B., and Galvani, A. P. (2014) “Free-riding Behavior in Vaccination Decisions: An Experimental Study,” *PLOS ONE*, 9(1), e87164.
Sato, R. and Takasaki, Y. (2019) “Peer Effects on Vaccination Behavior: Experimental Evidence from Rural Nigeria,” *Economic Development and Cultural Change*, 68(1): 93–129.

6　「帰省・旅行『自粛を』75％　ワクチン『接種したい』84％…本社世論調査」『読売新聞』２０２０年12月７日付。

7　「五輪『再延期を』51％　ワクチン接種「様子見」は７割」『朝日新聞』２０２１年１月25日付。

8　２０２４年４月26日、筆者調べ。

9　本多則惠（２００６）「インターネット調査・モニター調査の特質――モニター型インターネット調査を活用するための課題」『日本労働研究雑誌』２００６年６月号：32–41。

10　Kan, T. and Zhang, J. (2018) “Factors Influencing Seasonal Influenza Vaccination Behaviour among Elderly People: A Systematic Review,” *Public Health*, 156: 67–78.

11　Gefenaite, G. et al. (2012) “Comparatively Low Attendance during Human Papillomavirus Catch-up Vaccination among Teenage Girls in the Netherlands: Insights from a Behavioral Survey among Parents,” *BMC Public Health*, 12(1), 498.

12　Andersson, O., Campos-Mercade, P., Meier, A. N., and Wengström, E. (2021) “Anticipation of COVID-19 Vaccines Reduces Willingness to Socially Distance,” *Journal of Health Economics*, 80, 102530.

13　Gordon, L. V. and Kikuchi, A. (1970) “Response Sets of Japanese and American Students,” *Journal of Social Psychology*, 82(2): 143–148. Grimm, S. D. and Church, A. T. (1999) “A Cross-cultural Study of Response Biases in Personality Measures,” *Journal of Research in Personality*, 33(4): 415–441.

第3章 自律性を阻害せずに接種意向を高めるナッジ・メッセージの探究

1 ワクチン接種は強制すべきでない

日本の人たちの約7割が新型コロナ・ワクチンの接種を受ける意向を持っていて、事前に予想されていたよりもずっと多そうだ、というのが第2章の調査研究からわかったことだった。一方で、65歳以上高齢者への優先接種がスタートする2021年4月頃には感染状況が落ち着いていると予想されていたこと、および開始時点の接種率が低いことから、接種を受けると答えた人たちであっても意向が弱まっている可能性が高いこともわかった。つまりは、そういう受けるつもりのある人たちを、実際に接種するところまでスムーズにつなげるための施策が必要になるということだ。

また、ワクチンの効果が発症予防のままであり続けた場合、ワクチン接種を受けない人の感染リスクを下げる効果までは期待できないため、特に重症化リスクの大きい高齢者だと7割程度の接種率でも心許なかった。できるだけ多くの高齢者に自ら免疫を獲得してもらうために、接種を前向きに検討してもらうための施策もまた必要な状況だった。

では、どのような施策を行うのがよいだろうか。接種の促進施策には、情報提供による広報活動のようなソフトなものから法的義務づけのようなハードなものまで、さまざまな選択肢がある。ただし一般的には、強制的な施策が採用されることは少なく、人々の自律性にある程度委ねる施策が採用されることが多い。

公衆衛生には、

「最も制限的でない他の方法（The least restrictive alternative）」

という原則があり、その原則が施策の選定にも反映されるからだという。ワクチン政策の倫理に関する研究でも、「パンデミックの終息のような公共の利益を獲得するにあたり、個人の自由と権利への制限が最小となる手段が採用されなければならない」と述べられている。[1] 今回の新型コロナ・ワクチンは新規に開発された「未知」のもので、接種の始まる段階では、長期的な効果や副反応については不確実性や曖昧性がまだまだ残っていた。そのことをふまえると、普段よりも人々の自律性を尊重することが重要になる文脈だった。

自律性の尊重は、日本では特に重要な視点だった。天然痘ワクチンや季節性インフルエンザ・ワクチン、MMR（麻しん、おたふくかぜ、風しん）ワクチンの副反応に関する一連の出来事を背景にして、1994年の法改正で予防接種の「義務規定」が撤廃され、「努力義務規定」となっていたからだ。努力義務規定とは、法令において「〜するよう努めるべきである」「〜努めることが求められる」等と記されている義務のことである。努力することが求められてはいるものの、法的な拘束力は伴わず、違反しても罰則は科されない。新型コロナ・ワクチンも、予防接種法の臨時接種の特例として、接種勧奨の実施と接種を受ける努力義務が適用されることとなった。

つまり、新型コロナ・ワクチンの接種勧奨では、接種を受けるという社会的に期待されている選択を、多くの人々が自発的に選ぼうと思えるような施策が求められていたということだ。このように整理したとき、私は、これは行動経済学の「ナッジ」のコンセプトとほとんど同じだと思った。ナッジを提唱したノーベル経済学賞受賞者のリチャード・セイラーや法哲学者のキャス・サンスティーンによると、

「選択を禁じることも、経済的なインセンティブを大きく変えることもなく、人々の行動を予測可能な形で変える選択アーキテクチャーのあらゆる要素」

がナッジの定義である。[2] ちょっとわかりづらいので、現実のナッジの事例をふまえて言い換えるなら、

「人々の心理的・行動経済学的特性をふまえて、またはそれを活用して、強制することなく、高額の金銭的インセンティブを用いることもなく、自分自身や社会にとって最適な選択を人々が自発的に実行できるように促すためのメッセージやデザイン・仕組み・制度」

となるだろうか。自律性を尊重する点で、今回必要とされる施策の特徴と共通していた。

実はパンデミックの初期から、ソーシャル・ディスタンスをとることを促すための施策として世界中

でナッジは活用されていたし、私にも同様の研究を実施した経験があった。新型コロナ・ワクチンの接種勧奨にもナッジの知見を活用することで、円滑な接種の実現に貢献できるかもしれないと私は思った。

他者の情報を提供するナッジ

一口にナッジと言っても、さまざまな種類がある。まずはその中で、どのナッジについて検討するかを決める必要があった。選定のプロセスは後で詳しく紹介するとして、ワクチン接種以外のトピックで多くの先行研究があり、社会への実装しやすさにも優れているという理由から、私たちは「他者の情報を提供するナッジ」に着目して研究を行うことにした。具体的には、次の三種類の異なる表現で、他者の意思決定や行動を説明するナッジ・メッセージを作成した。

A　**社会比較メッセージ**：「あなたと同じ年代の10人中X人が、このワクチンを接種すると回答しています」

B　**利得フレームの社会的影響メッセージ**：「ワクチンを接種した人が増えると、ワクチン接種を希望する人も増えることが分かっています。あなたのワクチン接種が、周りの人のワクチン接種を後押しします」

C　**損失フレームの社会的影響メッセージ**：「ワクチンを接種した人が増えると、ワクチン接種を希望する人も増えることが分かっています。あなたがワクチンを接種しないと、周りの人のワクチン接種が進まない可能性があります」

図3-1　利得フレームの社会的影響メッセージの画面

- このワクチンには、**発症予防効果**があることが確認されています。
- 接種により、あなた自身が新型コロナに感染した場合に発症する可能性を下げる効果があります。
- 接種により、接種部位の痛みや腫れ、発熱などが生じる可能性があります。
- 稀に、アナフィラキシーなどの副反応が生じる場合もありますが、適切に対処されれば問題ないことが確認されており、日本の接種場所でも、適切に対処できるように準備されています。

ワクチンを接種した人が増えると、
ワクチン接種を希望する人も増えることが分かっています。
あなたのワクチン接種が、周りの人のワクチン接種を後押しします。

これらのメッセージは、第2章の調査研究で得られたデータの傾向をふまえて作成した。Aは、他者がどのような意向を持っているかを紹介するものであり、これを「**社会比較メッセージ**」と呼ぶ。Bは、自分のワクチン接種が他者の接種に与える影響をポジティブな表現で紹介するものであり、これを「**利得フレームの社会的影響メッセージ**」と呼ぶ。一方でCは、他者への影響をネガティブな表現で紹介するものであり、これを「**損失フレームの社会的影響メッセージ**」と呼ぶ。なおBのメッセージの画面を、図3-1に示している。

これらの三種類のナッジ・メッセージが人々の新型コロナ・ワクチンの接種意向を高めるのかどうかを明らかにするため、65歳以上高齢者向けの優先接種がスタートするひと月前の2021年3月に、日本全国に住む1595名（65～74歳の高齢者：798名、25～34歳の若年者：797名）を対象に、インターネット上で実験を行った。

この研究のユニークさは、各メッセージが回答者の「**接種意向**」に与える影響だけでなく、「**自律的な意思決定や心理的な負担の水準**」に与える影響も評価して、両方をふまえてどのナッジ・メッセージを採用するのが適切かを検討できるように設計したところにあったと私は思っている。新型コロナ・ワクチンが新規に開発された「未知」のものだから、より入念に人々の自律性に配慮することが必要だったという事情もあるが、自律性や心理的負担に着目することがナッジの最新の研究トピックの一つだったということも大きい。

近年、ナッジの中には人々の自律性を阻害して、心理的負担をかけるものがあると指摘されるようになった。そのようなナッジは短期的には目的とする協力行動は促進しても、長期的にその協力行動の水準を低下させたり、それ以外の協力行動の水準を低下させたりするとも言われている。[3] 自律性と心理的負担という指標を追加検証できるようにすれば、この研究の政策的な価値だけでなく、学術的な価値ももっと上がるかもしれないと私は考えた。研究者のキャリアを始動してまだ間もない時期であった私は、本書の新型コロナ・ワクチンの調査研究プロジェクトを行っている間ずっと、政策にタイムリーなフィードバックを提供できる研究を目指しながらも、いかにしてその学術的な価値を確保するかも同時に意識してきた。

少し話がそれたが、ここで主な結果を紹介しておこう。

- **ワクチン接種を受けるつもりのなかった高齢者**の意向を強めて、接種希望者数を増やす効果を示したのは、「あなたのワクチン接種が周りの人のワクチン接種を後押しする」ことを伝える**利得フレーム・メッセージ**だった
- **元からワクチン接種を受けるつもりだった高齢者**の意向をさらに強化する効果を示したのは、「あなたが接種しないと周りの人のワクチン接種が進まない」という**損失フレーム・メッセージ**と、「同年代の10人中7～8人が接種を受けると回答している」ことを伝える**社会比較メッセージ**だった

- 同時に、損失メッセージが人々に精神的な負担をかけてしまう可能性や、社会比較メッセージが接種を受けるつもりのなかった高齢者の意向をさらに弱めてしまう可能性も示された
- 三種類のナッジ・メッセージは、若年者の接種意向を強める効果を持たなかった

2 ナッジとは？

ここで、本書を通じて重要な概念であるナッジについて、事例を使って解説しておこう。

内閣府が行った世論調査（2021年）によると、約4割の日本人が臓器提供に関心があり検討もしているにもかかわらず、実際に免許証の裏面等に記入し、同意を表明している日本人の割合は1割程度に過ぎないという。[4] これは、「書き込む」という一見簡単そうな行為が、実は心理的な負担になっていることを示している。日本と同じように、提供したい場合に記入し意思を表明する必要がある国では、臓器提供の同意者の割合は1〜2割だそうだ。一方で、提供したくない場合に記入して表明するように設定している国もあり、それらの国の同意者割合は9割を超えている。[5] 私たちの選択しやすさは、初期設定（デフォルト）の「提供する」「提供しない」の違いによって大きく左右される。逆に言えば、デフォルトの設定を工夫することで、人々の行動をスムーズに変容させられるかもしれないということだ。

また、納税の必要性を理解しながら、そして支払い能力も持ちながら、それでも滞納してしまう人た

図3-2　デフォルト・ナッジによる休暇取得の促進

従来の書式
※初期設定が「取得しない」

氏　名	宿直明け休暇の取得
	□　する
	□　する

新しい書式
※初期設定が「取得する」

氏　名	宿直明け休暇の取得
	□　しない
	□　しない

（出所）環境省HP、中部管区警察局岐阜県情報通信部、関東管区警察局静岡県情報通信部。

ちがいる。英国の研究では、そのような人たちへの督促状に「英国では10人に9人が税金を期限内に支払っています。あなたはまだ納税を完了していない極めて少数派の人です」というメッセージを添えることで、納税率が5・1ポイントも上昇したという。[6] 私たちは、他人の行動をとても気にする。期限に多少遅れても問題ないだろうと先延ばししていた人が、大半の人が期限内に納税していることを知らされることで背中を押されたのだろう。これを「同調性」と呼ぶ。逆に言えば、他者の情報を提供するナッジ・メッセージを追記することで、人々の行動をスムーズに変容させられるかもしれないということだ。

近年、日本国内にもナッジの活用事例が増えてきている。まず紹介したいのは、中部管区および関東管区の警察局の活用事例だ。この事例では、初期設定を工夫する「デフォルト・ナッジ」を使って、宿直明けの休暇取得を促した。図3－2の左側のように、従来の宿直明けの報告手続きでは、休暇を取得する場合に申請する流れになっていた。これは、先に触れた日本で臓器提供の希望者が免許証の裏面等に書き込む必要があるケースと同じである。そこで警察局は、新しい報告書式を導入して、図3－2の右側のように休暇を取得しない場合に記入する仕様に変更した。つまり、初期設定が「取得しない」から「取得する」に変わったのである。これにより、宿直明けの休暇取得者の人数と年間休暇取得日数が上昇したと報告されている。

次に紹介したいのは、環境省と民間事業者による活用事例で、人々の同調性をふまえた「社会比較ナッジ」を使って家庭の節電行動を促したものである。図3-3のように、「ホーム・エナジー・レポート」と呼ばれるレポートを各世帯に郵送し、その中で、近隣のよく似た家庭や省エネ上手な家庭の電気使用量と自分の家の使用量を比較できるようにした。他の家庭よりも使いすぎている場合、「もう少し節電や省エネを心がけないと」と思わずにはいられないような仕掛けになっているわけだ。実際、ホーム・エナジー・レポートを受け取った家庭は、受け取ってない家庭に比べて、平均にして1~2%ほど電気使用量が減少したと報告されている。使用量が元々多かった家庭では、減少幅はさらに大きかったという。

図3-3　社会比較ナッジによる節電・省エネ行動の促進

先月のご使用量比較

2016年6月21日-7月20日
管内の最大100世帯のよく似たご家庭のデータを参考にしています。省エネ上手なご家庭とは、電気使用量の少ない上位20%の世帯を指します。詳細は特設サイトをご参照ください。https://j-nudge.jp/her

（出所）日本オラクル「ご家庭の省エネレポート」。

3　ナッジとワクチン接種

デフォルトや情報提供の工夫は、季節性インフルエンザ・ワクチンの接種率を上げるためにも効果的なことがわかってきていた。たとえば、「○月○日○時から、あなたは接種を受けられます」というように、接種日時を仮決めして通知することで接種率が高まったという研究結果がある。[7]一般的には、接種可能な日程や時間帯を知らせて、都合の良い日時を選んで予約してもらうように呼びかけることが多い。仮決め方式で接種率が高まったという結果は、自分のスケジュールと照らし合わせて予約をするという少しの手続きが、人々にとっては大きな負担になっていたことを示している。ただしこの研究では、同時に無断キャンセルも増えて、それが医療機関にとっては負担になったことも報告されていた。

新型コロナ・ワクチンは一度解凍した後は再冷凍できないために、短い有効期間内に使い切る必要があり、無断キャンセルが多いと解凍したワクチンが無駄になってしまう恐れがあることがわかっていた。私たちはこの特徴をふまえて、新型コロナ・ワクチンの接種促進のためにデフォルト・ナッジを全面的に展開することは得策でないだろうと考え、情報提供の工夫の可能性を探究することに決めた。

私たちが実験を行ったのは2021年3月頃で、この時点で、海外の研究により季節性インフルエンザ・ワクチンと新型コロナ・ワクチンの両方に効果がある可能性が示されていたのが、「ワクチンの所有感」を強調したナッジ・メッセージであった。著名な行動経済学者であるミルクマンが「メガスタディ」と呼ばれる大規模な実験を行い、さまざまなメッセージの効果を検証して、「あなたのためにワクチンを確保しています（Full shot reserved for you）」というメッセージが季節性インフルエンザのワクチン接種率を高めることを発見していた。[8]同じような「あなたの新型コロナ・ワクチンが接種できるようになりました（a COVID-19 vaccine has just been made available to you…）」というメッセージが新型コロナ・ワクチンの接種率を高めることも、別の研究チームによって確認されていた。[9]これら二つのメッセージには、自分がワクチンをすでに保有している感覚を持たせる作用があるのだろう。これは、行動経済学で「保有効果」と呼ばれているものだ。人々は、自分のワクチンが準備されていることの安心感を覚えるのかもしれないし、さらには、自分が接種しなければ、自分のワクチンが他の誰かに使用されてしまうかもしれないと感じ、その損失を気にして接種する意欲がより増すのかもしれない。

4　社会比較ナッジの可能性を探究

なぜ社会比較ナッジなのか?

私自身、ワクチンの所有感を強調したメッセージの最大の特徴は、「**ワクチンの感染予防効果、発症予防効果、重症化予防効果や、その効果の帰結としての個人や社会への便益に焦点を当てていないところ**」にあると考えていた。その特徴のおかげで、ワクチンの効果の種類や程度の変化に関わらずメッセージの利用を検討できるところに、政策的な利点があると思った。

繰り返しになるが、新型コロナ・ワクチンは新規に開発された「未知」のものであるため、それぞれの効果の有無や程度は時間の経過とともに明らかになっていく部分が多かった。また、変異株の出現によってそれらの効果の程度は変化しており、この実験を行った後も変化していく可能性が高かった。そのため、「あなたのワクチン接種は、感染流行を抑制し、多くの命を救うことにつながります」や「あなたがワクチン接種を受けないと、感染流行が抑制できず、多くの命が失われることになります」等の感染予防効果に基づいたメッセージを、現実の接種勧奨で用いることは難しいと感じていた。実際、私たちが実験を行った時点で、内閣官房や厚生労働省のホームページに新型コロナ・ワクチンが発症予防効果を持つことは明記されていたが、感染予防効果も持つとは書かれていなかった。ワクチンの効能とは独立した要素を強調することで接種を促進できることがわかれば、それは変動要素の伴う新しいワクチンの接種計画にとって意義が大きいはずだと考えた。

私たちは第2章の調査研究のデータや分析結果をふまえながら、他者の情報を工夫して提供する「社会比較ナッジ」の可能性を探究することに決めた。他者の情報もまたワクチン自体の効能とは独立で、政策的な使いやすさがある。また、これまでも多くの研究で、社会比較ナッジが節電・省エネや納税、寄付等の社会的な行動を促す効果を持つという結果が報告されていたので、新型コロナ・ワクチンでも探究する価値があると思った。

ここで、読者の皆さんの中には「海外研究で効果が確認された、所有感を強調するナッジ・メッセージの効果を日本で再確認する方針をなぜとらなかったのか」と疑問に思われる方がいるかもしれない。複数の理由があるが、まず、所有感を強調するメッセージは、海外の研究がすでに季節性インフルエンザ・ワクチンと新型コロナ・ワクチンの両方の文脈で、さらに接種意向でなく実際に接種を受けたかどうかという行動を結果指標にして効果を明らかにしていたことが大きい。行動で評価したときにも異なる条件で効果が確認されているなら、このメッセージの効果は一定程度堅固なのだろうと思った。さらに、私たちが実験を行った2021年3月は日本で新型コロナ・ワクチンの一般向け接種が始まる前であったし、季節性インフルエンザ・ワクチンの接種時期ともずれていたから、接種行動でなく意向を使って評価するしかなかった。このような状況で、すでに行動で確認されているメッセージの効果を、行動でなく、意向を使って改めて評価することの意義はあまり大きくないかもしれないと考えた。この研究の持つ政策的な価値と学術的な価値の両方を追究したいという気持ちから、検証する余地がまだ残っている社会比較ナッジ・メッセージに目を向けることにした。

また、これは第5章の研究を行う中で後から気づいたことだが、実は所有感を強調するメッセージにはワクチンの供給量が不足しているときには使いづらいという弱点もあった。「あなたのためにワクチンを確保しています」というメッセージを受け取っても、すぐに予約がとれなければ、将来の接種意欲はかえって低下してしまうかもしれなかった。

社会比較ナッジの注意点

社会比較ナッジの可能性を探究するという方針を定めた後も、実験を行う前に検討しておくべき点がまだ残っていた。一般的に、社会比較ナッジは、多数派の人たちと異なる行動をとったときの自分自身の状態や感情に注意を向けることで、行動変容を促すナッジである。潜在的には接種希望を持っているが自力で決断しづらい人が、社会比較ナッジを受け取ることで本来の自分の希望に気づいてワクチン接種を実行するのであれば、このナッジによってその人の満足度は上昇するだろう。一方で、接種しないと固く決断している人やさまざまな事情があってワクチン接種を受けられない人は、このナッジを受け取ることでは自分が多数派と異なることを確認するだけになる。それによって何らかの負の感情を抱くのであれば、満足度は悪化してしまうかもしれなかった。

この章の冒頭でも述べたが、このような負の感情は長期的に協力行動の水準を低下させる可能性がある。[10] 接種を受けない人たちが、ナッジを受け取ったことによる負の感情から、他の感染対策の水準を下げてしまうような事態は避けなければならない。

最近は、節電・省エネや食事選択等の分野で、社会比較ナッジのような情報提供が生む感情的コストを分析する研究が出てきていた。[11] 一方で、そういう感情的コストを考慮して新型コロナ・ワクチンのためのナッジを検討している研究はまだなかった。そこで、社会比較ナッジの効果を検証するにしても、できるだけ人々が負の感情を抱かない他者の情報の表現の方法を検討できるように、実験デザインを組むようにした。

5 三種類のナッジ・メッセージ

2021年3月16日〜18日までの3日間に、日本在住の人々を対象にインターネット上で実験を行った。65歳以上高齢者への優先接種が始まるひと月前のタイミングだったので、第2章と同じように、優先接種の対象に含まれる65〜74歳の高齢者と、遅れて接種が可能になる25〜34歳の若年者を対象に設定し、両者を比較できるようなデザインにして、計1595件の有効回答を集めた。

その1595名の回答者を、「ランダム化比較試験」の形式で四つのグループのいずれかに割り当てた。他者の情報に関する何らかのナッジ・メッセージを追記する三つの介入群と、それらを追記しない統制群の四つである。すべてのグループで、導入文とワクチンの発症予防効果・副反応・副反応への対応方法の説明は共通のものを使用している。その説明は、できるだけ現実の日本の接種計画に基づいた内容で、客観的な表現で作成した。

コラム② ランダム化比較試験とは

近年、ナッジの効果は、対象者の属性や置かれている環境に依存して変化することが指摘されている。先行事例で有効性がすでに確認されたナッジでも、別の新しい場所で同じように効果を発揮するかどうかは試してみないとわからないことが多い。

したがって、ナッジを新しく考案したときは、本格的な事業として全面展開する前に、実証実験によって効果を測定して、「ナッジと結果指標の間にどのような〝因果関係〟があるのか」を確認することが重要である。因果関係とは、二つの事柄のうち片方が原因で、もう片方が結果になっている関係のことである。「ランダム化比較試験」は、因果関係を評価するための最も信頼度の高い手法とされている。

ランダム化比較試験は、以下の手順で行う。

① 対象者を二つ以上のグループへランダムに割り振る

② それぞれを「統制群（ナッジを提供しない群）」「介入群A（ナッジAを提供する群）」「介入群B（ナッジBを提供する群）」「介入群C（ナッジCを提供する群）」……とする
③ 統制群・介入群A・介入群B・介入群C……の間で結果指標を比較する

ランダム化とは、コイントスや乱数表等を使って、無作為にグループ分けをすることを意味する。全員同じ確率のもとで分けるので、「たまたま統制群に割り振られた」「たまたま介入群Aに割り振られた」……という状況を作り出すことができる。対象者が自分でどのグループに所属するかを選択した場合と違って、グループ間で対象者の属性の偏りが生じない。ほとんど同じような人たちに対して、たまたまナッジが提供されたり提供されなかったりしているので、グループ間の結果指標の違いに着目することで、ナッジが因果関係として結果指標に与える効果を捉えることができる。

社会比較メッセージ

ナッジ介入群①には、次のメッセージを追記した。

「あなたと同じ年代の10人中7～8人が、このワクチンを接種すると回答しています」（高齢層向け）

「あなたと同じ年代の10人中6～7人が、このワクチンを接種すると回答しています」（若年層向け）

メッセージ内の割合の情報は、第2章で紹介した2021年1月調査の結果をふまえている。私たちは、この二つのメッセージを「**社会比較メッセージ**」と呼ぶことにした。

人々は、多数派の意思決定や行動に関する情報が提供されると、他者の選択を社会の「規範」のように感じたり、またはそれが適切な選択であることに確信を持ったりして、他者と同じ意思決定や行動をとることを好むようになると言われている。したがって、この社会比較メッセージは人々の新型コロナ・ワクチンの接種意向を高めるだろうと期待された。同時に、このメッセージはワクチン接種意向を下げる可能性もあった。多くの人がすでに接種を受け、このまま進めば十分な人数が接種を受けるだろうと予想して、自分までが接種を受ける必要はないと考える人もいるからだ。どちらの効果が表出するかは、実際に確認してみないとわからなかった。

実は過去の研究の社会比較メッセージは、他者の「意向」でなく「行動」の情報を使用してきた。意向情報の効果と行動情報の効果を直接比べた研究はなかったが、新型コロナという未知の感染症に対する未知のワクチンのケースのように、ワクチン接種が開始されて行動が観察される前の段階であっても、意向情報はアンケート調査で取得することができるので、政策的に使いやすいと私は感じていた。

利得・損失フレームの社会的影響メッセージ

ナッジ介入群②には、次のメッセージを追記した。

「あなたのワクチン接種が、周りの人のワクチン接種を後押しします」

このメッセージは、第2章の分析から得られた、同年代の接種率が高まると人々の接種意向が高まるという結果をふまえて、自分自身の接種行動が他者の接種意向に影響を与える可能性を、ポジティブな言い回しで表現したものである。
このメッセージは、人々の利他性や社会的なイメージへの関心（周囲の人からどう見られているか）に訴えることによって、人々の接種意向を高めるだろうと期待した。たとえば、利他的な人は、自分のワクチン接種が周囲の人のワクチン接種を促し、結果として、周囲の健康状態が改善されることに喜びを感じるだろう。また、社会的イメージを重視する人は、周囲の人のワクチン接種を促すことが自分の社会的イメージを良くすることに気づいて、それを喜びに感じるかもしれない。実際、組織心理学では人は他人に影響力を持つことを好む傾向があることが知られていた。[12] また、日本の災害避難支援の文脈では、「あなたが避難することは人の命を救うことになります」という自分自身の避難行動が他者の避難行動に影響を与える可能性を知らせるメッセージを提供したときに、人々の避難意向が大きく高まるという研究結果が報告されていた。[13]
自分自身の接種行動の社会的な影響に焦点を当てることで、社会比較メッセージの持つ、多数派の行動規範に従わないことによる負の感情から、接種を受けたときに新しく得られる正の感情の方に、人々の目線を向けさせられるのではないかと私は考えた。さらに、その作用を通じて、社会比較メッセージに伴う「ただ乗り」のリスクも抑制できるかもしれないとも考えた。
ナッジ介入群③には、次のメッセージを追記した。

「あなたがワクチンを接種しないと、周りの人のワクチン接種が進まない可能性があります」

このメッセージは、介入群②のメッセージと同じ内容を損失フレームで表現したものである。この章の冒頭でも述べた通り、私たちは、介入群②のメッセージを「**利得フレームの社会的影響メッセージ**」、介入群③のメッセージを「**損失フレームの社会的影響メッセージ**」と呼ぶことにした。

これらの対照的なメッセージは、「フレーミング効果」を参考にしてつくった。[14] これは、説明の内容が同じでも、利得フレームで表現されるか、損失フレームで表現されるかによって人々の選択が変わりうるというもので、行動経済学の「プロスペクト理論」に基づく現象である。一般的には利得フレームより損失フレームの説明の方が人々の行動変容を促すことが知られている。たとえば、東京都八王子市の実証事業では、「今年度、大腸がん検診を受診された方には、来年度、『大腸がん検査キット』をご自宅にお送りします」という利得フレーム・メッセージよりも、「今年度、大腸がん検診を受診されないと、来年度、ご自宅へ『大腸がん検査キット』をお送りすることができません」という損失フレーム・メッセージで呼びかける方が、大腸がん検診の受診率は高まったという。[15] ただし、実際にどちらのフレームの方がより効果的なのかは文脈に依存することが指摘されているので、[16] 新型コロナ・ワクチンの文脈でどちらのメッセージが意向を強化するかもデータで確認してみないとわからなかった。

ワクチン接種でなく感染予防行動を対象に行われた研究では、利得フレームと損失フレームの両方ともが新型コロナの感染予防行動を促す一方で、損失フレームは負の感情を生むという結果が報告されていたので、[17] 利得フレームに比べて損失フレームの方が、メッセージを見た人の精神的な負担を重くしたり、自律的な意思決定を阻害したりする可能性があった。したがって、私たちの損失フレーム・メッセージも負の感情を生むリスクが高いだろうと予想されたが、新型コロナ・ワクチンの文脈ではそうならない可能性や、利得フレームよりも損失フレームの方が接種意向を強化する可能性もあるので、念のため、介入群③を設定することにした。

6 自律性・精神的負担の指標

ナッジ・メッセージの効果を評価するために使う主要な指標は、新型コロナ・ワクチンが無料のときに接種を受けるか・受けないかの二択の結果と、このワクチンに対する支払意思額とした。測定方法は、第2章の調査で解説したものと同様である。

それらに加えて、ワクチン接種の自律性と精神的負担の指標でも評価したいと考えたのだが、私の調べた限りにおいて、学術的に確立されている指標はなさそうだった。そこでふと思い出したのが、終末期医療を受けるがん患者の意思決定に着目して研究されている、心理学者の吉田沙蘭さん（東北大学）だった。終末期医療の分野では患者の自律的な意思決定が長きにわたって研究されていた。そこで、どのような質問が使われているのかを吉田さんから教えてもらい、それをふまえてワクチン接種の文脈に調整して質問を作成した。具体的には、

「先ほどのワクチンの質問や質問内の説明に関して、次の各項目は、あなた自身にどれくらい当てはまりますか？」

という質問文を提示し、

「自ら進んでワクチンを接種したいと感じた」
「ワクチン接種を強制されているように感じた」
「説明を受けていて、つらいと感じた」
「説明の仕方に改善の必要があると感じた」

という四つの項目それぞれに対して、（1：全く当てはまらない）から（5：非常に当てはまる）までの五段階で回答してもらった。私たちは、前半の二つを回答者の自律的な意思決定の程度を表す指標、後半の二つを回答者が受けた精神的負担の程度を表す指標と定義した。

7　ナッジ・メッセージは接種意向を高めたか？

ナッジ・メッセージが接種意向に及ぼす影響

まずは、ナッジ・メッセージの表示がなかった、統制群の接種意向の水準から紹介しよう。第2章の調査研究（2021年1月）と同じように、全体の傾向としては、やはり若年者より高齢者の方が強い接種意向を持つという傾向が観察されたが、細かく見てみるといくつかの変化があることがわかった。

今回の２０２１年3月実験で、発症予防ワクチンが無料で提供される場合に接種を受けると回答した割合は、**65~74歳の高齢者で84・4%**であったのに対して、**25~34歳の若年者では67・0%**だった。1月調査の結果（高齢層：76・5%、若年層：65・1%）と比較すると、この2カ月間で高齢層の接種希望割合は8%ほど上昇しているのに対して、若年層の割合はほとんど変化していないことがわかる。

さらに、3月実験の支払意思額を計算すると、高齢層は**プラス427・1円**、若年層では**マイナス3300円**となった。1月調査の結果（高齢層：プラス２２０５・7円、若年層：マイナス１６４６・５円）をふまえると、高齢層・若年層の両方で１６００円ほど支払意思額が下落していた。

まとめると、２０２１年1月から3月までの間に、高齢層では無料接種を希望する割合は増えていたが、支払意思額で見たときの接種への積極性は下落しているということ、若年層では無料接種を希望する割合は変化せず、さらに接種への積極性は下落しているということだった。このような変化が生じたのはなぜだろうか。いくつか理由を考えてみよう。一つは、第2章でも議論したように、社会の感染状況が1月から3月にかけてだんだんと落ち着いてきたことで接種への積極性が下がった、というものである。もう一つは、副反応を含めてワクチンの性質がだんだんと明らかになってきたことで接種への積極性が下がった、というものである。支払意思額の質問形式は両方の調査・実験で同じものを使用したものの、副反応の説明は3月実験の方がより詳細に記載していたので（前掲の図2-1、図3-1）、そのことが影響していた可能性はある。

いずれにせよ、65歳以上高齢者への優先接種が始まる頃は、接種を受けるつもりのある人であっても接種への積極性が低下しているかもしれない、という私たちの当初の想定が当てはまっていたことがわ

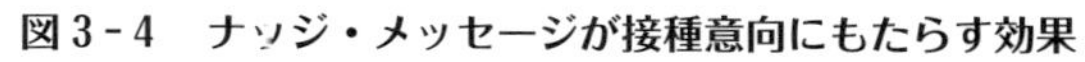
図3-4　ナッジ・メッセージが接種意向にもたらす効果

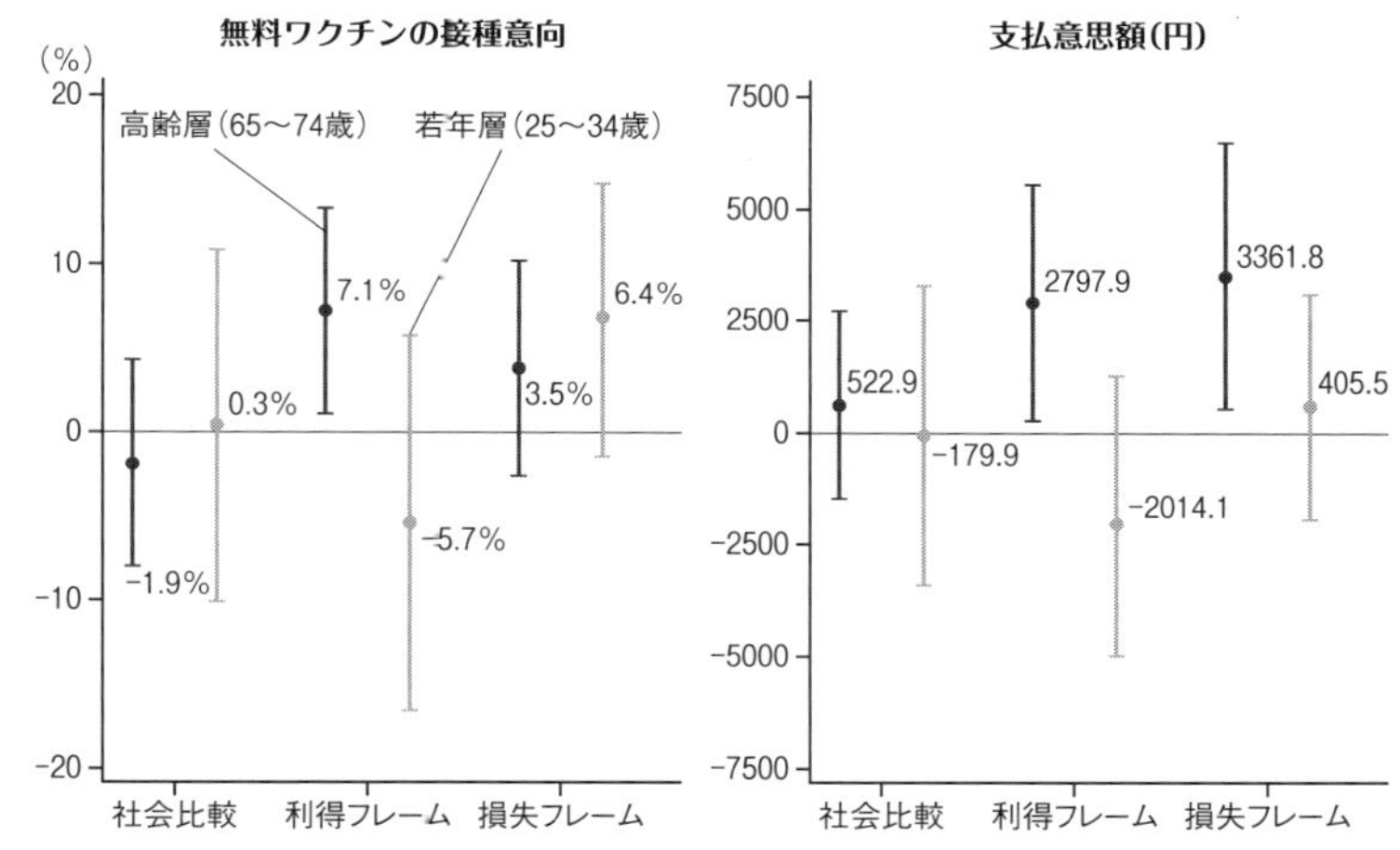

（注）点の上下に伸びる直線は、統計的に推定された値がその範囲に入る確率が高いことを示している。この直線がゼロをまたいでいると、統計的にはゼロと区別できない、つまり効果があるとは言えない。

かった。そのような状況において、ナッジ・メッセージが接種意向に対して何らかの後押しになるのかどうかを、次に見ていこう。

図3-4には、統制群の結果と比べて、三種類のナッジ・メッセージを追加表示することで接種意向がどのように変化したかを示している。これによると、ナッジ・メッセージによって高齢者の接種意向を強化できる可能性があることがわかる。たとえば、利得フレームの社会的影響メッセージを閲覧することで、無料ワクチンの接種を受けると回答する高齢者の割合は統制群に比べて**約7・1ポイント上昇**し、91・5%にまで達している。支払意思額も**約2797・9円上昇**する。また、損失フレームの社会的影響メッセージを閲覧することで、支払意思額が**約3361・8円上昇**し、統制群（427・1円）の9倍に迫る水準である3789円になる。

一方で、これらのメッセージは、相対的に低い接種意向を持つ若年者に対しては、意向を強める効果は一切示さなかった。

さらに、統計解析の手法を用いて詳細な分析も行った。それらの結果もふまえると、全体として次の発見があった。

- 「あなたのワクチン接種が周りの人のワクチン接種を後押しする」という利得フレームの社会的影響メッセージからは、接種を受けるつもりがまだなかった高齢者の接種意向を高める効果が見られた
- 「あなたが接種しないと周りの人のワクチン接種が進まない」という損失フレームの社会的影響メッセージからは、すでに接種を受けるつもりでいた高齢者の接種意向をさらに強化する効果が見られた
- 「同年代の10人中7～8人が接種を受けると回答している」という単純な社会比較メッセージにも、損失フレーム・メッセージと同じように、すでに接種を受けるつもりでいた高齢者の意向を強める効果が見られた（全体で見たときに社会比較メッセージの意向を強める効果が観察されないのは、このメッセージが接種を受けるつもりのなかった人々に対しては意向を弱める方向に作用するから）
- どの分析からも、ナッジ・メッセージが若年層の接種意向を高める効果は見られなかった

ナッジ・メッセージが自律性と精神的負担に及ぼす影響

続いてナッジ・メッセージが人々の自律的な意思決定や精神的負担に関する指標に及ぼす影響について紹介しよう。これによって、接種意向を高める効果が観察されたナッジ・メッセージを、実際の接種勧奨に使用して問題ないかどうかをチェックする。

分析してみると、「あなたが接種しないと周りの人のワクチン接種が進まない」と伝える損失フレー

ムの社会的影響メッセージは、回答者の自律性や精神的負担を悪化させる懸念があることがわかった。つまり、このナッジは高齢者の接種意向を高める効果を持つが、同時に「説明を受けていて、つらいと感じた」と回答する可能性も高まるという結果だった。若年層では、接種意向を高める効果がなかっただけでなく、接種を強制されているように感じさせたり、説明の仕方に改善の必要があると感じさせたりする可能性さえあることがわかった。

一方、単純な社会比較メッセージや利得フレームの社会的影響メッセージからは、このような懸念は観察されなかった。したがって、損失フレームよりも他の二つのメッセージを接種勧奨に活用する方が適切だと言えるだろう。

これまでの結果をふまえて、ナッジ・メッセージの適切な活用方法を整理してみよう。まず、すでに接種希望を持つ高齢者の意向を強化して、確実に実行までつなげるという目的のためには、「同年代の10人中7～8人が接種を受けると回答している」という社会比較メッセージの活用が有効である。同じく接種意向を高める効果を持つ損失フレームの社会的影響メッセージは閲覧者の精神的負担を高めてしまうため、社会比較メッセージの方を活用する方がよいという判断になる。ただし、詳細な分析から、元々接種を受けるつもりのなかった高齢者については社会比較メッセージの閲覧が意向を弱める方向に作用するかもしれないこともわかったので、接種希望者だけにこのメッセージを表示するという工夫が必要である。たとえば、ワクチン接種の予約画面や予約者へのリマインド・メール等にこのメッセージを記載することが一つの実装案になる。

次に、

接種を希望する高齢者を増やすという目的のためには、「あなたのワクチン接種が周りの人のワクチン接種を後押しする」という利得フレームの社会的影響メッセージの活用が有効

である。この人たちは元々ワクチンに対して消極的だと考えられるので、このメッセージを閲覧することで精神的な負担が増すかもしれないと心配していたが、詳細な分析からその心配がないことがわかった。たとえば、ワクチン接種に関する情報を広く一般向けに周知するホームページやポスター等にこのメッセージを記載することが一つの実装案になる。

高齢層と若年層の違い

私たちのナッジ・メッセージは、高齢層には接種意向を高める効果を持つが、若年層にはまったく効果が見られなかった。では、高齢層と若年層の効果の違いはどこから来ているのだろうか。たとえば、一つの可能性として、若年層が新型コロナウイルスに感染したときの重症化リスクは高齢層より低いので、それがナッジ・メッセージの効果の有無に関係しているのかもしれない。もしそうなら、高齢者と同じように重症化リスクが高いと感じている若年者の間では、ナッジ・メッセージの接種意向を高める効果が観察される可能性がある。

今回の実験には「もしもこれから、あなたが新型コロナウイルス感染症に感染した場合、あなたが重症化して、重篤な後遺症が残る可能性はどのくらいあると思いますか?」という質問を設定して、回答

者の主観的な重症化確率を測定していた。この情報を使って、若年層の回答者を、重症化リスクを高く感じているグループと低く感じているグループの二つに分けた。

それぞれでナッジ・メッセージの効果を検証したところ、予想通り、重症化リスクを高く感じている若年者の間では、損失フレームの社会的影響メッセージが無料ワクチンの接種を受けると回答する割合と支払意思額の水準の両方を引き上げるという結果が観察された。若年層でも、高齢層と同じように高い重症化リスクを認識している人々には、ナッジ・メッセージが接種意向を高める促進効果を持つということである。この結果は、高齢者向け優先接種が一段落して、若年層の接種を進めていこうとするときのヒントになるものだが、そもそもこの損失フレーム・メッセージは、若年層でも自律性を阻害して精神的負担を高めるという結果が得られていたので、なかなか悩ましいと思った。

8 行政現場での研究成果の実装と発信力強化のために

行政担当者との意見交換会

正直なところ、この研究を行った時点では、各地方自治体で行われる接種勧奨でナッジ・メッセージの採用を検討してもらうためには何が必要かという知識や、何をすべきかという戦略を、私は持ち合わせていなかった。一通りの分析結果が出揃ってから、ようやく、効果的なナッジ・メッセージをどうやって実際の接種勧奨に使ってもらうかについて考え始めた。

2021年3月中に、オンラインで、約80名の自治体関係者に向けて第2章とこの章の研究成果について報告して意見交換する機会を得た。新型コロナ・パンデミックの少し前からナッジの政策活用を実践する動きが始まっていて、NPO法人PolicyGarageという団体が主に公務員向けに月例のオンライン研究会を開催していた。私も彼らの活動に時々協力していたので、そのツテを頼って、「私たちの研究成果を地方自治体の接種計画の中でどのように活用できるか」、また「活用する際に注意すべき点は何か」について議論させてもらった。

他者の情報を工夫して表現するナッジ・メッセージを活用すること自体については、特に否定的なコメントはなかったように記憶している。当時すでに、海外の行動経済学者が、著名人などが新型コロナ・ワクチンの接種を積極的に公表して接種のムーブメントをつくっていくことが重要であると提言していたし、ローマ教皇や英国のエリザベス女王がワクチン接種を受けたというニュースも大きく取り上げられていたこともあり、それと同じような工夫として理解されたのだと思う。また、ナッジに関心のある政策担当者・行政担当者の間ではすでに社会比較ナッジはよく知られていたので、活用イメージも持ちやすかったのかもしれない。

一方で、私たちも研究の中で直接分析の対象としたように、他者に関する情報を提供する際には接種を希望しない人の心情にも配慮する必要がある、という意見が出た。特に、郵送による一律の情報提供は接種を希望しない人にも届くので注意する必要があるということだった。配慮のための工夫として、他者に関する情報をそのまま掲載するのではなく、その情報を閲覧できるサイトをわかりやすく案内する案や、他者に関する情報を掲載するときには「接種しましょう」でなく「接種するかどうかを検討しましょう」と熟慮を呼びかける案が出された。さらに、予約サイトやリマインド・メールは接種する意向の強い人だけが閲覧するはずなので、その人たちの実行の先延ばしを防止する目的で、その場所に接種件数等の情報を掲載することは採用しやすそうだ、という意見も出た。

前節で書いた二つのナッジ・メッセージの実装案は、これらの意見をふまえてつくったものである。私は、これらの実装イメージ付きで今回の研究成果を一般向けコラムで紹介したり、つながりのある行政担当者に説明したりしたが、このときに実装に向けて取り組めたことはその程度であった。

これ以降、「研究成果の活用を各現場で適切な方法で検討してもらうには、どういう取り組みが必要か」について、私は強く意識するようになった。この章での学びを活かして、風しん抗体検査・ワクチン接種の勧奨プロジェクトの中で試行錯誤していった様子を、第5章のコラム⑥（201ページ）で紹介している。

地方自治体は新型コロナ・ワクチンの情報をどのように発信したのか？

ワクチン接種の行政現場でのナッジ・メッセージの活用に意識が向く中で、そもそも地方自治体は新型コロナ・ワクチンの情報についてどのように発信しているのか、についても関心を持つようになった。思いついた自治体の名前でネット検索をして、各所のホームページに掲載されているワクチン接種関連のページを見る限りでも、発信されている情報の中身や理解しやすさ・読みやすさには、自治体の間で大きな差があるように感じられた。

図3－5　青森県十和田市のホームページ（2021年）

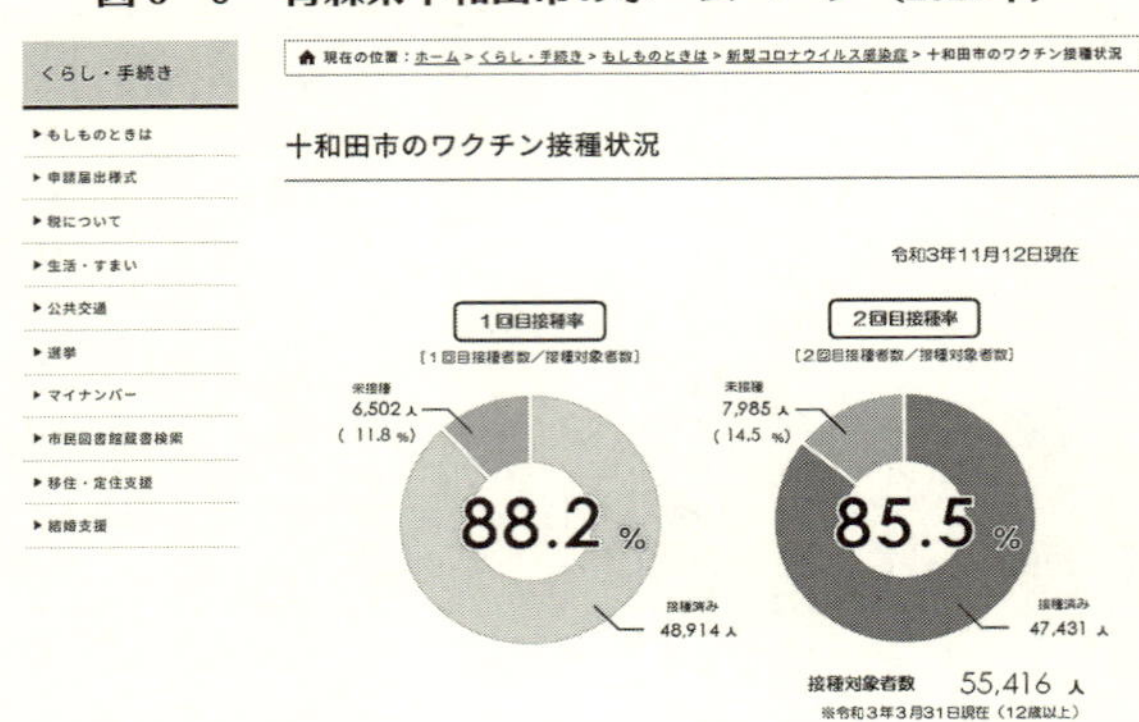

（出所）青森県十和田市ホームページ「十和田市のワクチン接種状況」（2021年12月13日閲覧）。

中には、青森県十和田市（図3－5）や岩手県宮古市（図3－6）のように、他者の接種状況を非常に見やすいデザインで掲載しているような自治体もあった。ただし、このように工夫している自治体は少数派で、接種予約方法等の説明が複雑で、理解に時間がかかりそうな内容・デザインになっている自治体の方が多かった。ツテを頼って自治体の人に直接事情を聞くと、「調整事項が多すぎて、ホームページのデザインにまで手が回っておらず、厚生労働省のホームページ上で更新される情報をただ追記するだけで精一杯」という話だった。ワクチンに関する人々の理解と自発的な接種を促すためにも、情報提供の仕方を各自治体に全面的に委ねるのではなく、厚生労働省等の中央政府機関が、ホームページ上に掲載することが望ましい情報の項目やデザイン、接種券の郵送や予約受付の方法等について具体的なガイドラインを出したり、そのサポートをしたりすることが重要なのではないかと思った。

実は英国では、地方自治体協議会（Local Government Association）という機関が『行動インサイトを応用して新型コロナ・ワクチンの接種を促進するためのガイド』を発行して、情報発信時に役立てるように呼びかけていた。[18] 行動インサイトとは、行動経済学・心理学分野の研究成果に基づく人間の意思決定の特徴に関する知見や、それをふまえた行動変容の工夫の総称のことで、ナッジとほとんど同じ意味で使われていることもある言葉だ。

このガイドでは、12種類の工夫が提案されていた。そのうち8個は『ワクチン接種の意欲を持ってもらうためのもの』で、「簡潔かつ明確なメッセージを使用する」「ワクチン接種による社会的な便益を強調する」等がそれらの工夫を設ける理由と期待される効果とともに紹介されていた。残り4個は『意図したことを行動につなげるためのもの』で、「ワクチン接種の計画を立てることを支援する」「ワクチン接種についてリマインドする」「行動を妨げる要因を取り除く」等が紹介されていた。

そこで私は、当時所属していた東北学院大学経済学部の2021年度2年生ゼミのメンバー8名と一緒に、英国

図3-6　岩手県宮古市のホームページ（2021年）

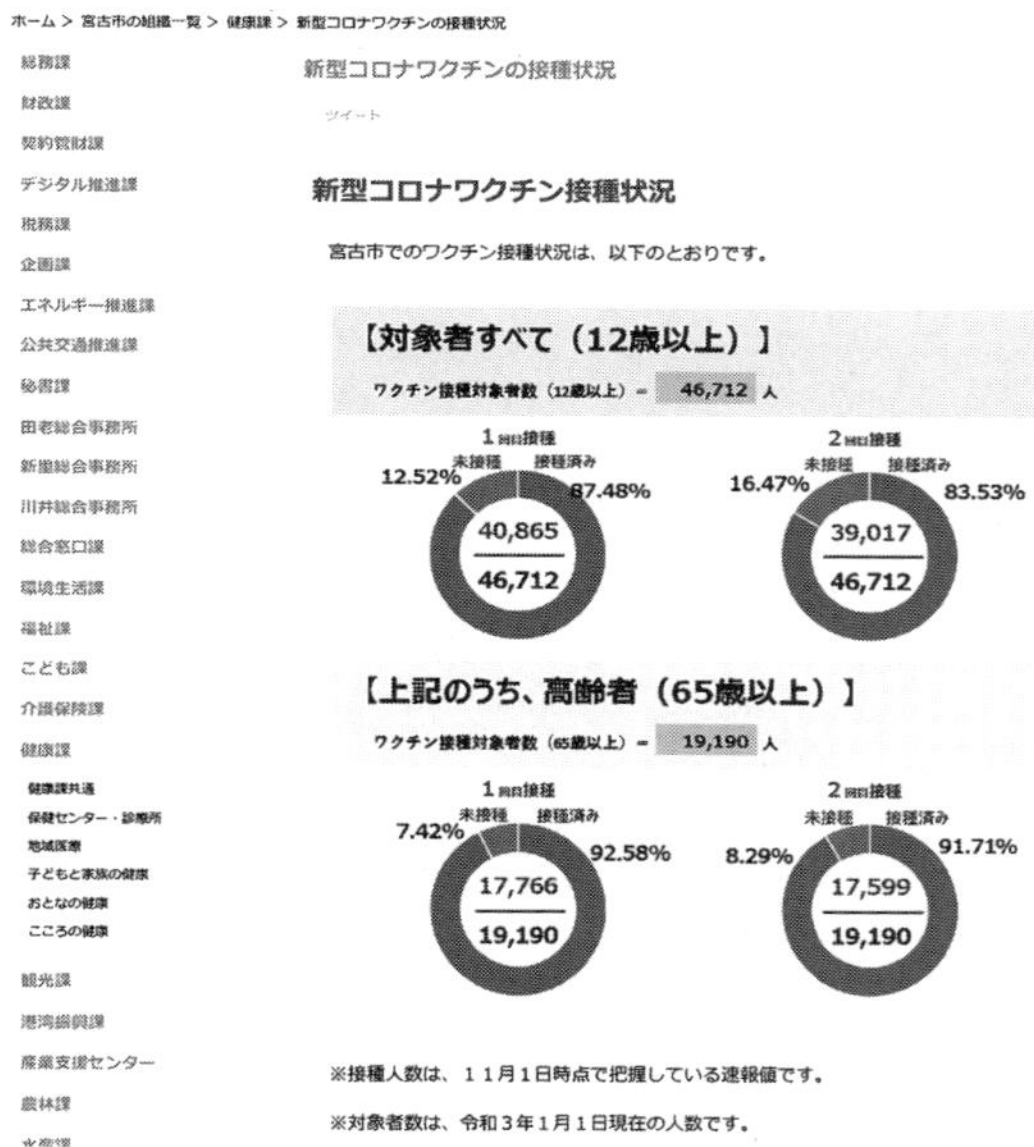

（出所）岩手県宮古市ホームページ「新型コロナワクチン接種状況」（2021年12月13日閲覧）。

のガイドを日本版に調整したうえで、そのガイドのチェック項目に基づいて東北六県にある227の地方自治体の新型コロナ・ワクチンに関するホームページのわかりやすさ・使いやすさを点数化することにした。

偏った採点になることを防ぐために、一人でなく二人一組で採点するとともに、自治体ごとの二人の組み合わせをランダムに作成した。一人100点満点、二人合計で200点満点の採点表を使って評価したところ、採点結果の平均値は81・4、最大値は140で最小値は6、標準偏差（点数のばらつき）は23・1という結果が得られた。非常に単純な仮説であるが、もしもすべての自治体が同じくらいのわかりやすさ・使いやすさで新型コロナ・ワクチンの情報をホームページで発信していたならば、採点結果は同じくらいの得点に集中していなければならない。これだけばらつきがあるということは、ホームページ上の新型コロナ・ワクチンに関する情報の内容や質が、自治体間で大きく異なっているということを意味する。もちろん、人口規模や住民の年齢層等の特徴からホームページを通じた情報発信の優先度合いが低い自治体もあるだろうが、未知の感染症のパンデミックのような未曾有の危機に関する情報の内容や質については、自治体間で一定程度同じである方が望ましい。

点数の高かった自治体・逆に低かった自治体のホームページを直接確認する中で、何がわかりにくさ・使いにくさにつながっているかについても学生たちと議論して、その要因を以下の三つのパターンに分類した。

◆パターン①：トップページから新型コロナ・ワクチンに関する情報のためのリンクをみつけにくい

◈ パターン②：「新型コロナウイルスワクチン接種について」と「新型コロナウイルスワクチン接種」のように、よく似た見出しのリンクが複数存在している
◈ パターン③：情報をファイル分けしすぎていることにより、必要な情報を得るために多くのページを経由しなければならない

一つ目は、トップページから新型コロナ・ワクチンに関する情報のためのリンクをみつけにくいパターンである。ホームページの下部等の目立たない場所にワクチン情報が記載されていると、ワクチン接種に必要な情報を得るまでに手間や時間がかかってしまう。また、新着情報一覧のみにワクチン情報のリンクが貼り付けられている場合は、他の新着情報が更新されることでそのワクチン情報が下方に移動するため、たどり着くことが難しくなる。そのため、トップページの上部等のわかりやすい箇所に新型コロナ・ワクチンに関するリンクを固定して貼り付けることが大切である。

二つ目は、「新型コロナウイルスワクチン接種について」や「新型コロナウイルスワクチン接種」のように、よく似た名称のリンクが複数存在しているパターンである。この場合、目当ての情報を探してリンク先に行ったときに、まったく異なる情報が掲載されているという事態が生じる。閲覧者が欲しい情報を得やすいホームページにするためには、サイトに入った後どういう動作をすればいいのか、どこをクリックすればいいのか、ということがすぐにわかる表記やデザインにすることが重要である。リンク名は、記載されている内容が瞬時に想像できるような、わかりやすい名称にした方がいい。

三つ目は、必要な情報が掲載されているページにたどり着くまでに、何度もホームページ内のリンク

を押さなければならないパターンである。たとえば、「ワクチン接種当日の持ち物」の情報を得たい場合に「自治体公式ホームページ」→「新型コロナウイルス感染症・ワクチン接種について」→「ワクチン接種のお知らせ」→「ワクチン接種について」→「新型コロナウイルス感染症のワクチン接種について」→「ワクチン接種の当日の流れ」→「ワクチン接種当日の持ち物」のように、目的の情報を得るまでに押さなければならないリンクがあまりにも多くなると、手間と時間がかかってしまう。情報を整理整頓するという意味では一見すると良いように思えるが、整理整頓が過剰になってしまうとかえって情報が探しにくくなる可能性がある。

その他にもいくつかの分析を行い、私は学生たちとともに以下の二つの政策提言をまとめた。

① 厚生労働省等の政府機関が自治体ホームページ上の掲載情報の項目やデザインについてガイドラインやチェックリストをつくること

② 地方自治体が自主的に本研究のチェックリストを使って工夫すること

一つ目の提言について、未知の感染症のパンデミックのような未曾有の危機においては、厚生労働省等の政府機関が、自治体ホームページ上で発信することが望ましい情報の項目やデザインについて助言することで、自治体間での情報格差を縮小できる可能性がある。パンデミック時には自治体職員の業務が増加していると考えられるため、ガイドラインやチェックリストを提示することで現場の手間や時間を省略できるという効果も見込める。

一方で、未知の感染症のパンデミック時には、政府機関が即座に対応してガイドラインを新しく作成するのが難しいかもしれない。そこで、二つ目の提言のように、自治体の職員が、今回学生たちと作成したチェックリストのような既存の資料を自発的に活用して、ホームページを通じた情報発信を改善するという方針もありうる。自治体によってはホームページを通じた情報提供よりも紙媒体等による情報発信の方が適切である場合も考えられるから、政府機関によるガイドラインや本研究のチェックリストの遵守を強制すべきでなく、最終判断は自治体の裁量に委ねるべきだろう。

9 意向と行動は違う？：論文投稿よもやま話

2021年3月に実験を完了した後、私たちはすぐに英語論文を執筆して、6月には国際学術雑誌に投稿した。論文を学術雑誌に掲載するためには「査読」というプロセスを通ることになる。通常、査読では、複数の匿名専門家からチェックを受け、掲載を検討するに値する論文であると判断された場合には改訂要求を受ける。それに対応して改めて審査を受け、パスすることができれば、学術雑誌への掲載が認められる。国際学術雑誌に掲載された研究論文は、研究者のキャリアにおいて重要な業績となる。

幸いにも今回の論文は査読に回って、二度の改訂要求に対応した後、同年11月に採択の連絡を受けた。結果的に、国際的に評価のある学術雑誌にスムーズに掲載できて幸運だったが、査読の過程で強く指摘されたことの一つが、「接種意向と行動は違う」ということだった。私たちの研究では接種意向を使用してナッジの効果を測定したが、その結果が接種行動に対してどのくらい適応できるのかわからない、というコメントだった。

今回の実験は日本で一般高齢者向けの接種が始まった2021年4月よりも前に実施したので、その時点では新型コロナ・ワクチンの接種行動で効果測定することは不可能だったし、季節性インフルエンザのワクチン接種の時期ともずれていたため、他のワクチンの接種行動で効果測定することも困難だった。正直に言うとこのようなコメントをもらってもどうしようもないのだが、ワクチン接種の文脈で、意向と行動の不一致がこれまでずっと問題視されていたこともまた事実だった。不一致の原因には、ワクチン不足・手続き上の障壁等の供給側の要因と、物忘れ・先延ばし等の需要側の要因等があるようだった。

このときは、私たちの研究の目的は、ワクチン接種を促進しうると同時に、閲覧者に精神的負担を可能な限り与えないナッジ・メッセージを発見することにあると査読者に念押しして、行動で効果検証する前に意向を使って効果検証することは、この目的のもとでは妥当だと考えていると返信した。結果的には採択されたので、査読者にはこのような説明で納得してもらえたのだと思うが、それでも、この指摘は、今後、ワクチン接種についてどんな研究が必要かを構想するときに大きな影響を与えた。具体的には、「接種意向と行動ができるだけ乖離しないような意向の把握方法はないのか」という問いを立てて、第4章の調査研究につながっていった。また、「閲覧者の精神的負担に配慮したうえで、やはりナッジ・メッセージの効果を接種行動で測定をする必要があるのではないか」と考えて、第5章のフィールド実験研究につながっていった。

付記

第3章の元になった論文：Sasaki, S., Saito, T., and Ohtake, F.（2022）“Nudges for COVID-19 Voluntary Vaccination: How to Explain Peer Information?” *Social Science & Medicine,* 292, 114561.

第8節「行政現場での研究成果の実装と発信力強化のために」の元になった報告書：２０２１年度東北学院大学経済学部経済学科、佐々木周作ゼミナール・研究活動報告書『新型コロナ・ワクチンの行動経済学研究～はじめの一歩～』。

注

1　Childress, J.F. et al.（2002）“Public Health Ethics: Mapping the Terrain,” *Journal of Law, Medicine and Ethics*, 30(2): 170–178.
Giubilini, A.（2021）“Vaccination ethics,” *British Medical Bulletin*, 137(1): 4–12.

2　セイラー、リチャード＝サンスティーン、キャス（２０２２）『ＮＵＤＧＥ　実践 行動経済学　完全版』遠藤真美訳、日経ＢＰ。

3　Damgaard, M. T. and Gravert, C.（2018）“The Hidden Costs of Nudging: Experimental Evidence from Reminders in Fundraising,” *Journal of Public Economics*, 157: 15–26.
Loewenstein, G. and O’Donoghue, T.（2006）“We Can Do This the Easy Way or the Hard Way: Negative Emotions, Self-Regulation, and the Law,” *The University of Chicago Law Review*, 73(1): 183–206.
Nafziger, J.（2020）“Spillover Effects of Nudges,” *Economics Letters*, 190, 109086.

4　内閣府「移植医療に関する世論調査」令和３年９月調査（https://survey.gov-online.go.jp/r03/r03-ishoku/）。

5　Johnson, E. J. and Goldstein, D.（2003）“Do Defaults Save Lives?” *Science,* 302(5649): 1338–1339.

6　Hallsworth, M., List, J. A., Metcalfe, R. D., and Vlaev, I.（2017）“The Behavioralist as Tax Collector: Using Natural Field Experiments to Enhance Tax Compliance,” *Journal of Public Economics*, 148: 14–31.

7　Chapman, G. B., Li, M., Leventhal, H., and Leventhal, E. A.（2016）“Default Clinic Appointments Promote Influenza

Vaccination Uptake without a Displacement Effect," *Behavioral Science & Policy*, 2(2): 40–50.

8　Milkman, K. L. et al.（2021）"A Mega-study of Text-based Nudges Encouraging Patients to Get Vaccinated at an Upcoming Doctor's Appointment," *Proceedings of the National Academy of Sciences*, 118(20), e2101165118.

9　Dai, H. et al.（2021）"Behavioural Nudges Increase COVID-19 Vaccinations," *Nature*, 597(7876): 404–409.

10　Damgaard, M. T. and Gravert, C.（2018）"The Hidden Costs of Nudging: Experimental Evidence from Reminders in Fundraising," *Journal of Public Economics*, 157: 15–26.

Loewenstein, G. and O'Donoghue, T.（2006）"We Can Do This the Easy Way or the Hard Way: Negative Emotions, Self-regulation, and the Law," *The University of Chicago Law Review*, 73(1): 183–206. Nafziger, J.（2020）"Spillover Effects of Nudges," *Economics Letters*, 190, 109086.

11　Allcott, H. and Kessler, J. B.（2019）"The Welfare Effects of Nudges: A Case Study of Energy Use Social Comparisons," *American Economic Journal: Applied Economics*, 11(1): 236–276. Thunström, L.（2019）"Welfare Effects of Nudges: The Emotional Tax of Calorie Menu Labeling," *Judgment and Decision Making*, 14(1): 11–25.

12　Bolino, M. C.（1999）"Citizenship and Impression Management: Good Soldiers or Good Actors?" *Academy of Management Review*, 24(1): 82–98.

13　大竹文雄・坂田桐子・松尾佑太（２０２０）「豪雨災害時の早期避難促進ナッジ」『行動経済学』13: 71–93。

14　Tversky, A. and Kahneman, D.（1981）"The Framing of Decisions and the Psychology of Choice," *Science*, 211(4481): 453–458.

15　「社会の課題解決のために行動科学を活用した取組事例　⑵健康・医療分野（がん検診受診率改善）：東京都八王子市／（株）キャンサースキャンの取組」環境省第５回日本版ナッジ・ユニット連絡会議（２０１８年10月25日）提出資料（https://www.env.go.jp/content/900447872.pdf）。

16　Detweiler, J. B., Bedell, B. T., Salovey, P., Pronin, E., and Rothman, A. J.（1999）"Message Framing and Sunscreen Use: Gain-framed Messages Motivate Beach-goers," *Health Psychology*, 18(2): 189–196. Schneider, T. R., Salovey, P., Apanovitch, A. M., Pizarro, J., McCarthy, D., Zullo, J., and Rothman, A. J.（2001）"The Effects of Message Framing and

Ethnic Targeting on Mammography Use among Low-income Women," *Health Psychology*, 20(4): 256–266. Toll, B. A. et al. (2007). "Comparing Gain- and Loss-framed Messages for Smoking Cessation with Sustained-release Bupropion: A Randomized Controlled Trial," *Psychology of Addictive Behaviors*, 21(4): 534–544.

17　Heffner, J., Vives, M. L., and FeldmanHall, O. (2021) "Emotional responses to prosocial messages increase willingness to self-isolate during the COVID-19 pandemic," *Personality and Individual Differences*, 170, 110420.

18　Local Government Association (2021) *Applying Behavioural Insights to Improve COVID Vaccination Uptake: A Guide for Councils* (https://www.local.gov.uk/publications/applying-behavioural-insights-improve-covid-vaccination-uptake-guide-councils).

佐々木・大竹・齋藤の「当時を振り返る」

エビデンスのつくり方と使われ方

ここでは、本書の内容をふまえて著者三名で振り返りの議論を行い、私たちの政策研究が当時の社会状況とどう対応していたか、またどういう改善点がありえたかなどを整理していく。

ワクチン接種意向はどう政策に活用されるのか？

佐々木　最初に私がワクチン接種の意向調査を行いたいと思ったのは、接種意向という需要情報はワクチンの調達にあたって重要な参考情報となるのではないかと考えたからでした。高齢層、あるいは若年層でどれだけの人が接種を受けようと思っているのかという情報が、ワクチンの調達の際に参考にされるのであれば、意向調査も政策的に意味があるだろうと。

ところが、実際の新型コロナ・ワクチンの調達量や供給量は、ワクチンの需要以外のところ、国際関係の中で政治的に決まるところが大きいのだなというのが、結果としての感想です。

将来のパンデミックでも、日本国内でワクチンが開発・生産されない場合は、調達に関しては新型コロナと同じような状況になるのかもしれません。そうであるならば、「未知のウイルス」に対する「未知のワクチン」に向き合う状況下での人々の接種意向を把握する調査にどんな意味があるのか。まずは、この点を議論したいです。

齋藤　これまでワクチンの調達・供給にあたっては、前年度の出荷数や接種数に基づいて検討が行われてきました。市民の接種意向に関する公的なアンケート調査というのは、ほとんど行われてこなかったように思います。

そもそもアンケート調査で新規のワクチンに対する接種意向を尋ねるという考え方や文化が、日本の感染症の専門家の中に存在しなかったため、これまでの予防接種政策ではあまり重視されてこなかったのかもしれません。たとえば、調査で捉えられる接種意向を「水物」と考える専門家も少なくありません。ワクチンの具体的な仕様が固まる前の時点で人々に接種意向を聞いたところで、政策判断に資する情報は得られないのではないか、という懸念があるからです。そのために、意向調査があまり重視されてこなかったのではないでしょうか。

佐々木　確かに、そうした疑問が湧くのは自然なことですね。感染症の専門家の方々が意向調査に対してより懐疑的になった具体的な出来事として、２００９年の新型インフルエンザのときに、調達したワクチンが大量に余ってしまったという経験があるのでしょうか。先日、会議で東北大学の押谷仁先生とお話ししたときに、新型インフルエンザの流行時、事前の予想に反して、実際にワクチンを接種した人が非常に少なかったということを印象深いエピソードとしてお話しされていました。関係者の間では、そのときの接種意向と実際の接種行動のギャップが、かなりショッキングな経験として記憶されているのだなと私は感じました。

一方で、今回の私たちの研究のように、「こういう場合なら、どうしますか？」と具体的な条件別に接種意向を尋ねる調査方法を採用すれば、意向調査からも政策判断に資する情報が得られるかもしれない。その意味で、今回の調査デザインは、将来のパンデミックに向けて意向調査をどう組むべきかに関して参考になると思います。

もう一つ、齋藤先生のお話を聞いて思ったのは、ワクチンの仕様がまだよくわからない時点で測定した接種意向と、仕様が固まった時点で測定した接種意向を比較して、両者がどれくらい共通しているか、あるいは違っているかを分析することは有用そうだ、ということです。ワクチンの仕様がわかってくるにしたがって、もし意向が大きく変化したりするのであれば、意向調査の結果はやはり水物だということになりますし、ある程度安定的に推移して、共通する部分も多いのであれば、早い時点で調査した接種意向でも信頼できます。

そのためにも、平時から「新しい感染症に関する新しいワクチン」への接種意向をいろいろな条件別に測定する定点調査を行っておくことは、検討する価値があると思います。

大竹　佐々木さん、たしかに、接種意向は新型コロナ・ワクチンの調達や供給の意思決定には活用されませんでしたが、感染拡大のシミュレーションには活用されていましたよ。

尾身先生の勉強会で、当時・京都大学ウイルス・再生医科学研究所にいた古瀬祐気さんが、「どのくらいの人がワクチンを接種すると、感染拡大はどれくらいになる」というシミュレーション分析を、感染症の代表的な数理モデルのS－Rモデルを用いて行っていました（S－RとはSusceptible（未感染者）、Infected（感染者）、Recovered（免疫保持者）の略で、感染拡大等の過程を記述するモデル）。そこでは、多くの人たちがワクチン接種を受ければ、厳しい感染対策をしなくても死者数はかなり抑えられる。一方で、接種者数が少ないままだと、かなり厳しい感染対策を取り続けないと死者数を抑えられない可能性があるという結果が示されていました。

古瀬さんのシミュレーションでは、当時・国際医療福祉大学の和田耕治さんが行ったワクチン接種意向に関するアンケート調査のデータが使われていました。彼の調査によると、接種率のありえるシナリオは、60代以上は85％、40～50代は70％、20～30代は60％というものでした。シミュレーションの結果は、この接種率のままだと、まん延防止等重点措置や緊急事態宣言を繰り返すことになると示していました。一方で、60代以上の接種率が90％、40～50代は80％、20～30代は75％にまでなれば、接種後もマスク着用等の感染予防を続ければ、緊急事態宣言等の強い行動制限は不要になるという結果でした。

当時、高齢層・中年層の接種は順調に積み重なって、高い水準を目指せる状態まできていたので、若年層の接種率を75％以上に引き上げることを目標にしてはどうか、という提案がなされました。

佐々木　なるほど。接種意向のアンケートをふまえて、どのシミュレーション結果が現実的に起こりそうかを判断したり、目標接種率が設定されたりしたのですね。

大竹　はい。経済学者の貢献も大きく、藤井大輔・仲田泰祐さんのチームや久保田荘さんが提示していた感染者数や重症化予測のシミュレーションにも、途中から、ワクチン接種率の見込みの情報等が組み込まれ、接種率に応じたシナリオに基づく分析結果が分科会で共有されていました。

最初に彼らのシミュレーション結果が分科会に共有されたのは2021年1～2月頃で、ワクチン接種が始まる前です。ワクチン接種が進むことを前提に、「緊急事態宣言をいつ解除するのが感染被害と経済にとって望ましいか」が分析されていました。事前には、緊急事態宣言等の行動制限を早く解除する方が経済への負の影響が小さくなるだろうと予想していましたが、それに反して、シミュレーションの結果は「十分に感染者数が減るまで行動制限を続けてから解除した方が経済にとっても望ましい」というもので、非常に示唆的でした。これは、将来ワクチン接種が進むので、それまでに感染を抑えておくことが経済活動の観点からも効果的だというものでした。

政策研究の実施体制

佐々木　分科会等で共有されたアンケート調査やシミュレーションは、国のプロジェクトとして実施されたものですか？

大竹　いいえ。実は政府が主導的に調査したというものはほとんどなく、分科会のメンバーが自分の研究費で行ったアンケート調査や、新聞社等外部機関のアンケート調査の結果を基に議論していました。先ほどの古瀬さんのシミュレーションで使われたアンケート調査のデータも、和田さんが独自に実施したものだったと思います。

ワクチン接種意向だけでなく感染対策についても、政府が主導的に調査を実施するような動きは見られませんでした。

佐々木　分科会のメンバーが独自に実施したアンケート調査の結果等を持ち寄り、それに基づき政策が議論されていた、というのが実情だったのですね。政府や分科会が調査機能を直接的には持っていなかったというのは、正直に言うと、かなり驚きです。

確認ですが、当初はそのような状況だったけれど、途中から政府が主導して調査をする状況に変わっていったということではないのですか？

大竹　いえ、ずっと当初の状況のままでした。公的にアンケート調査が行われて、その結果が分科会等で説明されるようなことはなかったと思います。

齋藤　これは大きな課題だと思うのですが、さまざまな行動計画や指針には「政府が情報収集する」ということが書かれているものの、「政策の判断に資する情報をどのように収集するか」という具体的な手続きまでは事前に設計されていません。

佐々木　政府主導の方がいい、とは一概には言えないからでしょうか？　たしかに、研究者が主導する方が調査の立案や内容の決定を素早くできる気もします。政府が仕様を決めて委託して調査するという流れだと、パンデミックの中で、タイムリーに調査を完了させるのは難しいのかもしれません。この点はいかがでしょうか？

大竹　研究者主導にすることの課題は、研究者がその時点で自由に扱える資金を持っているか否かに依存してしまうことです。新型コロナのパンデミックのように発生時期が年度末に近いと、研究者側に資金が残っていない場合が多く、タイムリーな調査を実施しにくいと思います。政府主導の方が、予備費等をうまく活用して、より柔軟に実施できるのではないでしょうか。

齋藤　調査研究の資金の確保方法もそうですが、意向調査の設計自体が急にはできないので、どの質問を設定するか等、人々の意見を広く吸い上げる仕組みを事前に考えておかなければならないと強く感じています。

新型コロナのパンデミックでは、単純な質問を使ったスナップショット的なアンケート調査のデータが、分科会や厚生労働省のアドバイザリーボードに提出されることがよくありました。もっと言うと、そこでの議論が、そういう単発で収集されるデータから影響を受けるといった側面が強かったと思います。

一方で、私たちの調査研究もそうですが、政策目的だけでなく学術目的としても設計されたアンケート調査の結果は少し複雑で、政策検討の現場にストレートには入っていけなかったところがありました。単純なアンケートの方がわかりやすいので、それらの方が頻繁に活用されたのは一つの課題かもしれません。

大竹　たとえば、私たちの調査のように、ワクチンの効果・社会の感染状況・社会の接種状況等の条件別に接種意向を把握するというように、具体的な調査設計の方針を事前に決めておく。さらに、どういう結果になったらどのように解釈できるというように、政策検討の方向性も整理しておく。そうすることで、緊急事態の際にも、それに基づいて迅速に調査することができますよね。

こんなに早くワクチンができるとは……

佐々木　日本に比べると、海外の動きは非常にスピーディで、パンデミックの初期からワクチン接種意向の調査が行われていました。2020年中にはかなりの数の調査研究が蓄積されて、メタ・アナリシスという複数の研究を総合的に分析して整理する研究まで実施されました。また、20年秋冬には、季節性インフルエンザ・ワクチンを題材にして、どのようなメッセージが接種行動を促進するかを検証する介入研究まで行われていました。

これは自戒でもありますが、日本の動きはやはり遅かったと思います。メールの履歴を調べてみると、私と大竹先生・齋藤先生で初めて接種意向調査の打ち合わせをしたのが、2020年11月でした。その時点では、日本でのワクチン接種がいつ始まるかはまだまだわからないから、質問項目をじっくり検討しながら最初の調査の準備をしようという雰囲気が、私たちの中にもありました。しかし、実際は、日本でも予想より早くにワクチン接種が始まることがわかってきて、2021年の年明けには調査を開始しないともう間に合わない、という状況になりました。

大竹　2020年夏に日本政府がワクチンの購入契約を結んだわけですが、当時は、契約を結んだとはいえ、ほとんどの関係者がそんなに早くにワクチンができると思っていない様子でした。そのため、まだできてもいない、いつできるかもわからないワクチンの接種意向を調査しようという動きになりにくかったのではないかと思います。

新型コロナ全般に言えることですが、ワクチンについても、専門家の想像力が足りませんでした。ワクチンが届いたときにどうするかを決めておけなかったこともあり、対応が遅れてしまったように思います。

分科会では2020年8月にワクチン接種の優先順位について議論していますが、これも当時の西村康稔大臣からの指示があったから議論したという雰囲気が強くて、接種促進に関する提言は分科会からは一回くらいしか出していません。基本的に、ワクチン接種の推進については当時の菅義偉首相が熱心だったので、分科会は他の点を提言すべきだというのが尾身先生の考えで、それも影響していたと思います。

佐々木　分科会の外にいた自分としても、分科会の議論は、行動制限や感染予防対策の徹底といったイシューに寄っているなと感じていました。2020年の夏頃は、ワクチン接種がすぐに始まるなら、それはもちろんパンデミック対策としてポジティブな要素ではあるけれど、そういった不確定なことを夢見るのではなく、ワクチンのない状況が続くとして、その中でどのような対策をすべきかと考えることが大事だ、というような価値観でもあったのでしょうか。

齋藤　当時、多くの感染症の専門家が心配していたのは、世界中でワクチン接種が始まったとして、どこかで重大な有害事象が報告されて接種が止まることでした。特にmRNAワクチンはそれまで実装されたことのない新しいタイプのワクチンですし、臨床試験で接種された人数も万単位でした。世界中で億単位の人数が接種を受ければ、何らかの稀な副反応が報告されてもおかしくはありません。

当時の感染症の専門家の間に、「mRNAワクチンは新型コロナで初めて用いられたもので、世界規模で接種を進めて何も問題が起きないわけがない」「接種後に何か問題が起きたら、接種が原因であろうとなかろうと接種がスムーズに進まなくなるのではないか」という不安がなかったと言えば嘘になります。

佐々木　それはまっとうな不安にも思えますね。

大竹　mRNAワクチンができた後、2020年の秋頃が、ちょうどそんな雰囲気だったでしょうか。

齋藤　そうですね。あのときは、「このワクチン、すごく効くらしいけれども本当か?」「どうも効果は本当らしいが、安全性はどうだろうか?　百万、千万、数億もの人々が一斉に接種を受けたら、どんな問題が起こるだろうか?」といった不安を抱えていたということです。

大竹　そんな感じですよね。おそらく2020年夏頃は、それほど早くワクチンができるとは思っていないという見方が大勢を占めていたと思います。秋頃になると、「ワクチンができて効果もあるようだが、安全性は大丈夫か」という感じでした。こういう雰囲気だったので、ワクチンの接種意向の調査や接種意向の向上策の検討について、政府のアドバイザリーボードや分科会で議論しようという意識が弱かったのではないかと思います。

今回の反省点は、まだ不確定であっても、仮にワクチンができた場合にどうするか、という政策的要請に応えられるような調査研究をもっと早くからすべきだったということです。2020年夏に政府は、ワクチンの契約をしたので、実際に接種する場合を想定した接種順位の検討を分科会に要請したわけです。その政策的な必要性をもっと専門家側が理解していれば、もっと早くに調査研究を開始できたと思います。

大竹文雄の目

接種勧奨と出口戦略をめぐる政策議論

新型コロナ・ワクチンについて、開発中の段階や接種開始前の段階においては、日本では接種率が高まらないのではないかと危惧されていた。しかし、いざ接種が始まると、高齢者の接種率は順調に高まっていった。[1]

具体的には、日本では、2021年2月から医療従事者等を対象に先行・優先接種が始まり、続いて4月から65歳以上高齢者を対象の優先接種が始まった。当時の菅義偉首相は、希望する高齢者が7月末までに二回の接種を終えることができるようにすると表明し、そのために、1日100万回接種という目標を掲げた。実際6月初旬には1日の接種件数は100万回を超えて、「7月末には接種を希望する高齢者に二回接種を完了する」という目標もおおむね達成された。

ここでは、公開されている有識者会議の議事録に基づいて、「ワクチン接種開始後(2021年6〜11月)」の議論の流れや内容を紹介していこう。この時期の議論の要旨は、次の通りである。

◆アルファ株に対してはワクチンに発症予防効果だけでなく感染予防効果も期待できるというエビデンスが蓄積されてきたので、重症化リスクの高い高齢者に加えて**感染を広げる可能性のある年代のワク**

チン接種率の引き上げも重要になり、そのため、大規模接種会場での接種や職場での接種（職域接種）などの環境整備が進められたこと

◆一方で、供給不足のため高齢者以外の年代にワクチンがすぐには行き渡らず、2021年夏は未接種者を中心にデルタ株の感染が広がり、緊急事態宣言が出されたこと。さらに、**デルタ株に対してはワクチンの感染予防効果が小さくなる可能性も指摘**されるようになったこと

◆夏から秋にかけて**出口戦略に関する議論**が始まり、「ワクチン・検査パッケージ」に代表されるように、行動制限の緩和を、特定の人々を差別することなく不公平感に配慮しながら進めるにはどうしたらよいか、が検討されたこと

◆**経済学者は出口戦略の提示に賛成したが、医学系の専門家の中には提示そのものに反対する人もおり、意見に乖離が生じたこと**

2021年6月16日：「青壮年のワクチン接種」について議論した

この日の新型コロナウイルス感染症対策分科会（以下、コロナ対策分科会）で、高齢者への一回目・二回目接種完了後のワクチン戦略が議論された。分科会メンバーからは、「科学とICTを用いた対策の提言」[2]が提出された。高齢者のワクチン接種が終わった後、重症化率の低い年齢層への接種を勧めるかどうかが論点であった。この頃には、新型コロナ・ワクチンが「感染予防効果」も持つ可能性が指摘されてい

た。それをふまえて、この提言には、

「高齢者の多くでワクチン接種が行われた後、すぐに社会の中で最も活動量が多い青壮年層でのワクチン接種を加速させれば、社会全体が少しずつ感染から守られることが期待できる」

と書かれている。

接種の開始前は発症予防効果・重症化予防効果しか期待されていなかったものの、次第に感染予防効果もあることが明らかになってきたので、接種の方針を変更するということである。といっても、すでにほとんどの高齢者が接種を受けている状況だったので、当初の接種方針の優先順位が変わるわけではなかった。

高齢者以外の接種を促進するための方策として提言されたのは、すでに設置されていた「大規模接種会場の維持」と、それに加えて企業や学校等の単位で接種を行う「職域接種の推進」であった。特に職域接種の推進は効果的だった。都市部の大企業の社員だけでなく、全国の中小企業や交通機関の従業員、保育園や幼稚園、小中高等学校の職員等についても、それぞれの地域の各団体等による集団接種会場の共同運用を認めることを提言している。さらに提言では、大学や専門学校等において、気軽にワクチン接種を受けることができる機会を確保することも政府に求めている。

こうした提言に対して、政府からはモデルナ社ワクチンを活用した職域接種を行う旨の説明があった。

２０２１年７月８日～９月３日：「ワクチン・検査パッケージ」について議論した

デルタ株への変異とワクチンの効果

高齢者の一回目・二回目接種は、２０２１年７月末までにほぼ完了していた。それ以外の世代の接種も秋頃までに完了させる目標が立てられていたものの、ワクチンの供給不足もあって進みが遅れていた。そうした中、８月にデルタ株の流行が発生して、ワクチン未接種だった年齢層を中心に重症化を引き起こした。この時期の基本的対処方針分科会（以下、対処方針分科会）では緊急事態宣言やまん延防止等重点措置について議論され、コロナ対策分科会では夏休みの感染対策やイベント開催制限のあり方などについて議論された。

デルタ株の感染者数が落ち着いてきた9月3日のコロナ対策分科会で、「ワクチン・検査パッケージ」についての議論が始まった。「ワクチン接種が進むことでどのように行動制限が緩和されるのか」という見直しは人々が接種を受けようとするインセンティブになるので、本来なら、ワクチン接種を推進していくタイミングで議論すべきものだ。実際、7月8日の対処方針分科会で、西村康稔・新型コロナウイルス感染症対策担当大臣が、

「ワクチンを2回打った人について、まさに将来の絵姿がどうなるかというところを早くお示しいただきたい」

と発言していた。尾身茂氏主催の勉強会でも議論はされていたが、この議題が正式にコロナ対策分科会に上がったのは、ワクチン接種がかなり進んだ9月初旬になってしまった。

その理由を、脇田隆字委員（国立感染症研究所長）が説明している。「7月8日の基本的対処方針分科会で大臣から御指示があって議論をしてきて、8月22日頃をメドに、という話だったが、なかなかタイミングが難しいということで、今日の分科会で出てきたということになる」ということであった。つまり、本来はワクチン接種を促進していく段階で、ワクチン・検査パッケージの中身を提言するはずだったのが、8月にデルタ株の感染者数がピークになってしまい、感染者数の減少が見えてくるまで議論が先延ばしされたのである。

このときに座長の尾身氏から提出された提言「ワクチン接種が進む中で日常生活はどのように変わり得るのか？」では、まず、ワクチンの効果がまとめられている。デルタ株という変異株の出現で、ワクチンの効果について少し修正されている。重症化予防効果があり、発症予防と感染予防、感染伝播予防についても一定の効果があるが、感染予防効果は、デルタ株に対しては従来株よりも小さいとされた。そのため、ワクチン接種を受けても感染する可能性、他者に二次感染させる可能性、ワクチン接種の免疫が減弱する可能性が指摘されており、「我が国において全ての希望者がワクチン接種を終えたとしても、社会全体が守られるという意味での集団免疫の獲得は困難と考えられる」と記載されている。

ワクチン・検査パッケージの提案

この提言の中で想定されていたワクチン接種率（一回目）は、60代以上で85%、40～50代で70%、20～30代では60%というものだった。さらに、古瀬祐気氏（京都大学ウイルス・再生医科学研究所特定准教授）のシミュレーションに基づき、これを表1のシナリオA（理想的な接種率）まで高めると、マスク着用や三密回避等により人との接触40%程度減少させることで、緊急事態宣言等の発出の必要性が低くなるという結果が示されていた。

そのうえで、この提言では、

「ほとんどの希望者にワクチンが行き渡る頃から、ワクチン・検査パッケージを運用する」

という考え方が示された。ワクチン・検査パッケージとは、ワクチン接種歴およびPCR等の検査結果に基づいて、個人が他者に二次感染させるリスクが低いことを示す仕組みである。この考え方が示された2021年9月3日の会議の時点は、まだ緊急事態宣言の期間中であり、それがいつ解除されるかは未定であったが、提言には「医療の逼迫が低減され緊急事態措置が解除された後には、〝ワクチン・検査パッケージ〟が本格的に活用されるまでの間であっても、具体的な扱いについては、感染状況等を踏まえて、例えば、飲食、イベント、移動、旅行等について段階的に進めていくことが考えられる」と記載された。

この提言について、経済学者は**長期的な展望を示すことの重要性**を強調した。まず、小林慶一郎委員

表1　提言において想定されたワクチン接種率

（1）想定されるワクチン接種率　※2021年7月の首都圏1都3県（東京都、埼玉県、千葉県及び神奈川県）の成人の20-69歳を対象にした調査データを用いた。

	ワクチン接種率		
	60代以上	40-50代	20-30代
シナリオA．理想的な接種率	90%	80%	75%
シナリオB．努力により到達し得る接種率	85%	70%	60%
シナリオC．避けたい接種率	80%	60%	45%

「努力により到達し得る接種率」：「1度以上接種をすでにした、またはできるだけ早く接種したい」と回答した者と「もう少し様子を見たい」と回答した者の半数を合計した割合。

「避けたい接種率」：「1度以上接種をすでにした、またはできるだけ早く接種したい」と回答した者の割合。

「理想的な接種率」：「1度以上接種をすでにした、またはできるだけ早く接種したい」と回答した者と「もう少し様子を見たい」と回答した者を合計した割合。


（出所）新型コロナウイルス感染症対策分科会「ワクチン接種が進む中で日常生活はどのように変わり得るのか？」2021年9月3日（https://www.cas.go.jp/jp/seisaku/ful/taisakusuisin/bunkakai/dai7/vaccine_nichijou.pdf）。

（慶應義塾大学経済学部教授）は、

「（緊急事態）宣言をこれから解除するのか、延長するのかというような短期の対応を考えるためにも、まずは長期的な展望を持った上で、その短期の対応をどうするべきかを考えるという在り方が国民生活を安定させる上で非常に重要だと思うので、やはり国民のニーズ、事業者のニーズというものを考えると、今の段階あるいはもっと早い段階で長期の展望を持てるようなヒントを専門家の皆様から提供していただくということが必要なのではないか」

と述べている。私・大竹も、

「ワクチン接種が進んだ後、どのように社会生活に関する制約を緩和できるかについて、見通しや考え方を提示することは非常に重要だ」

と発言した。また、ワクチン・検査パッケージという将来の政策についての見通しを示すということは、現時点でのワクチン接種率にも影響すると指摘している。

経済学では、将来どのような政策がとられるかが明らかになると、人々はそれをふまえて今どのような行動をとるかを決める、と考える。ワクチン接種が進むと将来的に行動制限が緩和されるということを知ると、今は感染拡大のリスクが高い行動を我慢しようと思う・ワクチン接種をしようと考えるだろうと予想される。一方で、接種が進んでも将来も行動制限が緩和されないならば、今我慢することが難しくなり、ワクチンの接種への意欲も減ってしまう可能性がある。したがって、ワクチン・検査パッケージの提示は、これから接種が進められている青年層・若年層の接種行動をさらに促す効果があると考えられる。

もちろん、ワクチン接種が進んだとしても、感染リスクがゼロになるわけではない。行動制限を緩和すれば、感染が拡大する方向には働く。しかし、ワクチン・検査パッケージを利用して「条件付き」で制限を緩和すれば、感染リスクや医療への負荷は違ってくる。

どのように行動制限を緩和するか、どの政策を選択していくかというのは、医療や感染症の専門家だけで決められる問題ではない。社会経済活動を重視するか、それとも健康リスクを重視するかにも依存するし、政策的な実現可能性にも依存してくる、と私は述べた。

一方で、医療や感染症の専門家は、長期的な展望を示すことの重要性は認めつつも、**緊急事態宣言の期間中に行動制限の緩和に関する情報を発表することへの反対意見**も示した。たとえば、脇田委員からは、

「専門家の間では、これだけ今、医療が大変な時期で、こういった見通しのようなものを示す時期ではない、解除した後のほうがいいのではないか、という意見がある」

という発言があり、今村顕史委員（東京都立駒込病院感染症センター長）からは、

「まだ多くの地域の医療現場は極めて厳しい状況が続いている。第5波を乗り切るために、現場は、今が瀬戸際という段階である。タイミングが早過ぎると、恐らく多くの医療者や保健所の方々は、違和感や疑問を感じるはず」

という発言があった。

さらに、押谷仁委員（東北大学大学院医学系研究科教授）は、ワクチン・検査パッケージが前提にしているウイルスの性質やワクチンの効果が最新のデータからサポートされなくなっている可能性に言及し、「今、この文書を世の中に出すことに対しては強く反対する」という意見を示した。

「ワクチンパスポート」という表現への懸念

2021年9月3日のコロナ対策分科会で尾身氏が提出した提言の中では、留意点として、ワクチン・検査パッケージの導入によって、ワクチン非接種の人が職場などで受けるかもしれない不利益にどう配慮するか、または社会的にどこまで許容されるのかについても議論しなければならないと指摘されていた。関連してコロナ対策分科会では、海外で採用された「ワクチンパスポート」という表現は、非接種者が社会活動に参加できないことを想起させて、社会の分断につながる懸念があるので、日本では使うべきではないと指摘された。

コロナ対策分科会の議題に上がる前から、ワクチン・検査パッケージの是非やその表現について尾身氏主催の勉強会で議論が行われていたが、公平性と効率性をふまえて、ワクチン接種証明のみを行動制限の緩和条件に使うのか、ＰＣＲ検査の陰性証明も使うべきなのか、さらには、どのように緩和していくのかについて検討していた。

ワクチン接種証明のみを行動制限の緩和条件に使うことへの反対意見の例は、次のようなものであった。健康上などの理由で接種できない人や、受けられない特別な理由はないものの接種を受けたくない人がいた場合に、ワクチンを接種した人だけがコンサートなど大規模イベントへの参加が可能になるのは不公平ではないか、という意見だった。

この「不公平である」という指摘を経済学的に整理してみたい。まず、感染予防効果を持つワクチンの接種者が接種証明を使ってコンサートに参加しても、コンサートの参加が理由で感染が拡大する可能性は低い。社会における感染拡大につながらないなら、コンサートには参加しなかったワクチン非接種者にまで迷惑をかけることはない。つまり、接種証明のみを用いて行動制限が緩和されても、感染対策でコンサートの開催が全面的に中止されていたときと比べて、非接種者自身の利得が減少するわけではない。そのため、伝統的経済学でいうパレート改善になっていて社会の厚生は改善するので、妥当な施策と言うことができる。

この施策の妥当性が損なわれるとすれば、先述の専門家の意見のように、接種者だけが接種証明で行動制限が緩和されることに対して非接種者が不公平感を覚える場合である。この場合は、施策の実施が非接種者の厚生を引き下げるので、必ずしも望ましい施策とは言えなくなる。非接種者が、接種を受けないと行動制限が緩和されないということを知っていて、そのことも含めてコストとベネフィットを比較して、やはり受けないと決めているのであれば、納得のうえでのことなので、配慮の必要性は下がるかもしれない。しかし、非接種者の中には、本当は接種を受けたいにもかかわらず健康上の理由などで受けられない人もいる。その人たちには、やはり不公平感への配慮が必要になる。

ここで、施策の実装上とても難しいのは、納得のうえで受けない人なのか、望んでいるにもかかわらず受けられない人なのか、客観的に区別できないということである。したがって、後者だけに配慮するということは実現しづらいので、実装段階では、理由によらず非接種者全体に配慮するという施策になる。このように整理すると、接種証明のみを行動制限の緩和条件に使う施策よりも、接種証明に加えてPCR検査の陰性証明も条件に使えるワクチン・検査パッケージの方がより適切な施策だと言うことができる。

接種証明のみを行動制限の緩和条件にしなかったのは、日本では新型コロナ・ワクチンの接種が、努力義務とされていたからというのも大きい。つまり、ワクチン接種は義務ではなく、本人の自由意思に基づいて行われるものという位置づけなのだ。このような背景から、ワクチン接種だけでなく、検査での陰性が行動制限緩和の条件に含まれることになった。

大阪府におけるワクチン接種を通じた出口戦略の議論

ワクチン接種を通じた新型コロナ・パンデミックの出口戦略については、国レベルだけでなく、自治体でも議論がなされていた。少し時間を遡るが、大阪府においては2021年7月15日に「ワクチン接種を踏まえた出口戦略に関する知事と有識者の意見交換」が開かれた。[3] そこでは、大阪府から、出口戦略として「ワクチンの接種率に応じて段階的に社会活動の再開度合いのレベルを決める」という提案があった。

私もワクチン接種後の出口戦略を作成することには賛成であったが、大阪府の提案には「三つのデメリット」が存在すると考え、次のような意見を述べた。人々が自分自身のワクチン接種から直接便益を得る仕組みではなく、社会の接種率がある水準に到達することを通じて便益を得る仕組みになっていたので、第一に、ワクチンを接種していない人へのプレッシャーが強くなって、接種者と非接種者の間での社会の分断を呼び起こしかねない。第二に、一定の接種率に到達するまで全員が社会活動を再開できないことには大きなコストを伴う。第三に、個人がワクチン接種を受けるインセンティブが小さくなる可能性がある。たとえば、目標の接種率に到達しない段階では、「自分一人がワクチンを接種しても社会活動ができない状況は変わらないだろう」と考えて接種をしなくなってしまうかもしれない。大阪府の提案よりは、ワクチン接種を受けた個人単位で社会活動を再開できる案の方が、先述のデメリットを伴わないので、望ましいだろう。もちろん、その際に検査での陰性証明を補完的に用いることもできる。

しかし、この会議が開かれていた2021年7月時点でそのような施策を始めるのは時期尚早であった。なぜなら、ワクチン供給量が不足しており、接種を受けたくても受けられない人が多数いる状況だったからだ。この状況で接種を受けた人から順次社会活動を再開すれば、人々に不公平感を与えてしまう。

ただし、高齢者については希望する人がおおむね7月末に接種が終わる見通しが立っていた。したがって7月末以降であれば、ワクチン接種を条件に、陰性証明も補完的に用いながら、高齢者が特に望むような行動から制限を緩和するという方針をとれる可能性があった。たとえば、高齢者施設や病院での面会制限の緩和、高齢者同士の飲食や旅行などの制限緩和である。このように、まずは年齢区分ごとにワクチン接種証明や陰性証明を行動制限の緩和に使うことができるのではないか、と私は発言した。

このような私の意見に対し、吉村洋文大阪府知事から、「オリンピックで無観客になっているが、65歳以上のワクチンを接種した人、医療従事者の人や薬局の人など、ワクチンを打った人は会場で観戦することにしてもよいという意見か」という質問があった。

これに対して、私は、オリンピックの観戦のように、高齢者以外の年代を含めて多くの人が望んでいる行動について、ワクチン接種を条件に今すぐ制限を緩和するのは難しい、と答えた。ずっとワクチン接種を受けたいと思っているのに予約がとれなくてなかなか接種ができていない若年層は、優先して接種を受けられた高齢層だけがオリンピック会場で観戦している姿をテレビ中継で目にすれば、不公平感を覚える可能性もある。しかし、参加者が高齢者に限られるようなイベントであれば、ワクチン接種を条件に制限の緩和を始めても、それに不公平感を感じる若年層は少ないだろう。したがって、今の段階では、まずは高齢者からワクチン接種を条件とした行動制限の緩和を開始し、他の年齢層でもさらにワクチン接種が進んだ段階で、ワクチンを接種した人と検査で陰性が確認された人ならば誰に対しても行動制限を緩和していくという進め方が望ましいと述べた。

2021年11月19日：「ワクチン・検査パッケージ」を基本的対処方針に明記した

2021年11月19日の対処方針分科会で、ワクチン・検査パッケージが基本的対処方針に記載されることになった。ワクチン・検査パッケージが導入されれば、まん延防止等重点措置や緊急事態宣言が出ていても、飲食店の場合は認証店になれば利用者1グループ当たりの人数制限がなくなり、イベントの場合は収容定員まで観客を入れることができるようになる。また、国民も都道府県をまたいだ移動が可能となる。

医学系の委員からは慎重論が示された。たとえば、谷口清州委員（三重病院長）は、ワクチン・検査パッケージが日常生活を進めていくうえで重要だと認めたうえで、接種者の中に不顕性感染（感染しても、症状を発症していない状態）が増えているかもしれない状況では、非接種者が検査で陰性であっても一緒に過ごすことが感染リスクを高めると指摘している。しかし、最終的にこの案は了承された。

分科会における「ワクチン接種率向上策」の議論

ワクチン接種率を高めるための対策は、尾身氏主催の勉強会では都度議論されていたが、コロナ対策分科会で初めて議題に上ったのは2021年11月8日だった。繰り返しになるが、その背景には、ワクチン接種の推進は主に首相官邸が中心となって進めており、コロナ対策分科会のテーマの多くは行動制限に関するものになっていたということがあったと思う。

日本の一回目のワクチン接種率は11月5日時点で77・8％に達していて、非常に高水準となっていた。しかし、今後の感染拡大を抑えるという意味では、接種率をできる限り高めていく必要があった。11月8日のコロナ対策分科会では、分科会メンバーでそれまで議論してきたワクチン接種率の向上策について私が紹介した。

ワクチン未接種者の四つのタイプ

ワクチン接種率をさらに向上させるためには、ワクチン未接種者の背景別に対策を考える必要がある。ワクチン未接種者には、①接種の意思はあるけれどもまだ接種していない人、②接種をしたいけれどもできない人、③接種を保留している人、④そもそも接種の意思がない人の四つのタイプが考えられる。

① 接種の意思はあるが未接種の人

接種の意思があるけれどもまだ接種していない人については、さらに三つのケースに分けて考えることができる。

ケース1：接種の情報が届いていない、あるいは接種券を紛失した

- こうしたケースでは、リマインダーの伝達には郵送だけではなく、ＳＮＳなどを使うことが有効だ。その際のメッセージには、「あなたのワクチンが確保されています」というタイプの文言が有効だということが、すでに海外の研究で確認されていた
- 接種券を紛失した場合の手続きや連絡先をわかりやすく説明する。特に接種券を紛失した場合は、リマインダーの通知文書や身分証明書で接種可能にしてもよいだろう。これは、接種券の送付から時間が経過している場合には特に重要だ

ケース2：接種の意思はあるが、先延ばしにされている

- このケースでは、最初から未接種者に予約を割り当てて通知し、本人からの申し込みで予約を変更できる「オプト・アウト」という手法の導入も検討する価値がある
- 特に、郵送などの方法で通知される情報が届きにくい若者に対しては、ＳＮＳで接種会場や予約の空き情報について頻繁に発信を行う

ケース3：そもそもワクチン接種に関する情報が届きにくい

- 外国人や独り暮らしの高齢者など、ワクチン接種情報が届きにくいグループが存在する

◆そうした人々に対しては、行政側からそのコミュニティ向けのネットワークや職場を通じて積極的に情報提供をする

②接種をしたいけれどできない人

接種をしたいけれどもできない人として、たとえば休暇が取得できない人が挙げられる。そのような人たちに向けては、以下のような対策が有効であると考えられる。

◆市町村や地区の医師会が連携して、夜間・休日に接種できる体制を構築する
◆非正規雇用の労働者にもワクチン接種を業務として認めたり、副反応による休業に対して給与補償を行ったりする
◆ファミリーサポートを利用できる体制の整備や、同居家族の副反応に対する介護休暇の取得促進などといった、家庭における接種者への支援を検討する

③接種を保留にしている人

接種を保留にしている人への対策としては、次のようなものが有効であると考えられる。

◆ワクチン接種を後押しする情報提供を行う。たとえば、ワクチンの有効性と安全性に関するわかりやすい情報を提供することなどが考えられる

・このとき、誰にでも当てはまる一般的な情報に加え、年齢、基礎疾患、妊娠などといった、対象者の特性に応じた情報を提供することが重要である

・対象集団を絞ったインフルエンサーからの情報提供や、地域の流行状況や今後の見通しに関する情報提供も有効である

◈ワクチン接種を後押しするような環境を整備する。これは特に、「必要が生じれば接種する」という人たちに対して有効である

・具体的には、職場などを通じてワクチン接種を推進したり、接種の必要性を伝えたりする

・特に、人と接する職場での推進や、会議・出張などのように普段は会わない人たちが集まる場合にはワクチン接種を求める

◈ワクチン・検査パッケージの活用を推進する。そのためには、以下のような施策を行うことが有効である

・「イベントや旅行を楽しむためにはワクチン接種が必要だ」という認識を社会に広めていく

・ワクチン・検査パッケージが日本で広まっていくという見通しや、米国などの海外では入国の条件としてワクチン接種が課されていることなどといった情報を提供する

・ワクチン接種者に対して飲食・宿泊券のクーポンやポイント付与という形でインセンティブを付与していく

◈自分と同世代の多くの人々が接種したことがわかるような情報提供を行う

・具体的には、政府が世代別の接種割合を継続的に公表したり、目標接種率の達成までの人数目安を示したりするような情報提供が有効である

④ 接種の意思がない人

最後に、ワクチン接種の意思がない人に対しては、正確でわかりやすい情報を継続的に提供するとともに、ワクチンに関するデマを丁寧に打ち消していくというのが重要な対策だと考えられる。

注

1 ここでは、以下で個別に言及した資料等に加えて、次も参考にしている。林修一郎（２０２２）「新型コロナウイルス感染症に対するワクチン接種事業の全容」『保健医療科学』71(4)：335-345（https://www.niph.go.jp/h-crisis/archives/340396/）。新型コロナウイルス感染症対応に関する有識者会議（２０２２）「新型コロナウイルス感染症対応について――保健・医療の提供体制や新型インフルエンザ等対策特別措置法の運用等を中心とした政府のこれまでの取組～２０１９年12月末から２０２２年5月まで～」２０２２年6月15日（https://www.cas.go.jp/jp/seisaku/coronavirus_yushiki/pdf/attachment.pdf）。「基本的対処方針分科会」「新型コロナウイルス感染症対策分科会」の議事録：内閣官房ホームページ、２０２１年3月まで（https://www.cas.go.jp/jp/seisaku/ful/yusikisyakaigi.html）、２０２１年4月以降（https://www.cas.go.jp/jp/seisaku/ful/taisakusuisin.html）。

2 この提言の提出者は、脇田隆字、尾身茂、舘田一博、釜萢敏、小林慶一郎、岡部信彦、押谷仁の各氏であった。

3 大阪府「ワクチン接種を踏まえた出口戦略について――出口戦略に関する知事と有識者の意見交換」２０２１年7月15日（https://www.pref.osaka.lg.jp/kikaku/deguchisenryaku-2021/index.html）。

第 **3** 部

「未知のワクチン」の接種はじまる

2021年5月17日

大規模接種会場での予約受付開始、
米モデルナ製のワクチンを使用

2021年6月8日

職域接種の申請、受付開始

2021年6月9日

菅首相、「65歳未満の二回接種は10〜11月に完了」と表明

2021年7月上旬

ワクチンの供給不足、各地で予約受付停止

2021年7月8日

東京都に緊急事態宣言発令、
埼玉県・千葉県・神奈川県・大阪府で
まん延防止等重点措置延長

2021年7月23日

東京五輪、開幕

2021年7月26日

海外渡航用接種証明書の
申請受付開始

2021年9月4日

接種証明書・陰性証明書で国内制限緩和、分科会提言

第4章

接種意向は水物か？

〜実際の行動とのギャップ〜

1 接種意向を持っていた人たちの「行動」

第2章で紹介した、私たちの研究チームが2021年1月に行った調査では、高齢層の7〜8割・若年層の6〜7割が、無料で提供される新型コロナ・ワクチンの接種を受けると答えた。事前に、日本の人たちのワクチン信頼度は低いという悲観的なニュースに触れていたので、接種意向を持つ人が多数派かもしれないという結果を、私は驚きを持って受け止めた。しかし、その人たちは、本当に当初の意向通りにワクチン接種を受けたのだろうか？

自己申告の接種意向（接種したいという前向きな態度、または接種したくないという躊躇の態度）は、年齢や職業、収入などの個人の社会経済的な属性情報と比べても、より強く行動を決定する重要な要因であると言われてきた。実際、接種意向と行動のデータは、一定程度同じ傾向を示すそうだ。2015

年には、世界保健機関（ＷＨＯ）が接種行動を決定する重要な要因として接種意向に焦点を当てて、それを分析するモデルの作成に取り組むプロジェクトを発表するなど[1]、接種意向は政策的にも注目されてきた。

とはいえ、意向と行動は完全にはイコールではない。「やろうと思っていたのに、実際にはやらなかった」経験は、多くの人が持っているはずだ。たとえば、小学生の頃の夏休みの宿題など、古今東西さまざまなトピックで、予定通りには行動できない人間の姿が観察されてきた。季節性インフルエンザのワクチンなどでも、接種意向を示していた人のうちの一定割合が実際には接種を受けないという「不一致（ギャップ）」が、しばしば観察されてきた[2]。新型コロナ・ワクチンの接種を受けると回答した人の多くが実際には受けないのなら、接種意向はやはり「水物」だということになる。

新型コロナ・ワクチンの接種意向と行動

新型コロナ・ワクチンの接種でも、意向と行動の不一致は観察されるのだろうか。それも季節性インフルエンザのワクチンと同じように、「接種意向を持っていた人の何割かが、実際には接種を受けない」という内容で不一致が観察されるのだろうか。確かに、そのようにも予想できる。これまでの研究は、従来のような接種意向と行動の不一致が生まれる原因として、ワクチン不足・手続き上の障壁などの供給側の要因と、物忘れ・先延ばしなどといった需要側の要因を指摘してきた。新型コロナ・ワクチンの接種を本当に受けるかどうかにも、これらの要因は影響しそうだ。

しかし、新型コロナ・ワクチンと季節性インフルエンザ・ワクチンの大きな違いは、新型コロナ・ワクチンが一般の人々にとって「未知」のワクチンだった、ということである。逆に言えば、時間が経つにつれてワクチンの性質や効果がだんだんとわかってくるというのが最大の特徴だった。

実際、接種意向の調査を行った2021年1月時点の厚生労働省のホームページでは、ワクチンの有効性は、

「ファイザー社、モデルナ社、アストラゼネカ社は、第3相試験で、開発中のワクチンを投与した人の方が、投与していない人よりも、新型コロナウイルス感染症に発症した人が少ないとの結果又は中間結果が得られたと発表しています。なお、中間結果や結果の概要が公表された段階であり、有効性や安全性に関する結果の詳細については、今後、更なる情報が明らかになるのを待つ必要があります」

と紹介されていた。これが、高齢者向け接種が本格的に始動した後の同年5月頃のホームページでは、薬事承認済みのファイザー社のワクチンの有効性について、

「ワクチンを受けた人が受けていない人よりも、新型コロナウイルス感染症を発症した人が少ないということがわかっています（発症予防効果は約95%と報告されています）」

と、非常に高い発症予防効果があると紹介されるようになっていた。

感染予防効果については、同年8月上旬頃の厚生労働省のホームページには、

「現時点では感染予防効果は十分には明らかになっていません」

と書かれていたが、その後の同年9月上旬頃には、

「感染を完全に予防できる訳ではありません」

となり、100%ではないが感染予防効果も期待できるような記述に変わっていた。

このようにワクチンに関する情報がアップデートされれば、自分自身の接種意向もアップデートして、当初の意向とは異なる行動をとる人が一定数存在することにもうなずける。追加情報を得た結果として、「接種を受けるつもりだった人が接種を受けなかった」という従来の不一致が生じると考えるのも自然だが、「接種を受けるつもりのなかった人が接種を受けようと思い直す」という新しい不一致が生じるというのもまた自然だろう。

私たちは、1月調査の回答者に追跡調査を行って、実際の接種行動を把握することで、新型コロナ・ワクチンにおいてどちらのパターンの不一致が多かったのかを確認することにした。

不一致が小さくなる事前の接種意向の測定方法

第2章で紹介したように、2021年1月調査は当初の接種意向を、多くの情報を提供せずに測定する方法に加えて、次の四種類の状況説明をそれぞれ提供してから測定する方法の両方を使って、計五通りの方法で測定していた。

◆ベースライン：追加の状況説明なし

◆感染減少・接種率10％：新規感染者数は減少傾向、同年代の10人中1人が接種済み
◆感染減少・接種率50％：新規感染者数は減少傾向、同年代の10人中5人が接種済み
◆感染増加・接種率10％：新規感染者数は増加傾向、同年代の10人中1人が接種済み
◆感染増加・接種率50％：新規感染者数は増加傾向、同年代の10人中5人が接種済み

実はこの調査デザインなら、それぞれの方法で測定された接種意向ごとに、意向と行動の不一致を調べることができる。五通りの測定方法間での不一致の表れ方の違いに着目することで、

「事前の接種意向をどのように測定すれば、意向と実際の行動の不一致をより小さくできるか？」

という問いにもチャレンジできると私は思った。事前の意向は政策担当者にとって貴重な情報源となるので、実際の行動との不一致をなるべく小さくできるような意向の測定方法を発見することは、政策的にも有用なはずだ。

これまでの研究には、意向と行動の不一致が大きくなる要因が何なのかを明らかにするものや、当初の意向から外れないように行動の方に介入して不一致を小さくするものが多かった。たとえば、ワクチン接種を受けると答えた人にリマインド・メールを送って、当初の意向の通りに接種を受けるよう促す介入研究などがあった。

それに対して、事前の接種意向を「社会の感染状況」や「社会の接種状況」の条件付きで測定するという工夫のように、事前の意向の方に介入することで実際の行動に近づけることでも、不一致は小さく

することができる可能性がある。このようなアプローチについてはまだ検証されていないことに、私は気づいた。その意味で、事前意向の測定方法を工夫するアプローチは、ニッチではあるが学術的にも新規性のある知見が得られるかもしれないと思い、取り組むことに決めた。

詳細に入る前に、ここで主な結果を紹介しておこう。まず、意向と行動の不一致の傾向そのものについては、

◆一般的なパターンと違って、「当初接種を受けないと回答していた人たちの一定割合が、実際には接種を受けた」という内容で不一致が生じている

ことがわかった。次に、五通りの測定方法間での不一致の表れ方の違いを検証したところ、

◆「新規感染者数は増加傾向、同年代の10人中5人が接種済み」という「感染増加・接種率50%」の状況説明を提供してから測定した意向を使ったときに、意向と行動の不一致が最も小さくなる

ことがわかった。

2 接種行動の把握

意向と行動の不一致を捉えるために、私たちは、第2章で紹介した1月調査で意向を把握した回答者を対象に追跡調査を行い、その人たちが実際に「新型コロナ・ワクチンの一回目・二回目接種を受けたかどうか」「接種を受けたのなら、何月何日に受けたのか」を把握することにした。

追跡調査の実施時期は、年代別のワクチン接種の進行状況をふまえて決定した。60～70代の高齢層は2021年5・6・7月、8～9月に計4回、20～30代の若年層は9・12月に計2回行った。

結果として、4274名の高齢者、3257名の若年者を最後まで追跡して回答を回収することができ、1月調査の有効回答数に対する回収率は高齢層で68・2%・若年層で63・6%であった。追跡調査では、1月調査の回答者の性別・年齢・居住地域の構成比が変化しないように配慮した。こうすることで、最後まで追跡できた回答者のグループと追跡できなかった回答者の間で、それらの属性に差が生じないようにデータを収集した。

コラム③ 自己申告の接種歴データの正確さ

図４－１　私たちの調査データと公的統計の接種率の比較（65歳以上）

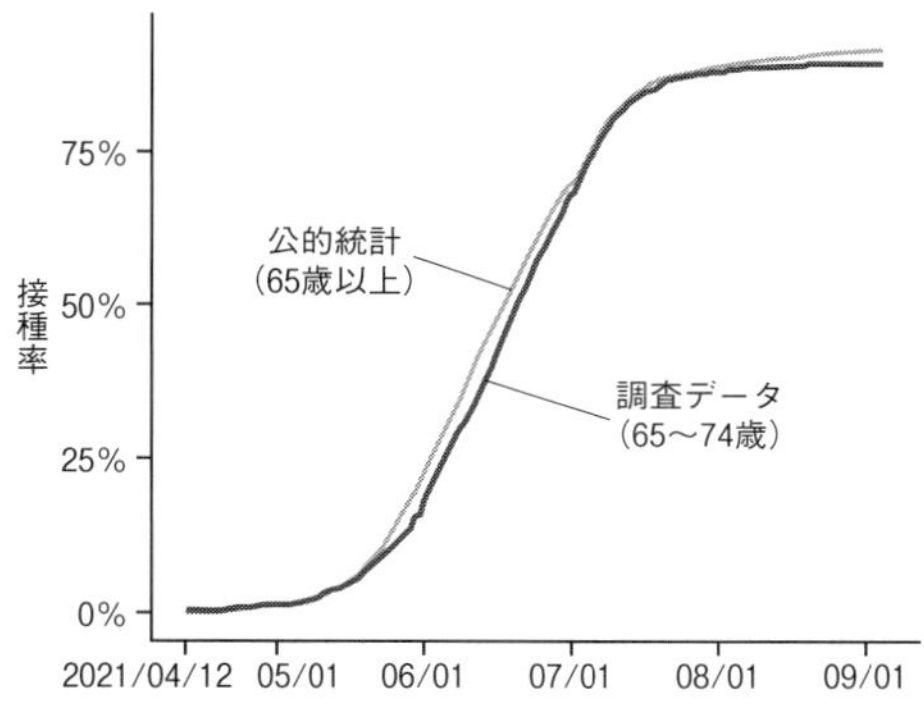

（注）公的統計の結果については、デジタル庁「ワクチン接種記録システム（VRS）新型コロナ・ワクチンの接種状況」（https://info.vrs.digital.go.jp/dashboard/ 2022年10月30日時点）より取得したデータをもとに作成。

「ワクチン接種を何月何日頃に受けたか？」という質問への回答は自己申告なので、何らかの誤差が生じる可能性がある。「いつ・何をしたか」という事実を正確に覚えておくのは簡単なことではないからだ。そこで私たちは、記憶違いの発生を防止するため、追跡調査を一度きりではなく、継続的に実施することにした。仮に高齢者の追跡調査を２０２１年８～９月に一度しか実施していなかったとすると、５～６月頃に接種を受けた回答者の自己申告による接種歴に誤差が含まれやすくなるだろう。定点的に追跡調査を実施して、直近の接種歴を質問してデータを更新していくことで、記憶違いによる誤差の発生リスクを小さくできるはずだ。

　さらに、接種歴データの正確性をより直接的に確認するため、協力の同意が得られた高齢者１１７名、若年者１１６名から接種記録書の写真データを後から提出してもらった。写真データの記録と自己申告による回答を比較したところ、高齢者では１１７名中１０２名が、若年層では１１６名中１０２名が完全に一致していた。完全一致率はそれぞれ89・7%、87・9%で、さらに、一致しなかった回答についても、写真データの日付との平均的な乖離は高齢者で2・25日、若年者で0・71日だった。

最後に、図4-1では、公的統計における65歳以上の接種率の推移と、私たちの調査データにおける65~74歳の接種率の推移を比較してみた。二つのデータの対象年齢が完全には一致していないことに留意が必要だが、接種率の推移の傾向は両者でほとんど一致しているので、私たちが追跡調査で把握した接種歴データは、一定程度正確に現実社会の動向を反映していると言えそうだ。

3 意向と行動の不一致はどのくらいか?

まずは、何の条件も付けずに把握したベースラインの接種意向を使って、実際の行動との間にどのような不一致が存在したのかを見てみよう。念のために繰り返すが、ここでの「意向」は2021年1月調査で把握した「ワクチン接種を受ける意向あり／なし」の回答を指し、「行動」は追跡調査で把握した「一回目ワクチンの接種あり／なし」の回答を指す。

したがって、「**一致**」の場合の回答者の意向と行動の組み合わせには、

図4－2　高齢層における意向と行動の一致・不一致

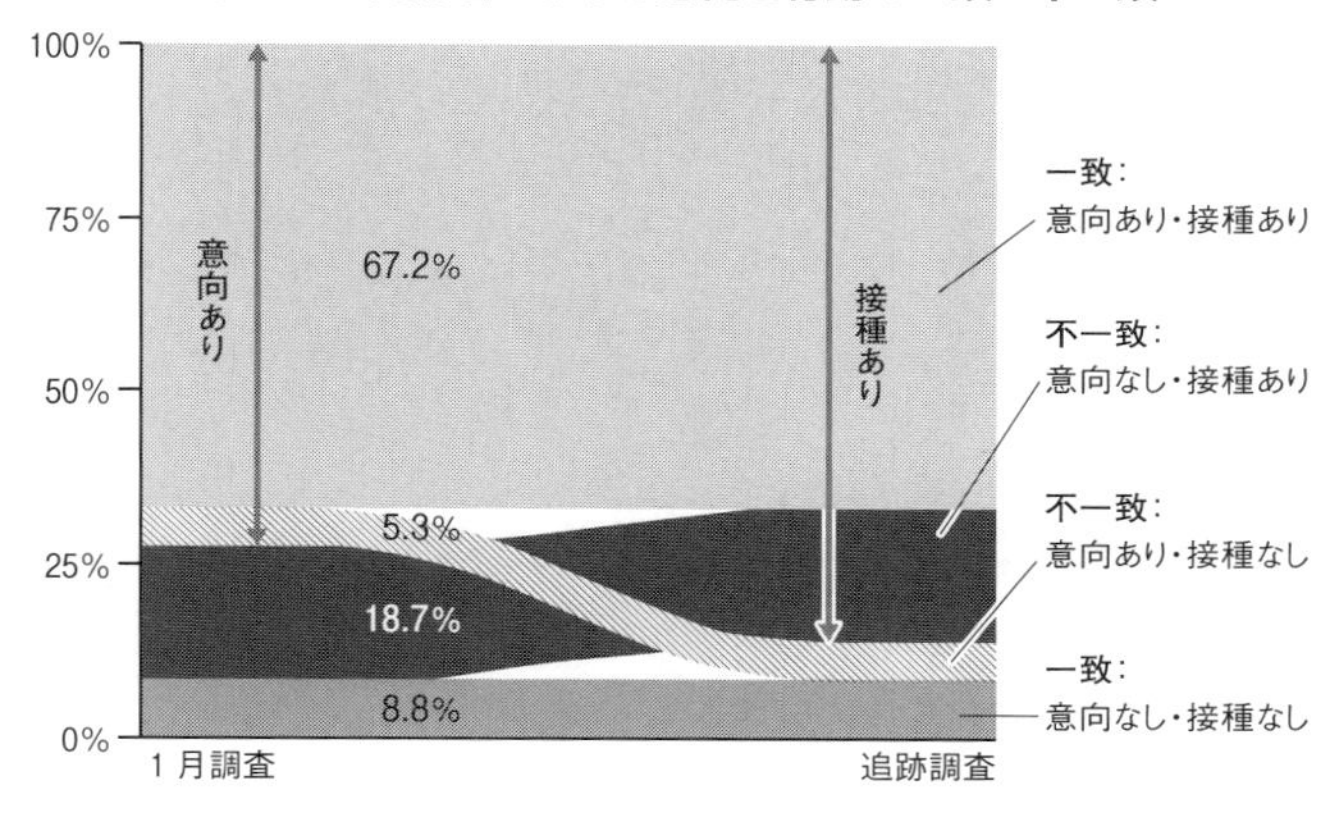

「意向あり＝接種あり」、**「意向なし＝接種なし」**の二つのケースがある。

逆に、**「不一致」**の場合の意向と行動の組み合わせには、**「意向あり≠接種なし」**、**「意向なし≠接種あり」**の二つのケースがある。

高齢層では、事前の意向と行動が一致していたのは76・0%で、不一致が存在したのは24・0%であった。一致の内訳は、**「意向あり＝接種あり」が67・2%**、**「意向なし＝接種なし」が8・8%**で、前者が多数派であった。逆に、不一致の内訳は、**「意向あり≠接種なし」が5・3%**、**「意向なし≠接種あり」が18・7%**で、**後者が多数派**であった（図4－2）。

つまり、「2021年1月時点では接種意向がなかった人の中に、実際には接種を受けた人が多くいたこと」が不一致を生む主原因になっていたということである。従来、季節性インフルエンザのワクチン接種では、「事前には接種を受けると回答していた人の中に、実際には接種を受けなかった人が多くいたこと」が不一致の主要因とされてきた。したがって、新型コロナ・ワクチンの接種では正反対の傾向が観察されていたということになる。

若年層の傾向も、高齢層とおおむね同様であった。事前の意向と行動が一致していたのは69・9％で、一致の内訳は、「意向あり＝接種あり」が55・6％、「意向なし＝接種なし」が14・3％で、やはり前者が多数派であった。ただし、一致率は高齢層よりやや低く、一致の内訳で「意向あり＝接種あり」が占める割合も高齢層より低かった。一方で、不一致のあった30・1％の内訳は、「意向あり≠接種なし」が8・7％、「意向なし≠接種あり」が21・4％で、こちらもやはり後者が多数派で、元々接種意向がなかった人の中に、実際には接種を受ける人が多くいたことが不一致の主要因になっていた。私たちの結果と同様の傾向は、慶應義塾大学の野村周平さんたちのグループが行った調査研究でも観察されていた[3]。

新型コロナ・ワクチンは一般の人たちにとって当初は「未知」のワクチンであり、時間の経過とともにだんだんワクチンの中身が明らかになっていくものであった。ワクチンの効能や接種体制、接種の進捗状況等の情報がアップデートされたことで、自分自身の接種意向もアップデートして、当初の意向とは異なり接種を受けるという行動をとるに至った、という解釈は自然に思える。将来のパンデミックにおける「未知」のワクチン接種でも、意向と行動の不一致は同じような内容で観察されるかもしれない。

図４－３　条件別の意向と行動の不一致（高齢層）

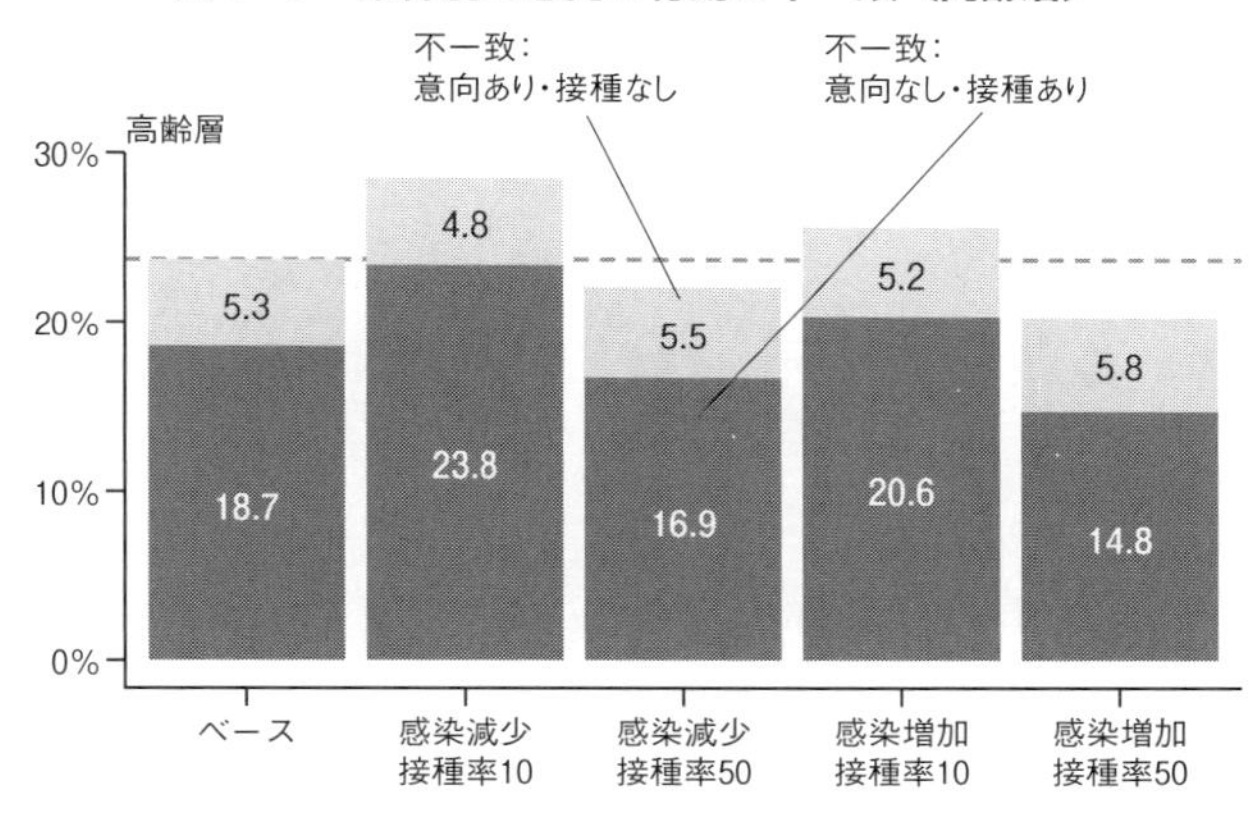

4　不一致が小さくなるのはどの測定方法か？

次に、「感染減少・接種率10％」「感染減少・接種率50％」「感染増加・接種率10％」「感染増加・接種率50％」の４条件に着目して、どの条件で意向と行動の不一致が最も小さくなったかを見ていこう。結果から入ると、高齢層でも若年層でも**「感染増加・接種率50％」で不一致の割合が最も小さくなった**（高齢層については図４－３）。たとえば、**高齢層の不一致の割合は20・6％**（＝５・８＋14・８）であり、これは条件なしのときの割合である24・０％（＝５・３＋18・７）よりも**3・4ポイント小さかった**。そして、この不一致の縮小は、「意向なし≠接種あり」の不一致が減ったことによって生じていることがわかった（18・７→14・８）。

３・４ポイントの不一致の縮小は一見すると軽微に感じられるがこの縮小が日本の60〜74歳の高齢者人口全体で生じていたなら、不一致が解消される人数は85万人程と試算されるので、実は相当な規模になる。不一致の存在がワクチンの配分計画や未使用ワクチンの廃棄などの問題につながることを考えると、政策へのインパクトも大きい。

図4-3に見られるように、不一致の割合は「**感染減少・接種率50%**」でも相対的に小さく、逆に「感染減少・接種率10%」や「感染増加・接種率10%」では大きくなっていた。つまり、同年代の接種率が高い状況を想像してもらったうえで測定した意向を使用したときに、意向と行動の不一致が小さくなっていたことがわかる。これは、「何も追加情報がないときには『意向なし』だった回答者の一部が、同年代の接種率が高い状況を知ることで『意向あり』に変化し、その変化を通じて『意向あり=接種あり』の割合が上昇していった」ということを意味している。

5　不一致を生む要因を探る

3・4ポイントの不一致解消は小さくないと先ほど述べたが、それでも、**「感染増加・接種率50%」で20・6%の不一致がまだ残っている**ことも事実である。そこでここからは、さらに不一致を縮小するにはどうすればよいかについて検討したい。そのために、事前の意向の把握方法の工夫では解消されなかった意向と行動の不一致を生む要因を探索していくことにしよう。

不一致が最も小さくなった「感染増加・接種率50%」の事前意向を使って、「意向なし」「意向あり」

図4-4　意向と行動の不一致の要因探索

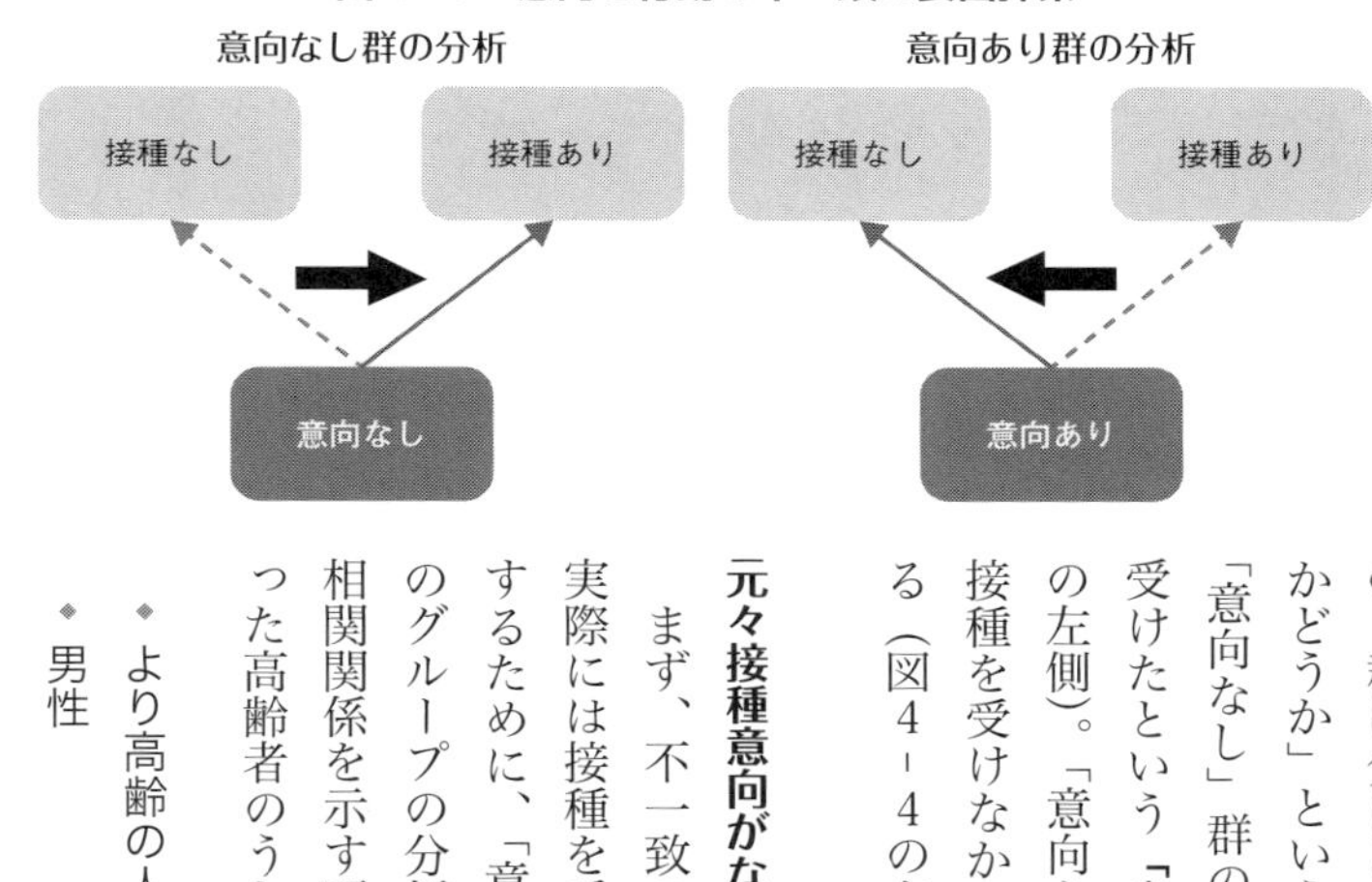

の2群に分ける。そして、それぞれのグループで、「実際に接種を受けたかどうか」という接種行動と相関する因子を統計解析から明らかにする。「意向なし」群の分析は、元々接種意向のなかった人が結果的には接種を受けたという**「意向なし≠接種あり」の不一致の要因探索**となる（図4-4の左側）。「意向あり」群の分析は、元々接種意向のあった人が結果的には接種を受けなかったという**「意向あり≠接種なし」の不一致の要因探索**になる（図4-4の右側）。

元々接種意向がなかったのに、実際には受けたのは誰か？

まず、不一致の多数派であった「元々接種意向を持っていなかったが、実際には接種を受けた」という「意向なし≠接種あり」の要因を明らかにするために、「意向なし」群の高齢層の統計解析の結果を紹介しよう。このグループの分析で着目したいのは、実際に接種を受けたことと「正」の相関関係を示す要因である。分析の結果、元々は接種意向を持っていなかった高齢者のうち、

- より高齢の人
- 男性

◆既婚者
◆2021年1月調査時点で、新型コロナウイルスに感染する確率を高く見積もっていた人
◆同調的な人
◆せっかちな人

などが、実際には接種を受けていたことがわかった。

まず最初の四つの要因から見てみると、実はこれらの特徴を持つ人は最初から接種意向を強く持ちやすかったことが、第2章の分析で示されていた。少しややこしい説明になるが、そういう人たちの中にも当初は接種意向を示さなかった人がいたが、一方で、その「意向なし」群の中で相対的に「意向あり」群寄りの特徴を持っていた人が、結果的には接種を受けたということである。

さらに、接種意向を持っていなかった人のうち、行動経済学が着目する同調性の強い人もまた実際には接種を受けていた。同調性の強い人とは、私たちの調査の

「周りの人と同じような行動をとっていると安心だと思う」

という質問項目に、「非常に当てはまる」や「どちらかというと当てはまる」と回答した人である。同調性の結果は、「感染減少・接種率50%」「感染増加・接種率50%」という同年代の高い接種率を示したときに意向と行動の不一致が小さくなったという結果と通ずるものがある。最初の1月調査には「同年代の10人中1人が接種を受けているシナリオ」「10人中5人が接種を受けているシナリオ」を設けてい

たが、ご存知のように、実際には接種対象年代の一回目接種率は80％を超えた。10人中5人の接種率を想起したときには接種意向を持たなかった人たちのうち、同調性の強い人は、社会の接種率が50％よりもさらに高い水準になると、それに影響されて接種を受けるという行動をとった、ということだろう。

一方で、せっかちさの結果は、正直に言うと解釈が難しい。第2章で紹介したように、「1年後、1万1000円を受け取る」より「今すぐ、1万円を受け取る」を優先するようなせっかちな人は、一般的には医療・健康行動を積極的にとりにくく、ワクチン接種も受けたがらないと予測するのが自然だった。実際に1月調査では、せっかちな人ほど接種意向を持ちにくい、つまり、せっかちでない我慢強い人ほど接種意向を持ちやすいという予想通りの結果が見られた。しかし、今回の分析では、せっかちな人ほど当初の意向を変えて結果的には接種を受けたという、予測とは真逆の結果が得られたのである。新型コロナ・ワクチンという財の性質や人々の好みが時間を通じて変化して、我慢強い人が受けるものからせっかちな人がすぐにでも受けたいと思うものに変わっていったのかもしれないが、このように変化した要因を突き止めるにはさらなる探究が必要である。

元々接種意向があったのに、実際には受けなかったのは誰か？

次に、不一致の少数派であった「元々は接種意向を持っていたにもかかわらず、実際には接種を受けなかった」という「意向あり≠接種なし」の要因を明らかにするために、「意向あり」群の高齢層について統計解析を行った結果を紹介しよう。このグループの分析で着目したいのは、接種を受けることと「負」の相関関係を示す要因である。

分析結果はシンプルで、当初接種意向を持っていた高齢者のうち、行動経済学で注目されている「先延ばし傾向」の強い人ほど、結果的には接種を受けていなかったり、接種時期が遅かったりすることがわかった。先延ばし傾向とは、「やらなければいけないと頭で理解しているが、目の前の誘惑にとらわれて今すぐには実行できずに後回しにして、それを繰り返してしまう」という行動特性のことである。

お金の受け取り方の質問も、

◆1年後、1万円を受け取る
◆2年後、1万1000円を受け取る

と、現在を含まない遠い将来同士の二択なら冷静に金額の高い1万1000円を選べる人も、

◆今すぐ、1万円を受け取る
◆1年後、1万1000円を受け取る

と、今すぐと将来の二択だと目の前の誘惑に負けて金額の低い1万円の方がよいと思ってしまう。行動経済学では、こういうタイプの人を「現在バイアスが強い人」と呼ぶ。現在バイアスの強い人は必要なことを先延ばししがちで、医療・健康行動を積極的にとりたいと思ってもなかなか実行できないことが知られているので、ワクチン接種についても実行までたどりつきにくいことが予想された。

私たちの調査では、「子どもの頃に休みの宿題を後回しにする習慣があったかどうか」という質問で先延ばし傾向の強さを測定した。これは、行動経済学の調査研究でよく使われてきた測定方法である。[4]

子どもの頃に宿題を後回しにする習慣のあった先延ばし傾向の強い人ほど、1月調査時点で接種意向を持っていても、実際は接種を受けていなかったり接種時期が遅れていたりする傾向があったということで、この結果は一般的な先延ばしのメカニズムで説明できる。先延ばし傾向は、季節性インフルエンザ・ワクチンで観察された意向と行動の不一致の一因としても指摘されてきた。少数派ではあったかもしれないが、新型コロナ・ワクチンでも、先延ばし傾向による、典型的な意向と行動の不一致が観察されることがわかった。

6 不一致をさらに小さくするには?

この章の分析から、「新規感染者数は増加傾向で、同年代の10人中5人が接種済み」の状況を想起してもらって把握した接種意向を使ったときに、意向と行動の不一致が最も小さくなることがわかった。とはいえ、それでも不一致が完全に解消されるわけではない。そのため、意向の把握方法をさらに改良していくことが、政策的には重要だろう。

解消されなかった意向と行動の不一致を生む要因を探索したところ、同調性(「周りの人と同じような行動をとっていると安心だと思う」程度)の影響が大きいこともわかった。第3章では他の人のワクチン接種に着目したナッジ・メッセージの効果を検証したが、現実社会においても、人々は他者の接種動向に影響されながら、接種の意思決定をしていた可能性がうかがえる。多くの人が同じ行動をとっているという情報には、その行動が社会の「規範」であるかのように感じられたり、その行動に関して信頼性を増強したりする効果があることが行動経済学で知られている。私がこれまで研究してきた寄付行動のトピックでも、他の人が何円寄付しているかを参考にしたり、多くの人が寄付していることが寄付先のＮＰＯの信頼性を増したりすることが知られていた。未知のワクチンに向き合う中で、周囲の人たちが実際に接種を受けていることを知ったことで、ワクチンの信頼性が増して感じられ、やはり接種を受けようという気持ちになったのかもしれない。

この点をふまえると、意向と行動の不一致をさらに小さくするための一つの方向性は、接種率が10人中1人や10人中5人よりもさらに高水準に到達するシナリオを追加的に設定することだろうと私は考えている。具体的には、将来のパンデミックに備える際には、「同年代の10人中8人が接種を受けているシナリオ」等も設定し、社会の接種率がどのくらいの水準に達したときにどんな人たちが接種を受けようと思うようになるのかを把握することを提案したい。これらの情報は、「どのような人から接種勧奨をスタートしていけば、円滑に社会の接種率を上昇させられるか」という方策を考えるときの重要な参考資料になるはずだ。

付記

第4章の元になった論文：佐々木周作・中山一世・齋藤智也・大竹文雄（2023）「新型コロナウイルス・ワクチン接種の『意向・行動の不一致』——意向の把握方法の工夫で一致率は高められるか？」Osaka University CiDER Policy Discussion Paper,

No.002°

注

1 WHO, "Strategic Advisory Group of Experts on Immunization (SAGE)" (https://www.who.int/groups/strategic-advisory-group-of-experts-on-immunization).

2 Brewer, N. T., Chapman, G. B., Rothman, A. J., Leask, J., and Kempe, A. (2017) "Increasing Vaccination: Putting Psychological Science into Action," *Psychological Science in the Public Interest*, 18(3): 149–207.

3 Nomura, S. et al. (2022) "Characterising Reasons for Reversals of COVID-19 Vaccination Hesitancy among Japanese People: One-year Follow-up Survey," *Lancet Regional Health-Western Pacific*, 27, 100541.

4 Ikeda, S., Kang, M. I., and Ohtake, F. (2010) "Hyperbolic Discounting, the Sign Effect, and the Body Mass Index," *Journal of Health Economics*, 29(2): 268–284.

第5章 ナッジは実際の行動も促すのか？

～フィールド実験による挑戦～

1 順調な高齢者の接種と若者の接種の先行き

2021年4月12日に65歳以上高齢者を対象とした優先接種が開始されるよりも前に私たちが行った調査研究から、高齢者の7～8割が新型コロナ・ワクチンの接種を受けるつもりがあることがわかっていた。また、高齢者の中でまだ接種に積極的でなかった人も、「あなたのワクチン接種が周りの人のワクチン接種を後押しします」というメッセージを受け取ることで、本人の心理的な負担を高めずに、接種を受けようという気持ちになることもわかった。これらの結果から、少なくともワクチンの需要者である高齢者側の視点で見たときには、接種は円滑に進むと予想できた。

実際4月以降、現場の柔軟な対応のおかげもあって、高齢者の接種率は順調に上昇していった。第4章の分析から、当初は接種を受けるつもりがなかったものの、その後意向が変わって実際には接種を受けた人たちがかなり多くいたこともわかった。

さらに、いくつかの自治体では、高齢者の円滑な接種を実現するために試行錯誤が重ねられていた。たとえば、新潟県上越市は「集団接種の日時と会場をあらかじめ指定して、仮指定した日時での接種を呼びかける」という方法を採用した。[1]この指定に沿う場合は、個人による電話やホームページでの予約手続きは不要だった。もちろん、日時を変更したり市内のクリニックでの個別接種を選択することもできた。

上越市の工夫は「デフォルト・ナッジ」の一種として、海外研究でも有効性が確認されているものだ。接種可能な日程や時間帯を知らせて、都合のよい日時に予約してもらうように呼びかける一般的な方法より、「〇月〇日〇時から、あなたは接種を受けられます」というように接種日時を指定して通知する方法の方が、季節性インフルエンザのワクチン接種率が高まったと報告されていた。[2]この方法の弱点は、対象者の多くに接種意向がない場合には無断キャンセルが続出してワクチンが無駄になってしまうことだったが、新型コロナ・ワクチンのように大部分の高齢者がすでに接種意向を持っている場合には、予約手続きの負担を軽減して、効果的に機能したと考えられる。

若者の接種をいかに進めるか?

高齢層とは対照的に、若年層の接種率も順調に上昇していくかどうかは、2021年5月頃だとまだ不透明であった。若年層の接種意向は相対的に低いとされており、第3章のオンライン実験でも、若年層の接種意向を高めるためのナッジ・メッセージを発見することはできなかった。

若年層は新型コロナウイルスの重症化リスクが相対的に低く、ワクチン接種の個人的な便益が小さいため、接種意向が高齢層より低くなるのは自然な現象ではあった。ただ、ワクチン接種の社会的な便益まで考慮すれば、若年層にも接種を受けてもらう必要があった。若年層向け接種を計画する頃には、ワクチンが発症予防・重症化予防効果だけでなく、感染予防効果も持つという科学エビデンスが発表されるようになっていた。したがって、行動範囲が広く周囲に感染を広げる可能性の高い若年層が接種を受けることの社会的意義は大きかった。

フィールド実験の立ち上げ

このような状況の中で、私たちは2021年5月頃から、若年層のワクチン接種を後押しできるナッジ・メッセージを検証する研究を改めて行うことにした。その時点ではすでに高齢者のワクチン接種がスタートしており、自治体によってタイミングは異なるものの、若年層の接種も段階的に計画され始める時期であった。

これらの事情をふまえて、私たちは、市町村からの接種券の発送に合わせてナッジ・メッセージを提供して、実際の「接種行動」で効果を測定する「フィールド実験」の形式で実施できないか、と考えた。というのも、第3章の調査研究は2021年3月に行ったので接種意向でナッジ・メッセージの効果を検証したが、その後分析を行う中で、「意向と行動が完全には一致しない」という特徴を強く認識するようになっていたからだ。

フィールド実験とは、経済学などの社会科学分野の実験手法の一つである。ある自治体の住民や民間企業の社員など一般の人々を対象に、家庭や職場などの日常生活の場面にランダム化比較試験（コラム②、99ページ）を適用して、人々の実際の行動を結果指標にして、経済学の理論による予測を検証したり、政策やマーケティング施策の効果を測定したりするために用いられる。経済学では古くから実験研究が行われてきたが、従来は大学生などの特定の属性を持つ人々を対象に、大学など研究機関内の実験室において実施される「実験室実験」が多かった。大学生を対象にして実験室で観察されたことがどれだけ一般化できるのかという批判があったことから、フィールド実験が注目されるようになった。ただし、フィールド実験は一般の人々を対象とするために、研究者だけでは実施することが難しく、一般の人々にサービスを提供する国や地方自治体・民間企業・非営利組織などの協力を得る必要がある。そのため、複数のステークホルダーとの調整が必要となることが大きな特徴である。このように実験室実験にはない調整事項が多く伴うものの、やはり人々の実際の行動で効果検証することの必要性・重要性から、日本でも、環境・エネルギー分野や医療・健康分野などを中心に、フィールド実験を用いる経済学研究が増えてきていた。

いくつかの市町村に相談したところ、幸運にも、私たちと同じように若年層の接種に問題意識を持っていた自治体の協力が得られることになった。ただし、実際の接種行動を対象にすることもあり、自治体からは「市民の心理的負担を増やさないナッジ・メッセージに厳選して効果検証する」ように強く念押しされた。フィールド実験の実施前には、佐々木と大竹が所属する大阪大学の研究倫理委員会に研究計画を申請して、承認を取得した。また、協力自治体の中でも倫理的懸念に関するチェック作業を行ってもらった。

図5-1　ナッジ・メッセージ・シール付きの接種券送付用封筒

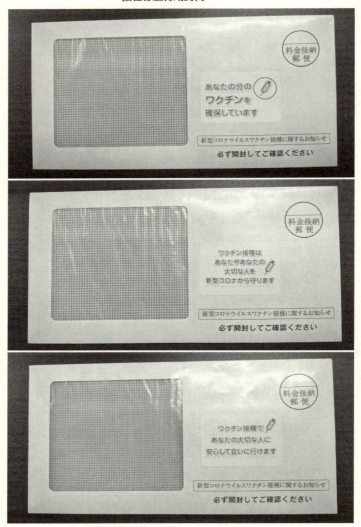

検討の結果、私たちは次の三つのメッセージを取り上げることにした。

「あなたの分のワクチンを確保しています」

「ワクチン接種はあなたやあなたの大切な人を新型コロナから守ります」

「ワクチン接種であなたの大切な人に安心して会いに行けます」

これらのメッセージが記載されたシールを、図５－１のように、接種券を送る封筒の表面に貼るグループと貼らないグループを設けて、２０２１年7月中旬に協力自治体に住む30代を対象に発送した。

短期効果と長期効果

詳細に入る前に、ここで主な結果を紹介しておこう。

- 接種記録データを分析したところ、「**確保しています**」と「**会いに行けます**」の二種類のナッジ・メッセージが、短期的にワクチン接種を促進している傾向が見られた。具体的には、このどちらかのメッセージを受け取った人たちが、大規模接種会場で、早期にモデルナ・ワクチンの接種を受けていた
- 一方で、長期的には、グループとの間の接種率に違いがなくなった。「**確保しています**」や「**会いに行けます**」のメッセージを受け取らなかった人たちも、もう少し時間が経った後でファイザー・ワクチンの接種を受けていた。その結果、どのグループでも約80％の接種率に到達した

この分析結果を協力自治体に共有したところ、実は「対象の30代に接種券を郵送した時期からワクチ

ンの供給量が不足するようになって、市内のクリニック（ファイザー・ワクチンの接種場所）では予約をとることができず、大規模接種会場（モデルナ・ワクチンの接種場所）の予約枠も少なくなっていたことが後でわかった」と教えてもらった。

この事情をふまえると、「確保しています」や「会いに行けます」のシール付き封筒を受け取った人たちは、メッセージによって早めに予約しようと促されて、大規模接種会場の予約サイトに素早くアクセスしたために、残り少なくなっていた予約枠を確保できたのだろう。それ以外の人たちも接種を受ける意向はあったが、予約サイトへのアクセスが遅れたために、大規模接種会場の予約枠はすでに埋まっていた。一方で、ワクチンの供給量が増加した後で、市内のクリニック等で予約をとりファイザーのワクチン接種を受けた、というような行動様相が浮かび上がってきた。

事前には若年層が進んで接種を受けるかどうかは不透明だったが、実際には多くの人が接種機会さえあれば積極的に受けたのである。協力自治体における対象年代である30代の二回目接種率は、最終的には約80％にまで到達した。ナッジ・メッセージの有無や種類の違いは、おそらくは予約をとる早さに作用して、接種を受けるタイミングに変化を与えたのだと解釈できる。

2 ナッジ・メッセージ選定の背景

私たちがなぜ先ほどの三種類のナッジ・メッセージを選んだのかについて、もう少し説明しておこう。「あなたの分のワクチンを確保しています」というメッセージは、第3章でも触れたが、海外のフィールド実験研究で有効性が確認されたものだ。著名な行動経済学者であるミルクマンが中心になって、新型コロナ・ワクチンの接種計画に活用することを想定して、米国でワクチン接種が始まる直前の2020年秋冬の季節性インフルエンザ・ワクチンの接種勧奨で、メガスタディと呼ばれる大規模なフィールド実験を実施した。[3] さまざまなメッセージの効果を検証し、「あなたのためにワクチンを確保していま す（Full shot reserved for you）」というワクチンの所有感を強調したメッセージの勧奨効果が最も大きいことを明らかにした。さらにその後、別の研究チームが、新型コロナ・ワクチンで追加検証を行い、そこでも「あなたの新型コロナ・ワクチンがちょうど接種できるようになりました（A COVID-19 vaccine has just been made available to you）」といった所有感が刺激されるメッセージの有効性が確認されたのだった。[4] このメッセージには、簡便であり、変異株の出現などによって変化しうるワクチンの効果の種類や程度が変わっても応用可能な場面が多いという利点がある。

残り二つのメッセージの「ワクチン接種はあなたやあなたの大切な人を新型コロナから守ります」「ワクチン接種であなたの大切な人に安心して会いに行けます」は、この時期にはすでにワクチンの感染予防効果に関するエビデンスが報告されていたことに基づいている。「あなたやあなたの大切な人を守る」というメッセージは、ワクチン接種だけでなく、パンデミック初期のソーシャル・ディスタンスをとる行動の呼びかけでも、政府広報で使用されていた。たとえば、厚生労働省が公表した「人との接触を8割減らす、10のポイント」の中には、「新型コロナウイルス感染症から、あなたと身近な人の命を守れるよう、日常生活を見直してみましょう」という記述があった。また、2021年夏頃の政府広報では、ワクチン接種の呼びかけの中に「大切な人と安心して過ごせる」や「あなたとあなたの大切な人を守るためにも、ワクチン接種をご検討ください」という表現が登場するようになった。行政コミュニケーションでも採用が前向きに検討されているメッセージは、今回のフィールド実験に協力してくれた自治体にとってもやはり同じように採用しやすいという側面があった。

3 効果を正確に測定するためのランダム化

協力自治体と打ち合わせをする中で、「ランダム化」の手続きをどのように実施するかという話になった。ランダム化は無作為化の意味だが、メッセージの効果を正確に測定するために必須の手続きである。具体的には、あたかもサイコロを振って決めるかのように、四種類の封筒のいずれか一つを割り当てる。このように割り当てることによって、対象者の年齢・性別・居住地域の構成などの点でほとんど同じような四つのグループに対して、メッセージ・シールの有無や種類だけが異なるように接種券を発送しているという状況を作り出すことができる。この状況で、結果指標となるワクチン接種率がグループ間で異なれば、それはメッセージ・シールが原因になっていると判断することができる。

逆にランダム化を行わずに、たとえばメッセージ・シールAを男性に、シールBを女性に割り当ててしまうと、仮にAのグループとBのグループでワクチン接種率に違いがあったとしても、その原因がシールの違いによるのか、性別の違いによるのかが区別できなくなる。近年、施策の効果検証と関係の深い「EBPM（エビデンスに基づく政策づくり）」の考え方が中央府省庁だけでなく地方自治体にも広がってきており、協力自治体がランダム化の必要性を十分に理解してくれたことも、今回のフィールド実験が実現する重要な要因だったと思う。

さて、ランダム化の実施にあたっては、二つのハードルがあった。一つは、宛名シールに住所や氏名などの個人情報が記載されているため、私たち研究者自身がランダム化の作業を行えず、現場の職員の方々に代行してもらう必要があることだった。ランダム化の作業がミスなく実施されるように、職員の方々に、ランダム化の手続きの詳細やその意図、ミスしやすい箇所について説明し、理解してもらう必要があった。

もう一つのハードルは、作業要領の点で「個人単位のランダム化」が困難なことだった。協力自治体は、その他の多くの自治体と同じように、接種券や案内文の印刷と封入、宛名シールの貼付などの作業を外注していた。職員の方々がランダム化の作業を行えるのは、接種券封入後の封筒が自治体に納品された後、それを郵便局に配送依頼をかけるまでの短い期間のみであった。

非常に細かい話になるが、この段階で封筒は宛名番号と呼ばれるＩＤ順に並べられ、25通を一束としてゴムでまとめられたうえで、段ボール箱に保管されていた。個人単位のランダム化をするためには、これらの束をばらして、宛名番号の小さい順に四つのグループに振り分けて、メッセージ・シールの有無や種類で違いをつける必要がある。しかし、市民側の事情や申し出に応じて全体郵送より前に接種券を渡すケースもあり、宛名番号が完全な連番にはなっていなかった。個人単位のランダム化は、どの種類のメッセージ・シールがどの宛名番号の人に送付されたかについて正確な記録をつくるのに大幅な時間がかかるため、限られた作業時間では対応不可能だというのが協力自治体側の意見だった。

代わりに提案されたのは、個人単位ではなく、「25通の束単位のランダム化」だった。一つの束にどの宛名番号が含まれているかを記録したリストはすでにつくってあるので、束をばらしてシールを貼り付けた後に、もう一度同じ組で束にまとめれば、大きな負担なく、どの束の組にどのメッセージ・シールが貼り付けられ送付されたかを管理できるだろう、という話だった。さらに、市民の事情や申し出による郵送前の抜き取りも記録されていたので、その点も把握できるとのことだった。グループ単位のランダム化は、個人単位のランダム化に比べて分析上の誤差が大きくなるので、ナッジ・メッセージの効果が統計的に意味のある水準で検出されにくくなるという弱点があった。しかし、この提案以上によい方法は他になく、ぜひそれでお願いしたいと私たちは回答して、束のグループ単位のランダム化を行ってもらうことになった。

コラム④　EBPMとPBEM

近年、「EBPM（Evidence-based Policy Making：エビデンスに基づく政策づくり）」の考え方が、中央省庁だけでなく地方自治体にも浸透してきている。過去の経験則や発言力の強い個人の意見に影響されて政策をデザインしたり実装したりするのではなく、科学的な検証を積み重ねながら政策の内容を検討して、期待通りの効果が得られていることを確認したうえで展開するという考え方である。本文でも述べたが、EBPMの考え方が広まってきているからこそ、私たちは地方自治体の協力が得られ、フィールド実験を実現することができた。

似た用語に、「PBEM（Policy-based Evidence Making：政策に基づくエビデンスづくり）」がある。これはエビデンスの利用者である政策担当者のニーズをふまえてエビデンスをつくっていくという考え方である。研究者目線でエビデンスをつくったとき、それが必ずしも政策担当者のニーズに合うとは限らず、有効に活用されないことも多い。そのようなミスマッチを予防しようとする考え方で、経済学のフィールド実験研究の第一人者である、シカゴ大学のジョン・リスト教授が提案している。ただし、PBEMという表現はネガティブな意味を伴い、EBPMを揶揄するために使われることも多い。政策に寄り添えば、しばしば政府迎合的になる。本当に必要なエビデンスがつくられなかったり、無視されたりする懸念があるからである。

本書で進めてきた調査研究は、EBPMなのだろうか。それとも、PBEMなのだろうか。私は、両方の側面があったと思っている。新型コロナ・ワクチンが、特に一回目・二回目接種の頃は、非常に高い感染予防効果・発症予防効果・重症化予防効果を持ったという医学的エビデンスと、日本政府が予防接種法の臨時接種の特例として新型コロナ・ワクチンの接種に努力義務を適用して接種勧奨を行うという方針は、本書の調査研究の前提であった。したがって、私たちの研究結果は、そもそもワクチン接種を行うべきかどうかという大きな政策方針には直接影響を与えない。その意味で、「ワクチン接種政策に基づく行動経済学のエビデンスづくり（PBEM）」だったと言える。一方で、ワクチン接種政策のうち、勧奨施策を適切に行うにはどうしたらいいか、という点では施策の是非や内容に直接貢献できるものだった。その意味では、「行動経済学のエビデンスに基づくワクチン接種の勧奨施策づくり（EBPM）」だったとも言える。

つまり、経済学が政策立案の上流からEBPMに徹して貢献できる分野もあれば、他分野のエビデンスや法的裏づけをふまえてEBPMとPBEM両方の役割が混在するような分野もあるということだ。行動経済学のナッジ研究は、本書での接種勧奨のように、政策目標とされた行動の促進に活用される事例が多いので、PBEMの側面が伴いやすい。

だからこそ、できるだけ中立的な姿勢を保ちながら取り組む必要があるということだろう。ナッジで行動が促進されないときは、まずは介入の中身を見直して、行動を促進できる別のナッジを検討することになる。しかし、どのように働きかけても促進されないときは、そもそもこの行動を政策目標として促進すべきなのかという問いに立ち返り、政策立案の上流にフィードバックを提供する姿勢を持つことが大切だ。

4 対象年代の決定・当時の状況

　協力自治体では、高齢者への接種券送付を行った後は、10歳刻み（50～59歳、40～49歳、30～39歳、20～29歳）で時期を分けて送付する計画を立てていた。今回のフィールド実験について相談を持ちかけてさまざまな調整や準備を行ったのが２０２１年5～6月だった。50～59歳や40～49歳への送付に間に合わせるのは時間的に難しいだろうという話になり、30～39歳の送付に合わせて行うことで合意した。より若年の方が元々のワクチン接種意向が低いと予想されており、対象にしたい層と一致していた。当初30代への発送は8～9月頃と言われていたが、社会全体の要望などの影響でどんどん早まり、結果的には7月上旬に発送されることになった。

　実は、この発送されたタイミングでは、ワクチンの供給量が全国的に不足気味であった。この点は、後で結果を解釈するときに必要となるので強調しておきたい。協力自治体の場合、大規模接種会場における30代の予約受付が7月中旬に開始されたが、その頃にはすでに先に接種券が発送されていた40代以上の予約で多くの枠が埋まっている状態だったという。さらに、市内のクリニックでのファイザー・ワクチンの接種予約は、ほとんどとれる状態ではなかったそうだ。ただし、これらの事情はデータを後で分析する段階になってからわかったことで、当時は発送日までにランダム化の手続きを間に合わせることで精一杯であった。

5 ナッジ・メッセージは接種行動を促進したか？

大規模接種会場におけるナッジ・メッセージの効果

それでは、ワクチン接種の予約枠が市内のクリニック等と比べてまだ確保できる可能性があった大規模接種会場での接種に対する、ナッジ・メッセージ・シールの効果から見ていこう。図5－2は、30代の予約受付が始まった7月中旬から、大規模接種会場での一回目・二回目接種がおよそ完了した10月初旬までの期間について、グループごとの接種率の推移を週次でまとめたものである。

図5－2　ナッジ・メッセージ別の接種率の推移（週次）

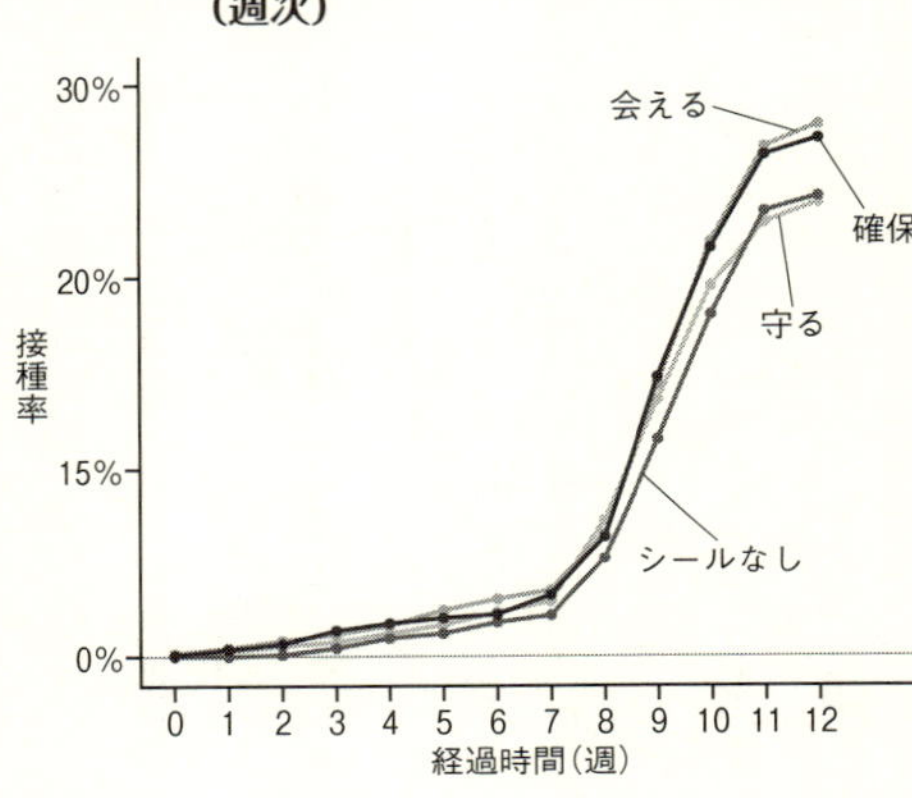

これを見ると、「**あなたの分のワクチンを確保しています（確保）**」と「**ワクチン接種であなたの大切な人に安心して会いに行けます（会える）**」の二つのメッセージ・シールを受け取ったグループで、大規模接種会場での接種率が、ナッジ・メッセージ・シールなしの統制群や「ワクチン接種はあなたやあなたの大切な人を新型コロナから守ります（守る）」グループよりだんだんと高くなっていっていることがわかる。特に、**「会える」グループの最終週の接種率は27・7%**で、これは統制群の接種率24・0%に比べて、**3・7ポイント高く**なっていた。ただし、統計的な有意水準は10%と弱く、これは個人単位でなくグル

ープ単位のランダム化を採用したことで分析上の誤差が大きくなったことが影響していると考えられる。**「確保」グループの接種率**も統制群に比べると**3・0ポイント高かった**が、これは10％水準で見ても統計的に有意な差ではなかった。

さらに深掘りすると、男性に比べて女性の間で、「会える」メッセージ・シールの効果がより顕著に観察されていた。たとえば、女性の「会える」グループの最終週の接種率は30・2％で、これは統制群の接種率24・6％に比べて、5・6ポイント高くなっていた。

接種全体へのナッジ・メッセージの効果

この「会える」メッセージ・シールの効果は、大規模接種会場での接種だけでなく、その他の接種方法を含めたとき、さらには分析期間を10月初旬以降まで拡大したときにも、依然として残っていたのだろうか？　結論から言うと、答えは「ノー」であった。

私たちは協力自治体から、大規模接種会場だけでなく全会場での接種に関するワクチン接種記録システムのデータを分析に用いることを許可してもらったので、この点を確認することができた。

30代への接種券送付から1年経過した2022年7月上旬時点の記録を見ると、四種類のグループの間で接種率には違いがほとんど見られなかった。特に、大規模接種会場での接種率が高かった「会える」グループの二回目接種率は81・5％で、統制群（シールなし）の81・3％とほとんど同じであった。男女に分けてみても、この傾向は変わらなかった。

つまり、大規模接種会場での接種率が低かった統制群や「守る」グループの人たちは、他会場でワクチン接種を受け、「会える」グループや「確保」グループの接種率に追いついた、ということである。

ファイザー・ワクチンの接種へのナッジ・メッセージの効果

一例として、統制群の人たちがどこでワクチン接種を受けたのかを検証するために、ファイザー・ワクチンの接種率に絞って分析することにした。一回目・二回目接種でファイザー・ワクチンの接種を受けられたのは、ほとんど市内のクリニックに限られていた。したがって、ファイザー・ワクチンの接種に着目することで、「大規模接種会場での接種」と「市内のクリニックでの接種」におおよそ分解することができる。

確認してみると、大規模接種会場での接種率が低かった**統制群の人たちのファイザー・ワクチンの接種率**は、10月初旬時点で**31・2%**であった。これは、大規模接種会場での接種率が高かった「会える」グループの、ファイザー・ワクチン接種率28・8%に比べて、**2・4ポイント高い水準**である。この差は、大規模接種会場での接種率の「会える」グループと統制群の差（3・6ポイント）の3分の2を占めていた。

6 人々はナッジ・メッセージにどのように反応し、行動したのか？

ここまでの結果をふまえると、人々のナッジ・メッセージへの反応とその後の行動は次のように推察できるだろう。たとえば、「ワクチン接種であなたの大切な人に安心して会いに行けます（会える）」というメッセージ・シール付きの封筒を受け取ったグループの人たちの間では、大規模接種会場で接種を受けた人の割合が高くなった。おそらく、このメッセージに促されて素早く予約ページにアクセスしたので、予約枠を確保できたのだろう。一方で、統制群（シールなし）の人たちの間では、大規模接種会場で接種を受けた人の割合が低かった。先述の通り、結果的にこの時期はワクチンの供給量が不足していたので、「会える」グループの人たちの素早い予約により、統制群の人たちは大規模接種会場で予約できなかったのだろう。ただ、統制群の人たちも元から接種する意向を持っていたので、代わりの接種場所を探して、市内のクリニックの予約枠が空き始めた時期にファイザー・ワクチンの接種を受けたのだと考えられる。

私たちは、分析結果を協力自治体に共有して議論を重ねながら、結果の解釈やナッジ・メッセージの意義を次のように整理していった。まず、「会える」のメッセージが早めに予約をとろうとする行動を促進した可能性があるとの結果が得られたことは、予約をとるという行動から促す必要のある場面で活用できるので、意義があるだろう。理想を言うと、「予約サイトにいつアクセスしたか」という行動データで直接検証できればよかったが、その行動データの抽出と他のデータとの突合は技術的に難しいので、今回は、その可能性を示唆する結果が得られたことで、ひとまずの小括としたい。また、「会える」のメッセージは政府広報でも活用されているので、そういうメッセージが何らかの促進効果を持つとわかったことには意味があるし、現場でも活用しやすくなる。「あなたの分のワクチンを確保しています（確保）」というメッセージにも、接種率の推移で見れば「会える」と同じような効果がありそうだが、今回のようにワクチンの供給量が不足している場面では採用しづらい。その意味でも、「会える」のメッセージの方が社会実装には向いていると考えられる。

一方で、最終的な一回目・二回目接種率を見ると、実は30代の人たちも、高齢層とほとんど変わらないくらいには接種を受けたいという意向を持っていた可能性がうかがえる。これは行動で確認してみないとなかなかわからないことではあるが、接種開始前時点での現場感覚や意向調査などに基づく事前の予想とは違っていたのかもしれない。この事実をふまえたとき、ナッジを用いた施策の検証の余地がまだ残っているのは、接種券の発送による最初の勧奨だけでは接種を受けないような消極的な人たちかもしれない。ただし、一般的な自治体の接種勧奨のためのチャネルは、接種券の送付時の案内の他には、ホームページやSNSを使ったマス向けのものがほとんどで、接種を受けていない人たちだけをターゲットにリマインドして、かつ行政データに記録される接種行動で効果測定できるようなチャネルはなかなか見当たらなかった。この人たちに限定して検証するなら、第3章で紹介したようなオンライン実験を活用することになるが、その場合は自己申告の接種意向や行動で効果測定することになるので、意向が実際の行動をどれくらい捉えられているのかという問題がまた伴うことになる。このように、フィールド実験とオンライン実験それぞれに一長一短あることもわかってきた。

また、今回の接種行動で評価したナッジ・メッセージの効果は、やはり保守的に解釈する必要がある。専門的な言葉遣いになるが、「ＳＵＴＶＡ」という条件が成立していない可能性が高いからである。ＳＵＴＶＡは「Stable Unit Treatment Value Assumption」の略で、「ユニット処置の安定性仮定」と訳される。直観的には、個人間で相互作用がないことを意味しており、この条件を満たすことが、ランダム化比較試験で効果を正確に取り出すためには必要となる。

しかし、ワクチン供給量が不足している状況では、あるナッジ・メッセージを受け取った人たちが予約枠を確保すると、別のグループの人たちが予約をとりづらくなるはずである。つまり、今回の状況では相互作用があった可能性があり、特に今回のフィールド実験前半の、ワクチン供給量が十分でなかった時期には、ＳＵＴＶＡが成立していなかった懸念がある。この課題にどのように対応するかについては、近年いくつかの方法論が提案されているが、将来のパンデミックにおいても、ワクチン接種の開始から間もない時期は供給量が不足するので、ＳＵＴＶＡの条件を担保できる効果測定のデザインを検討することが重要かもしれない。

コラム⑤　オンライン実験とフィールド実験の強み・弱み

第3章とこの章の調査研究を経て、オンライン実験とフィールド実験それぞれの長所と短所がなんとなくつかめてきた。オンライン実験の長所は、何より、迅速に実施できる点である。この長所は、感染症のパンデミックのように、政策検討のためのエビデンスがタイムリーに必要となる状況で価値を発揮する。また、サンプリングを工夫すれば、日本全国津々浦々に住む、さまざまな属性の人たちを対象に実験を行って、ナッジ・メッセージの効果を検証できる点でも優れている。一方で、短所は、実際の行動を結果指標にして評価するのが難しい点である。実験設計を工夫することで、たとえば、実験を二回行い、最初の実験ではナッジ・メッセージを見せて、少し日にちを置いた後で追跡実験を行い、実際にどういう行動をとったのかを把握することでも評価もできるが、それでも自己申告で把握された行動がどれだけ正確なのかという懸念は残る。

フィールド実験の長所と短所は対照的である。オンライン実験の短所がフィールド実験では補われて長所となるが、オンライン実験の長所は失われてしまう。本文でも述べたように、フィールド実験は研究者だけでは実施できず、地方自治体など多様な関係者と調整しながら進めていく点が特徴である。それを負担に感じる研究者もいるが、私自身はそうした多様な関係者と利害関係を調整しながらプロジェクトを実現させることにやりがいを感じるタイプなので、フィールド実験が好きだった。一方で、この章の経験から、パンデミック下の政策検討のためにタイムリーなエビデンスを出すという目的にはあまり向いていないかもしれないと感じるようになった。実施までの調整に時間がかかるというのもあるが、その点は、平時から関係構築をしておくことで一定程度スムーズにできる。実際、今回も接種券の発送スケジュールが頻繁に変わる中で、密にコミュニケーションをとりながら進め、何とか間に合わせることができた。一方で、想定以上に時間がかかってしまったのが、介入を行った後のデータ取得と効果検証の分析である。私たちのフィールド実験の一つの強みは、ワクチン接種記録システムに記録された正確な行動データで効果検証できる点だったが、各接種会場からデータが上がってくるのに、手続き上、どうしても2カ月程度の時間を要する。そのため、たとえば、第5節の大規模接種会場の分析（2021年7～10月初旬）が最速で開始できるのは12月頃になり、その後できるだけ早く分析を行っても、いろいろなエラーを確認しながら進めると、結果を報告できるのは12月末か年明けになる。21年12月～翌年1月というと、オミクロン株への変異が確認され、ワクチンの感染予防効果・発症予防効果が著しく低下する可能性が指摘され、ワクチン接種の価値が変化しつつある時期であった。

タイムリーに政策検討のためのエビデンスを出すという目的を考えると、パンデミックの最中はオンライン実験を駆使するほうがいいのかもしれない。フィールド実験は、時間的に余裕のある平時にやっておいて、平時のフィールド実験のエビデンスと有事のオンライン実験のエビデンスを有機的に組み合わせるような政策活用が一つのあり方なのかもしれない、と私は考えるようになった。

7　海外のフィールド実験を再検討する

供給量不足の状況、メッセージの長期効果をチェックする

この章のフィールド実験について振り返り、結果の意義に加えてさまざまな課題や改善点を洗い出していく中で、これまで都度紹介してきた海外のフィールド実験がどのような環境や状況で行われていた

のかが気になり始めた。まず、２０２０年秋冬にミルクマンたちが行ったフィールド実験は、米国の二つの大規模な医療センターに定期通院する患者を対象にして、次の通院の予約をリマインドするショート・メッセージ・サービス（ＳＭＳ）のメッセージの中で、季節性インフルエンザ・ワクチンの接種を呼びかけるというものであった。[5] 結果として、「あなたのためにワクチンを確保しています（Full shot reserved for you）」というメッセージをアポイントの72時間前と24時間前に送付するという介入が、予約当日までに接種を受ける可能性を最も高めることがわかった。

ミルクマンらの研究は季節性インフルエンザ・ワクチンを対象にしているので、私たちの研究のように供給量が不足していた可能性は低いだろう。一方で、直近の予約以降に接種を受けたかどうかや、外部の医療機関で接種を受けたかどうかまでは検証されていないようだ。そのため、所有感を強調するメッセージが総合的にどのような影響を持つのかについては、検証の余地が残っているように私は感じた。

ミルクマンたちは同じ時期に全米のウォルマート薬局をフィールドにして、同様のメッセージが薬局での季節性インフルエンザ・ワクチンの接種を促すことを確認しており、そこでは効果の約３カ月間の持続性が確認されていた。[6] 一方、薬局以外での接種についてはやはり考慮されていないようだった。

次に、２０２１年1〜2月にダイという研究者たちが行ったフィールド実験は、UCLA Health と呼ばれる米国カリフォルニア州の大規模統合医療システムに登録されている患者を対象に、ＳＭＳで「あなたの新型コロナ・ワクチンが接種できるようになりました（A COVID-19 vaccine has just been made available to you）」というメッセージを送付することの効果を検証した。[7] 結果として、このメッセージを受け取ることで、受け取りから６日以内に接種予約をとる可能性と、４週間以内に UCLA

Health の管轄内で一回目接種を受ける可能性の両方が高まることがわかった。この効果は UCLA Health 管轄外の接種を含めたときにも観察された。

さらに、こういうメッセージを送付する介入の効果は8週間経過しても持続していたと論文に書かれている。一方で、8週間後の介入群の接種率はまだ20%程であった。UCLA Health の登録者に現在治療を必要としている人たちが数多く含まれるなら、彼らの早期接種を促進できるようなメッセージの政策的意義は小さくない。一方で、最終的なカリフォルニア州の一回目接種率は85・2%に達していたので、メッセージの長期的な効果はやはりよくわからなかった。

私たちが行ったフィールド実験は、「あなたの分のワクチンを確保しています」という所有感を強調するメッセージを、日本の地方自治体によるマス向けの接種勧奨に展開したときに、どのような効果が観察されるかを検証するための研究として位置づけることができるだろう。結果として、少なくとも私たちの研究からは、ワクチンの供給量不足の問題を考慮することと、効果を長期的に観測することの重要性が示されたということになる。

消極的な人たちへのナッジの可能性

自らは進んで接種を受けない、ワクチンに対して消極的な人たちに接種を促せるようなナッジはありうるのだろうか。ここでは、海外の研究ではどのような結果が報告されていたのかを紹介しようと思うが、その前に、ワクチン接種に消極的な人たちの接種を促す介入が果たして「ナッジ」と言えるのかどうかについて考察しておきたい。

人々の意思決定の特性をふまえながら、理想的な選択の自力実行を補助するのがナッジである。ただ、ワクチン接種に限らず、ナッジの政策活用の現場では「理想的な選択とは何か」という問いがいつも立ちはだかる。この問いに答えることは、特に次の二つの点から難しい。

- 理想の選択は同じ人間でも時間を通じて変化するので、どの時点の理想を優先するかは簡単には決められない
- 本人の理想的な選択と社会の理想的な選択が現時点で一致していないとき、両者をすり合わせるのも簡単ではない

こうした特徴をふまえて、ナッジを用いてワクチン接種に介入することの正当性は次の三つのケースに分けて検討される。

① 本人も接種を受けたいと考えているが、自力では実行しづらいとき
② 本人は現時点で接種を受けたいと考えていないが、十分な時間をとって冷静に検討すれば受けたいと思うとき
③ 本人が冷静に検討しても、接種を受けたいとは思わないとき

①は制度・手続きなどがネックになっていると思われるので、ナッジを用いた介入は正当化できる。②も気づきを提供して導くことは正当化できるだろう。これに対して、③のように本人の理想と異なる選択に導くことは正当化できない。

自ら積極的にワクチン接種を受けないのは、②または③のケースの人たちだと考えられる。ただ、ここで問題になるのは、②（十分な時間をとり冷静に検討すれば接種を受けたいと思う）と、③（接種を受けたいとは思わない）のケースを外から判別するのが困難だということである。実際にはまだ検討しておらず、検討した場合の選択が観察できないからだ。

ただし、正当化できるかどうかを簡単には判断できない状況だからこそ、法令や罰則による強制的な手段ではなく、選択の自由を保証するナッジで、まず働きかける方がいいという考え方もできる。その場合、ナッジの効果が期待通りでないときは、ワクチン接種という選択が対象者にとって理想的ではなかったと受け止めなければならない。人々の反応を受けて推薦する選択の方向性や中身を改善し、政策側と人々の理想をすり合わせる姿勢を持つことがナッジの政策活用では重要になるのである。

さて、海外の研究の話に戻ろう。米国の研究結果は、消極的な人たちにとってワクチン接種はやはり理想的ではなかったことを示唆している。世界的権威のある学術雑誌『Nature』に掲載されたラブたちのフィールド実験研究では、次のいずれのメッセージも、新型コロナ・ワクチン接種の開始からしばらくしてもまだ接種を受けていない消極的な人たちの接種率を高めなかった。[8]

- あなたの新型コロナ・ワクチンが接種可能です
- 全国で1億5000万人以上のさまざまな背景を持つ人々が、新型コロナ・ワクチンを接種しました。ワクチンはとても安全です
- ワクチンは新型コロナによる重症化を防ぐのに極めて効果的です

- 基礎疾患のない方でも新型コロナで重症化する理由は完全にはわかっていません。しかし、ワクチンがこうした重症化をほぼ防ぐことはわかっています
- これらの施設では、あなたの新型コロナ・ワクチンが無料で接種可能です。予約、保険、その他の書類は必要ありません
- あなたのご家族の安全を守りましょう
- この州では、すでに60万人以上が新型コロナ・ワクチンを接種しました
- あなたのご家族の安全を守るとともに、新型コロナ・ワクチンをすでに接種した、この州の60万人のグループに加わりましょう

また、別のフィールド実験研究では、メッセージだけでなく、ワクチン接種を受けたら10ドルや50ドルなどの金銭的報酬を受けられるという介入を提供しても、消極的な人たちの接種率は高まらないという結果が報告された。[9] それだけでなく、年齢層や政治的嗜好によっては、金銭的報酬が接種率を下げる逆効果も示されたという。

ここで紹介した研究はどれも米国の人たちを対象としたものなので、日本では異なる結果が見られた可能性はある。しかし、パンデミックの出口戦略として位置づけられるワクチン接種は、メッセージの受け取り以外のさまざまな場面でその重要性が何度も強調されており、ほとんどの人々はワクチン接種についてすでに十分な情報を取得していた可能性が高い。接種が可能になってからしばらく経っても接種を受けていない人たちは、冷静に検討した結果として受けないと決断している可能性が高いことを、

考えてみれば当たり前ではあるが、まずは念頭に置くことが大切だろう。

コラム⑥　風しん抗体検査とワクチン接種促進のためのナッジ・メッセージ

ここまで、新型コロナ・ワクチンに関するナッジ研究を私たち自身で行い、かつ関連する研究も精査する中で、ナッジ・メッセージが効果的に機能する条件がだんだんとわかってきた。何よりもまず、人々の需要に対応できるように、ワクチンの量が十分に確保されている必要がある。また、「人々の理想的な選択の実行を補助するナッジ」であるためには、先ほどのナッジ介入の正当性に関する三つのケースのうち、

① 本人も接種を受けたいと考えているが、自力では実行しづらいとき
② 本人は現時点で接種を受けたいと考えていないが、十分な時間をとって冷静に検討すれば受けたいと思うとき

のどちらかに当てはまることも重要である。

この点をふまえて、私は厚生労働省が1962年4月2日〜79年4月1日生まれの男性を対象に行ってきた「風しんの追加的対策」は、ナッジが効果的に機能する可能性のあるトピックだと思った。この年代の男性の抗体保有率は、制度の狭間となった影響で女性や他の年代の男性よりも低くなっている。そのため、日本は先進国の中ではめずらしく、風しんの集団免疫をまだ獲得できていない。風しんは成人になってから感染すると、高熱・発しんの長期化や関節痛等の重症化の恐れがある。また、妊娠初期の女性に感染を広げる

と、赤ちゃんが先天性心疾患・白内障・難聴をもって生まれる可能性もある。

そこで、厚生労働省は、対象年代の男性が抗体を持っているかを確認したうえで、抗体を持っていない人のワクチン接種を促す目的で、風しん抗体検査（約5000円）とワクチン接種（約9500円）を無料で受けられるクーポン券を発行して市区町村を通じて郵送する施策を、2019年度から行ってきた。

対象年代の男性の抗体保有率は元々80％程で、これを90％まで引き上げることがひとまずの目標となった。平均的には抗体検査を受けた人の2割が抗体を持たず、ワクチン接種を受けて新しく抗体を保有することになる。したがって、元々の抗体保有率に10ポイント加算するためには、対象年代の男性の5割に抗体検査を受けてもらう必要がある（5割のうちの2割（10％）がワクチン接種で新しく抗体を獲得するため）。しかし、2019年度以降、風しんの検査キットやワクチンの供給量は十分あったにもかかわらず、抗体検査の受検率はなかなか上がっていかなかった。新型コロナウイルスのパンデミックが始まったことの影響も大きいと思われるが、本書の著者である私・佐々木と大竹は、当時大阪大学の特任研究員だった加藤大貴さんと一緒に、何が抗体検査の受検を阻害するボトルネックになっているのかを調べることにした。

調査をして驚いたのは、対象年代の男性の2人に1人が、「子どもの頃に、風しんのワクチン接種を受けたことがある」と回答したことだった。実際には公的な予防接種が行われていないのに、である。考えてみると、昔のことを正確に記憶していることの方がめずらしい。私自身も、子どもの頃に感染したのが風しん・水ぼうそう・麻しんのうちどれだったたか、あまりよく覚えていない。

そのような人たちは、市町村からクーポン券が郵送されてきても、「たぶん子どもの頃に予防接種を受けたから、自分は大丈夫」と考えて、抗体検査を受けないのだろう。彼らの抗体検査の受検とワクチンの接種を促進するには、この「誤認識」に対処できるナッジ・メッセージが必要になる。ここで私は、「誤認識に気づきを提供するメッセージは、人々にとって理想的な選択の実行を補助するナッジになりうるのではないか」と思った。現時点で抗体検査を受けたいと考えていないのは、子どもの頃に予防接種を受けた等と記憶違いをしているためで、それが誤認識であった可能性に気がつけば、受けたいと考え直す余地がまだまだあるからである（これは、ナッジ介入の正当性に関する②のケースに相当する）。

私たちは、市町村からクーポン券が郵送される際に同封してもらうことを想定して、「風しんの抗体を持っていると思い込んでいませんか？」等のメッセージを盛り込んだリーフレットを制作した。まずはオンライン実験を行い、このリーフレットが抗体検査を受けようという気持ちを高める効果を持つことを確認した。続いて協力してくれる自治体を探して、リーフレットを試験的にランダムに配布し、実際の行動をも促進する可能性があることを確認した。

図5－3　風しん抗体検査を推奨するリーフレット・ポスター

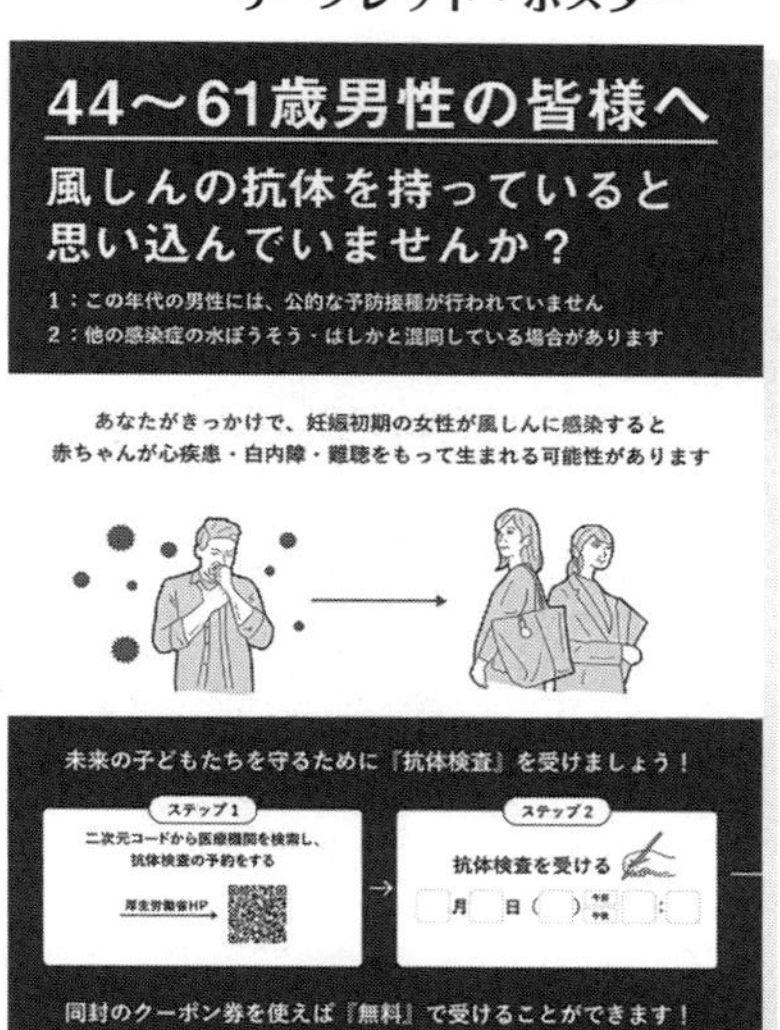

さらに、紙のリーフレットだけではリーチできる人たちに限界があると考えて、動画資材も制作することにした。対象年代の男性だけでなく周囲の人たち（家族、友人、職場の同僚等）にも見てもらい、そこから対象年代の男性に広がる現象も期待して、「オフィス編」と「ウェディング編」の2パターンを制作した。YouTube広告として出稿したところ、当初数カ月間で「オフィス編」は180万回再生、「ウェディング編」は50万回再生を達成

図5-4　大阪府での研修の様子：
中央プロジェクター左で説明する著者の佐々木

したので、こちらも人々の関心を一定程度惹きつけられることが確認できた。出稿手続きをお願いした広告代理店によると、平均的なYouTube広告と比較して、視聴率が非常に高かったそうだ。

さて、次に考えないといけないのは、「このリーフレットや動画を、どのようにして自治体や保健の現場で活用してもらうか」であった。科学的な手続きに基づいて促進効果があることを発見しても、それを単に周知しただけでは現場で活用されないことは、第3章のオンライン実験で、新型コロナ・ワクチンのためのナッジ・メッセージを開発して、行政職員と意見交換したときの経験から身に染みていた。

私は大阪府に相談して、府下の市町村の風しん追加的対策担当者に向けて、今回のリーフレットや動画等の新しい勧奨資材について説明する研修を開催する機会をつくってもらった。そこで、行動経済学やナッジの考え方について紹介した後、誤認識に対処するためのナッジ・メッセージをどのような分析に基づいて開発したかについて解説した。

市町村によって、毎年封筒でクーポン券を郵送しているところから、勧奨ハガキのみ郵送しているところまで、さまざまだった。クーポン券を郵送していても、予算上、私たちが考案したチラシを追加封入することが難しいという自治体もあった。そこで、従来から送付していたチラシやハガキに、ナッジ・メッセージを組み込んでもらうためのワークショップも行った。また、「風しんの抗体を持っていると思い込んでいませんか？」というメッセージの表現を変更した方が大阪府下の人々に届きやすくなるかもしれない、と考える担当者もいたので、その自治体の住民の特徴を聞きながら、それをふまえて表現の調整を行っていった。たとえば、『風しん、昔うけた』それホンマ？」と関西弁で表現する案や、「タダやし、受けとかへん？」「今年無料で受ける？　来年以降、有料で受ける？」と今なら約1・5万円分の抗体検査とワクチンが無料であることを強調する案などが出た。

一般的に、ナッジの効果は常には一定でなく、対象者の属性や置かれている環境によって変化することが知られている。したがって、先行事例で効果が確認されたナッジ・メッセージをそのまま採用するよりも、それぞれの現場の特徴をふまえながら必要な調整を施して活用することが大事だと言われてきた。大阪府との協働で開催した研修やワークショップは、まさにそのローカライズのための調整手続きを行う機会になったと考えている。

図5-5　自治体職員・保健師向けガイドブックの表紙

私たちが直接説明しに行くことが難しい日本全国のその他の自治体には、リーフレットや動画の制作プロセスや活用方法のアイデアをまとめたガイドブックを制作して、送付した。結果として、たとえば２０２３年度には、京都市・名古屋市・東大阪市・茅ヶ崎市を

含む日本全国のさまざまな自治体で、それぞれに必要な微調整が施されながら、リーフレットが配布された。これらの取り組みが集団免疫の獲得にどのくらい寄与したかについてはまた別の効果検証が必要になるが、ナッジ・メッセージの研究開発から社会実装までのあるべきプロセスについて、一定程度の手応えを感じられたプロジェクトであった。

付記

第5章のフィールド実験：初出。コラム⑥の元になった論文：Kato, H., Sasaki, S., and Ohtake, F.（2024）"Adding Nudge-based Reminders to Financial Incentives for Promoting Antibody Testing and Vaccination to Prevent the Spread of Rubella," *Journal of Behavioral and Experimental Economics*, 113, 102300.

注

1 「北信越の接種率　新潟・上越市、投票所方式で底上げ　データで読む地域再生　信越・北陸」『日本経済新聞』２０２１年８月６日付。

2 Chapman, G. B., Li, M., Leventhal, H., and Leventhal, E. A.（2016）"Default Clinic Appointments Promote Influenza Vaccination Uptake without a Displacement Effect," *Behavioral Science & Policy*, 2(2): 40-50.

3 Milkman, K. L. et al.（2021）"A Megastudy of Text-Based Nudges Encouraging Patients to Get Vaccinated at an Upcoming Doctor's Appointment," *Proceedings of the National Academy of Sciences*, 118(20), e2101165118.

4 Dai, H. et al.（2021）"Behavioural Nudges Increase COVID-19 Vaccinations," *Nature*, 597(7876): 404-409.

5 前掲のMilkman et al.（2021）。

6　Milkman, K. L. et al. (2022) "A 680,000-person Megastudy of Nudges to Encourage Vaccination in Pharmacies," *Proceedings of the National Academy of Sciences*, 119(6), e2115126119.

7　前掲の Dai et al. (2021)。

8　Rabb et al. (2022) "Evidence from a Statewide Vaccination RCT Shows the Limits of Nudges," *Nature*, 604(7904): E1–E7.

9　Jacobson, M. et al. (2022) "Can Financial Incentives and Other Nudges Increase COVID-19 Vaccinations among the Vaccine Hesitant? A Randomized Trial," *Vaccine*, 40(43): 6235–6242.

第6章 ワクチン接種の意外な効果

1 ワクチン接種と政府に対する信頼

人々がワクチン接種にまず期待するのは、発症予防効果や感染予防効果などの医学・疫学的効果だろう。一方で、経済学者は、ワクチン接種が人々の認識や行動に与える副次的な効果にも着目してきた。この章で明らかにするのは、ワクチン接種が政府への信頼に与えた意外な効果である。

未曾有の危機を社会がなんとか乗り越えていくために、「人々が政府をどれくらい信頼しているか」は重要な要素となる。信頼は、危機対応のための政策や規制を人々がどれくらい遵守してくれるかに大きく関わってくるからだ。これは、パンデミックにおいても同様だ。元々政府への信頼が高かった国では、低かった国に比べてパンデミック初期の新型コロナウイルスによる死亡率が低かったと報告されていた。[1]

一方で、新型コロナウイルス感染症のパンデミックという危機に特徴的だったのは、それが長期間続いたことだった。長期化すると、否が応でも危機対応のための政策や規制が必ずしも成功しないケースが増えてくる。そうすると人々は政府の対応能力が低いと考え、不満を感じるようになって、政府に対する人々の信頼が低下してしまう。[2] 信頼の低下が政策への非遵守を招いて危機をさらに深刻なものにする……、という悪循環が生じやすくなる。[3]

この悪循環の可能性は、パンデミック初期に欧米を中心に実施されたロックダウン政策が人々の信頼にどのような影響を与えたかを検証した研究からもうかがえる。当初は、いくつかの研究でロックダウン政策が人々の政府に対する信頼を上昇させたと報告されていた。[4] しかしその後、そのロックダウンによって、人々のメンタルヘルスが悪化したこと、社会・経済格差が広がったこと、[5] そして、ロックダウンによる政府への信頼の高まりは一時的なものであり、次第に減少していったことが[6]判明していった。

出口戦略としてのワクチン接種

長期化する未曾有の危機において、ワクチン接種政策は、応急措置的な性格の強いロックダウンと比べて、人々の免疫獲得を通じて社会経済体制を平時に戻すことに貢献する施策で、重要な出口戦略だ。そのため、「ロックダウンよりもワクチン接種政策の方が、政府に対する人々の信頼の回復により強く寄与するのではないか」と私たちは考えた。

そして、日本のワクチン接種の進め方の特徴をふまえたとき、「回帰不連続デザイン」という統計解析の手法を活用すれば、ワクチン接種が政府に対する信頼に及ぼす因果効果を捉えられるかもしれないとも思った。ここまでたびたび述べてきたように、日本では、65歳以上の高齢者から優先してワクチン接種が行われた。具体的には、2021年度中（22年4月1日まで）に65歳に達する人々が、65歳未満の人々よりも早くに接種を受けることができた。

回帰不連続デザインの直観的なアイデアは、次の二つのグループに属する人たちを比較するというものである。

(A) 2022年4月1日の基準日直前にたまたま生まれたために、ワクチン接種を早く受けられる機会のあった人たち

(B) その基準日直後にたまたま生まれたためにその機会が遅かった人たち

ほとんど同じような人たちなのに、(A)のグループに所属していたためにたまたま早くワクチン接種を受けられたことで、その人たちの政府への信頼がどのように変化したのかを捉えていく。

第4章で紹介したように、私たちの研究チームは、ワクチン接種が始まるより以前の2021年1月に新型コロナ・ワクチンに関するアンケート調査を行って、優先接種の対象年齢付近である60〜74歳の回答者については、ワクチン接種が始まった後の5・6・7・8月に追跡調査を行ってきた。これらの調査では、一回目・二回目接種を受けたかどうか、受けた場合はいつ頃受けたかという情報に加えて、政府への信頼やメンタルヘルスなどの指標も把握してきた。大阪大学の大学院生の中山一世さんにも私たちの研究チームに加わってもらい、この同一個人を追跡したデータを回帰不連続デザインで分析し、ワクチンの接種が政府への信頼に及ぼす因果効果を把握することにした。

ここで、今回の分析の主な発見を簡単に紹介しておこう。

中央政府への信頼は上昇せず、地方政府への信頼が上昇する

- ワクチン接種を受けても**中央政府への信頼は変化しない**が、ワクチン接種政策の行政手続きを担当していた**地方政府への信頼は接種前に比べて上昇した**
- 信頼上昇の効果は、今回のパンデミックでメンタルヘルスが悪化したことが知られている**女性の間で顕著だった**。さらに、ワクチン接種を受けることで、女性のメンタルヘルスは改善していた

この結果は別の関連研究とも共通している部分がある。一橋大学の高久玲音さんたちの研究チームも、私たちと同じように、日本で行われた高齢者への優先接種政策に着目して、年齢を閾値とした回帰不連続デザインを使って、ワクチン接種を受けることで、居住地域の新型コロナ・ワクチンの接種状況や感染予防対策に対する人々の評価（「あなたの町ではワクチン接種が順調に進んでいる」「あなたの町では適切な感染対策がとられている」）が上昇したことを明らかにしていた。[7] 政府や行政機関への信頼自体を見ているわけではないものの、ワクチン接種政策における行政の働きが評価されていることは、私たちの発見と一致する。

ワクチン接種でメンタルヘルスが改善する現象は、米国の研究でも確認されていた。[8] 今回のパンデミックでは、感染症への恐怖や外出規制による孤立感で、特に女性のメンタルヘルスが悪化した。社会経済の平常化に貢献できるワクチン接種が、メンタルヘルスの改善に貢献するとともに、ワクチン接種を

円滑に進めた行政機関への信頼をも回復するというのは自然な結果に思える。実際、長期化するパンデミックでは、メンタルヘルスと政府への信頼、政策遵守の水準には正の相関関係があり、片方が上昇すればもう片方も上昇し、片方が低下すればもう片方も低下すると報告されている[9]。

2 中央政府と地方政府の異なる役割

分析結果の詳細に入る前に、新型コロナ・ワクチンの接種政策における日本の中央政府・地方政府(地方公共団体)の異なる役割を確認しておこう。まずは、中央政府が、国際市場からのワクチンの調達・確保と、国内における接種計画やワクチン配分の立案を行った。続いて、行政機関である地方政府が、接種事業の運営・手続き(接種クーポンの発送、医師や接種会場の確保など)を担当した。接種クーポンとは、日本の人たちがワクチン接種を無料で受けるために必要となったクーポンである。地方政府が中央政府の接種計画をふまえて段階的にクーポンを住民に郵送しており、クーポンなしでのワクチン接種は原則不可能であった。このように中央政府と地方政府が役割を分担することで、日本全国どこでもほとんど同じ質の接種施策を展開して、スムーズな接種を実現した。

次に、接種計画やスケジュールの詳細を説明しよう。中央政府はワクチン接種の優先順位を検討し、医療従事者を除けば、重症化・死亡リスクの高さをふまえて高齢者の接種を最も優先する方針を定めた。

具体的には、2021年度中（22年4月1日まで）に65歳に達している高齢者が65歳未満の人々よりも早く接種が受けられるようにするという方針と、65歳以上への接種を21年4月12日から開始するというスケジュールが発表された。さらに厚生労働省は、その優先順位を実現するため、65歳以上への接種クーポンを21年3月中旬頃に、65歳未満への接種クーポンを4月以降に郵送するよう、地方政府に指示した。実際の郵送日には自治体間で多少ばらつきはあるものの、先述の優先順位はおよそすべての地方政府で守られたと考えられる。たとえば、大阪大学のキャンパスのある大阪府豊中市では、65歳以上には3月29日付で、60〜64歳には6月21日付で接種クーポンが発送されていた。

3 ワクチン接種は人々の政府への信頼をどう変化させたか？

不連続性と同質性の確認

回帰不連続デザインを適用するためには、優先接種政策の結果として、65歳以上とそれ未満で接種率に明確な違いが生じている必要がある。この点を、まずデジタル庁ワクチン接種記録システム（VRS）のデータで確認してみると、2021年6月末時点における65歳以上の一回目接種率が68％（接種件数：約2439万件）であったのに対して、65歳未満は5％未満（接種件数：約350万件）であり、実際に公的統計では接種率に大きな違いがあった。

図6－1　優先接種対象だったか否かでの接種率の差（6月調査）

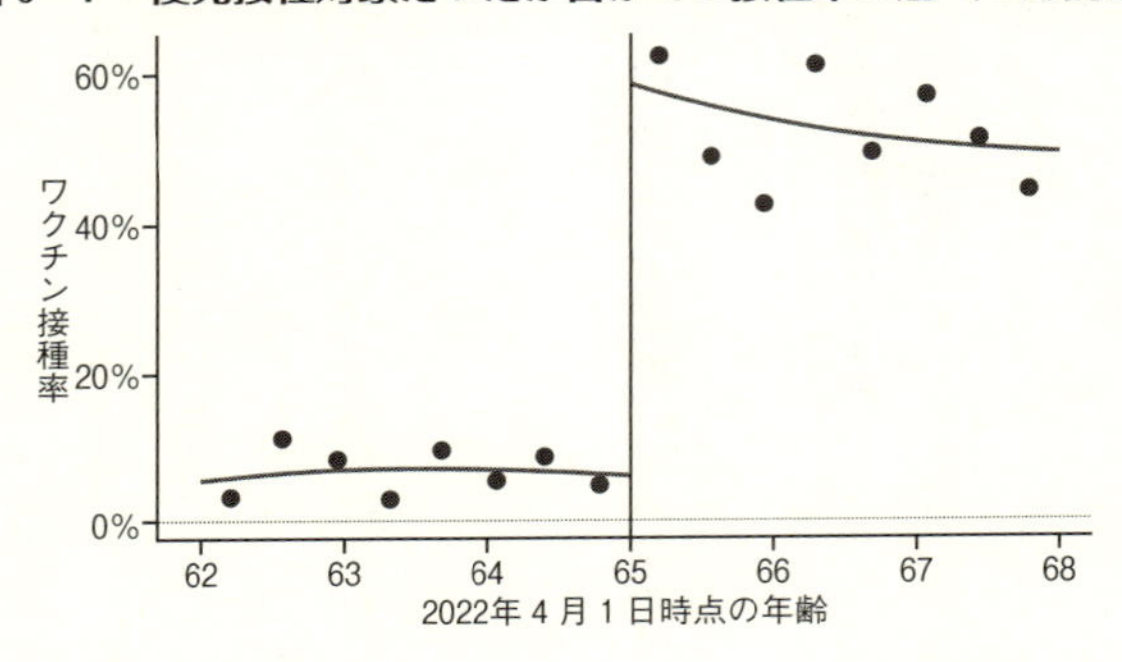

図6－2　優先接種対象だったか否かでの中央・地方政府への信頼の差（1月調査）

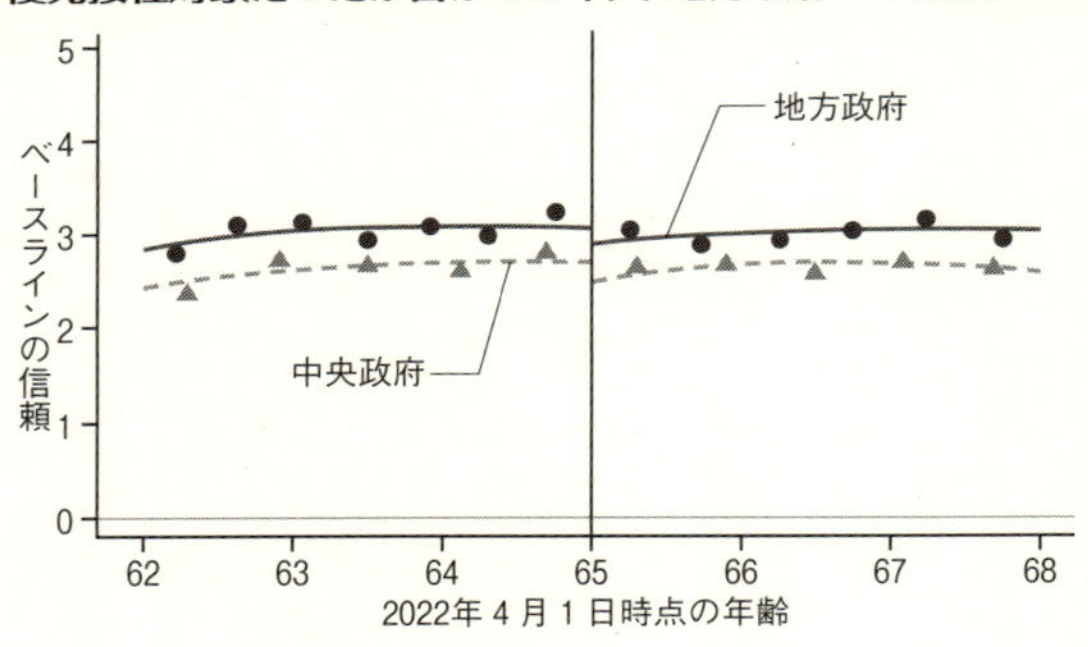

図6－3　優先接種対象だったか否かでのメンタルヘルスの差（1月調査）

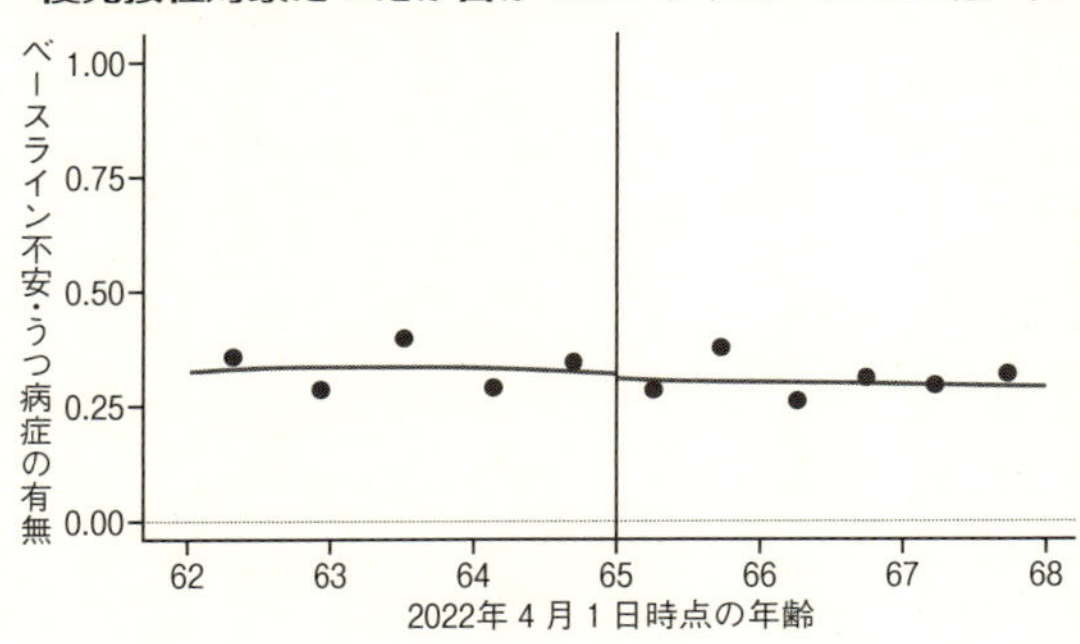

では、私たちのデータではどうだろうか。図6-1から、私たちのデータでも、2022年4月1日までに65歳の誕生日を迎えているかどうかで接種率に明確な差があり、不連続性が生じていることがわかる。一方で、図6-2や図6-3が示すように、ワクチン接種前の1月調査で測定した政府への信頼やメンタルヘルスには差がなく、元々は同質的であることも確認できた。

つまり、「ほとんど同じような人たちなのに、たまたま優先接種政策の基準日である2022年4月1日以前に生まれたために、早くにワクチン接種を受けられた」という状況が実際に生じていたということである。この状況を確認できたことで、このデータを使えば、優先的に接種を受けられたことが事後の信頼やメンタルヘルスにどのような影響を与えたのかを捉えられるかもしれない、と私たちの期待は高まった。

ワクチン接種が政府への信頼に与えた影響

まず、優先接種の対象だったかどうかと、地方政府への信頼または中央政府への信頼が2021年1月から6月までの間にどのように変化したかの関係性を、図6-4のグラフにまとめた。私たちの期待通り、地方政府の信頼の方には優先接種政策の閾値前後で不連続性があり、22年4月1日までに65歳の誕生日を迎えていた人たちの間で地方政府への信頼が上昇していたことがわかった。

ファジーな回帰不連続デザインという詳細な解析の結果から、**ワクチン接種で地方政府への信頼は0・727ポイント程度上昇**していたこともわかった。接種開始前の1月調査時の信頼の平均値が2・99だったので、それを基準にすると約24・3%上昇していることを意味していて、一定程度大きい値であり、

図6－4　優先接種対象だったか否かでの中央・地方政府への信頼変化の差

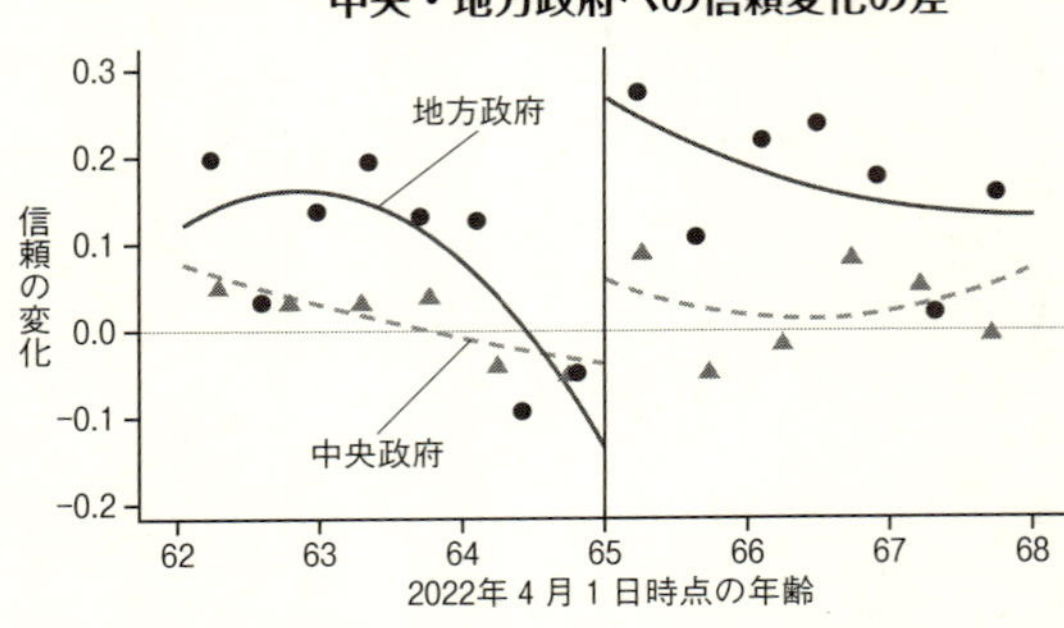

（注）縦軸はワクチン接種開始前の2021年1月と開始後の6月に地方政府や中央政府への信頼を5段階で把握し、その差分をとった値。

統計的にも意味のある上昇幅だった。

一方で、中央政府への信頼については閾値前後での不連続性が観察されなかった。図6－4では若干上昇しているように見えてしまうが、その差は非常に小さく、統計的に意味のある値とは認められなかった。

以上より、たまたま優先接種の対象になったことをきっかけに迅速にワクチン接種を受けられたことで、ワクチン接種政策の行政手続きや運営を担当した地方政府への信頼は上昇したが、その反面、立案を担当した中央政府への信頼は変化していないことがわかった。

男女の違い

続いて、ワクチン接種が地方政府への信頼に影響を及ぼすメカニズムをより深く理解するため、男女別の分析を行うことにした。先にも述べたように、新型コロナ・パンデミックで女性のメンタルヘルスが大きく悪化したということは、よく知られた事実である。その事実をふまえて、私たちは「ワクチン接種を迅速に受けられたことによる地方政府への信頼上昇は、パンデミックの負の影響を強く受けた人たちの間でより大きいのではないか」と考えた。パンデミックの出口戦略であったワクチン接種を受けることは、パンデミックの終焉への期待感などによりメンタルヘルスの改善にも寄与するだろうし、そのようなさまざまにポジティブな効果を伴う接種を実現した機関への高評価にもつながるだろう。そこで私たちは、地方政府への信頼上昇が特に女性の間で強く生じているのか、ワクチン接種で女性のメンタルヘルスは改善したのかを検証することにした。

図6－5　優先接種対象だったか否かでのメンタルヘルス変化の差（男女別）

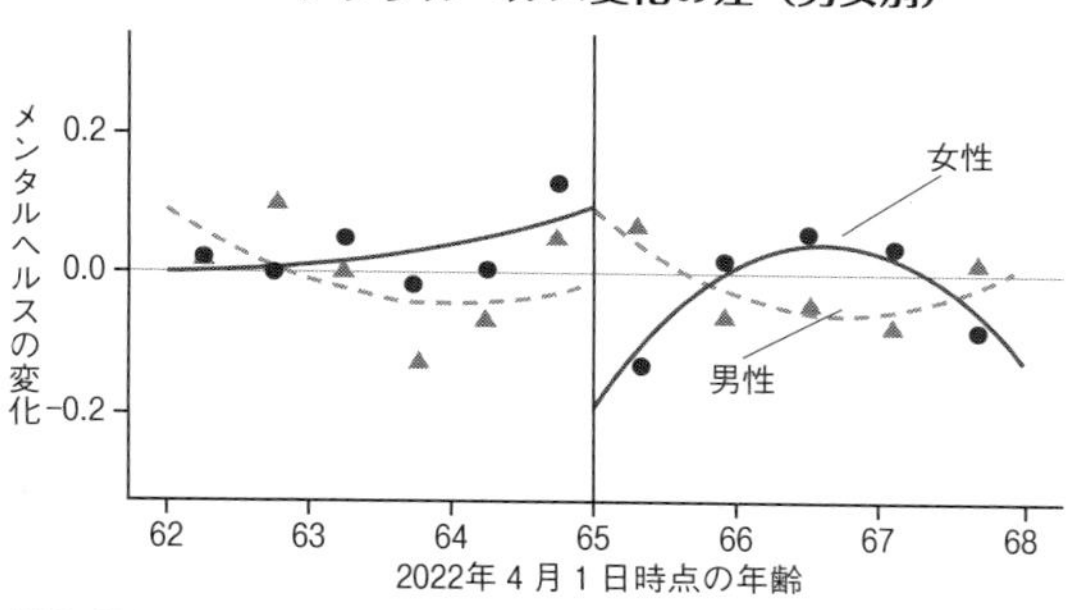

（注）縦軸はワクチン接種開始前の2021年１月と開始後の６月に地方政府や中央政府への信頼を５段階で把握し、その差分をとった値。

結果として、女性では優先接種を受けたことで地方政府への信頼が上昇したが、男性にはそのような変化は見られなかった。詳細な解析からは、**ワクチン接種で女性の地方政府への信頼は１・609ポイントも上昇**していたことがわかった。男女合わせた平均的な上昇幅が０・727だったので、その2倍以上であり、とても大きい変化だと評価できる。一方で、男性の上昇幅は０・049ポイントと小さかった。このように、ワクチン接種による地方政府への信頼上昇は、ほとんど女性の間で起きていたことがわかる。

続いて、図6－5は、優先接種の対象だったかどうかと、メンタルヘルスが2021年1月から6月までの間にどのように変化したかの関係性をグラフにしたものである。ここでは、不安・うつ症状があるときに1をとり、ないときに0をとる二値変数について、1月時点と6月時点の差分（変化）に着目して

いる。つまり、この指標は二時点の間で、

「不安・うつ症状が改善した」場合に「マイナス1」

「変化しない」場合に「0」

「悪化した」状態に「プラス1」

をとる。

結果として、やはり女性の間でのみ、優先接種によりメンタルヘルスが改善しており、男性ではそのような変化は見られなかった。ファジーな回帰不連続デザインを用いた詳細な解析の結果からは、ワクチン接種を受けることで、**女性の不安・うつ症状は0・683ポイント減少していて、メンタルヘルスが改善していたことがわかった**。一方で、地方政府への信頼と同様に、男性の効果量は0・100ポイントと小さく、さらにはポジティブな値（悪化のサイン）さえ示していた。

ここまでの男女別の結果は、次のように整理できる。パンデミックでメンタルヘルスが悪化したことが知られている女性では、優先接種の対象になったためにたまたま迅速にワクチン接種を受けられたことで、彼女たちの地方政府への信頼が上昇した。さらに、不安・うつ症状にある人たちが減った。一方で、このような変化は男性では見られなかった。

4 よい政策を立案し、迅速に実装していく好循環を

この章の分析結果は、ワクチン接種を受けたことによって、接種政策の立案を担った中央政府への信頼は変化せず、行政手続きを担った地方政府への信頼のみが上昇することを示していた。このことから、地方政府が迅速に接種体制を整えて、円滑な接種を実現したことを高く評価して、人々の信頼上昇が生じたのだろうと解釈できる。

この結果は、政府にとって、国民の支持を獲得するために効果的な政策の「社会実装」に尽力しようとするモチベーションになるかもしれない。新型コロナのパンデミック前から、危機下での政府への信頼の重要性は議論されており、政策のパフォーマンスの高さを国民に示すことが政府への信頼を上げる鍵になる可能性が指摘されてきた[10]。今回のパンデミックでも、国連やOECD（経済協力開発機構）の報告で、パンデミックの克服のためには政府が人々との間に信頼を築くことが重要性だとナラティブに指摘されていた。その一方で、円滑な政策の実装が、因果関係として、政府への信頼を上昇させるのかに関する科学エビデンスは乏しかった。その意味でも、この章の結果の持つ政策的な意義は大きい。同じような、適切な政策実装と政府への信頼に関するエビデンスを今後も蓄積していくことは、政府が国民の支持を得るためによりよい政策を行うという好循環を生むことにつながるかもしれない。

また、ワクチン接種によって中央政府の信頼でなく地方政府の信頼のみが上昇するという結果につい

て、中央政府はそれほど悲観する必要はないかもしれない。地方政府のパフォーマンスは中央政府の信頼と正で相関すると報告する研究もあるからだ。[11] 私たちがワクチン接種の効果をもっと長期的に追跡できていたなら、地方政府の信頼だけでなく、中央政府の信頼も上昇させるという影響も観察できていたかもしれない。中央政府の信頼上昇の効果が観察されなかったのは、私たちの研究デザインの限界から来ていた可能性もある。

5 信頼上昇やメンタルヘルス改善の経済的価値

この章の結果は、ワクチン接種が、発症予防や感染予防等の医学・疫学的な効果だけでなく、「政府への信頼上昇」や「メンタルヘルスの改善」といった副次的な効果も持つことを示すエビデンスになっている。これは、ワクチン接種が社会経済政策としても重要であることを意味している。政府への信頼と経済成長の間に正の相関関係があることは、平時から指摘されてきた。[12] 政府への信頼は危機的状況からの経済回復をも促すという研究もあるので、[13] ワクチン接種による信頼上昇は経済復興にも貢献するかもしれない。

米国の研究チームは、パンデミックに起因したメンタルヘルス関連の費用から、ワクチン接種の経済効果を試算している。[14] それによると、メンタルヘルス改善を通じた経済効果は３４６０億ドルにもなるそうだ（＝費用1・6兆ドル×接種率72％×メンタルヘルスの改善効果30％）。日本ではパンデミックに起因したメンタルヘルス関連費用は公表されていないので直接の比較はできないが、2008年の不安・うつ症による推定費用約5・5兆円[15]を使って試算してみることはできる。米国の研究チームの計算方法にならえば、経済効果は0・3兆円（＝費用5・5兆円×調査最終回接種率81％×メンタルヘルス改善効果80％×62〜68歳人口比率8・6％、人口比率は令和2年度国勢調査による）となる。

ただし、新型コロナ・パンデミックは二回目接種だけでは終息せず、それ以降も継続していったことは周知の事実である。一度は改善したメンタルヘルスも、再び悪化したかもしれない。その可能性をふまえると、経済効果が試算された規模で本当に発生していたとは考えにくい。将来に向けては、パンデミックが長期化し、接種が複数回必要になる可能性を見越して、ワクチン接種が社会や経済に及ぼす「ダイナミックな影響」を捉えられるような分析枠組みが必要になる。

6　その他の副次的効果

ワクチン接種は、政府への信頼やメンタルヘルス以外にも、何らかの副次的な効果を持つのだろうか。米国の研究チームは、彼らがメンタルヘルスの改善効果を分析したときと同じ方法論を用いて、ワクチン接種を受けた後に、感染リスクの高い行動が活発化するかを検証している[16]。経済学では、ワクチン接種は「保険」のような機能を持つと考える。接種という保険に加入するためには費用がかかるが、接種で予防可能な病気にかかった場合に人々を保護してくれる。保険の分野では、保険加入によって事故や病気への注意を怠りがちになるという「事前のモラル・ハザード」と呼ばれる現象の可能性が指摘されてきた。彼らは新型コロナ・ワクチン接種の文脈でこの可能性を検証したが、米国のデータではワクチン接種でリスク行動が誘発されるという結果は見られなかった。実は、私たちの日本のデータでも確認してみたが、一回目・二回目接種が外出行動を活発化させるという傾向は同様に見られなかった。

東京大学の中林真幸さんらの研究チームは、独自に行ったインターネット調査のデータを使って、一回目接種後に「コロナ腕（COVID arm）」と呼ばれる腕が腫れる副反応を経験することが、二回目接種の有無、ワクチンの安全性に関する認識、厚生労働省の認可手続きに関する認識、ワクチン接種の一般的な重要性に関する認識、科学一般に対する信頼にどのような影響を与えたかを検証した。[17] 彼らの分析によると、コロナ腕の経験によって、二回目接種を受ける可能性とワクチンの安全性に関する認識が低下したという。一方で、ワクチン接種の重要性や科学に対する信頼への変化は見られなかったそうだ。これらの結果は、予期しない副反応を経験することで、特定の予防技術への認識やそれを受けたいという意向や行動は減退するものの、医療や科学への信頼がすぐに失われるわけではないことを意味していて、接種政策の関係者にとって安心材料になりうる。一方で、複数回の接種でこのような副反応を複数回経験したことがどのような影響を持ったのかは不明なままなので、やはり、ワクチン接種のダイナミックな影響を捉えるための分析枠組みが将来に向けては必要だろう。

コラム⑦　長期化するパンデミックにおける因果推論

この章で用いた「回帰不連続デザイン」は、自然実験と呼ばれる手法の一つである。ランダム化比較試験のように統制された実験ができない場合に、「あたかも実験が行われたかのような状況」をうまくみつけて、因果推論、つまり、重要な政策が原因となって、どのような結果を生んでいるのかを明らかにしていく。

回帰不連続デザインは、手続き上の都合などで設定された基準値付近で、基準値以上を介入群、基準値未満を統制群に設定して、介入の因果効果を推定する分析方法である。経済学者のヨシュア・アングリストらの有名な研究では、この回帰不連続デザインを使って、米国のエリート高校に入学することが生徒の学力に与える影響を評価していた。合格最低点をぎりぎり満たして合格した生徒と、わずかに満たさず不合格となった生徒は、受験時点の学力はほとんど同じだと考えられるが、前者のみエリート高校の教育を受けることができることになった、という違いが生じる。そのため、合格最低点という基準値付近で比べれば、エリート高校の教育という介入の効果を評価することができる。ちなみに、アングリストらの分析によると学力の上昇効果は見られなかったという。[18]

ところで、このような「あたかも実験が行われたような状況」はそう簡単にみつかるものではない。この章で着目した優先接種の基準は、直後の一回目・二回目接種の効果を捉えるためには有効に機能したが、その後のブースター接種でも同じような精度で機能したとは考えにくい。したがって、本文でも述べたが、「複数回の接種が必要になるワクチンが、ダイナミックに政府への信頼やメンタルヘルスにどのような因果効果を持つのか」は明らかでない。一回目・二回目接種では両方とも改善したが、ブースター接種では真逆の効果が観察されたかもしれない。

ある時点・ある地域で巧妙に捉えられた因果効果のエビデンスは、一見すると切れ味が鋭く思えるが、長期にわたって目まぐるしく状況が変化するパンデミックにおいて、どれほどの意味を持ちうるだろうか。それに答えるためには、たとえば、その後の別の調査で、ブースター接種と政府への信頼やメンタルヘルスの間に、因果関係でなく何らかの相関関係がみつかったときに、それを含めて総合的に解釈するための方法論が必要になる。

付記

第6章の元になった論文：Nakayama, H., Sasaki, S., Saito, T., and Ohtake, F.（2024）“From Policy to Trust: A Regression Discontinuity Analysis,” CiDER Discussion Paper, No. 007.

注

1　Elgar, F. J., Stefaniak, A., and Wohl, M. J.（2020）“The Trouble with Trust: Time-series Analysis of Social Capital, Income Inequality, and COVID-19 Deaths in 84 Countries,” *Social Science & Medicine*, 263, 113365. Oksanen, A., Kaakinen, M., Latikka, R., Savolainen, I., Savela, N., and Koivula, A.（2020）“Regulation and Trust: 3-month Follow-up Study on COVID-19 Mortality in 25 European Countries,” *JMIR Public Health and Surveillance*, 6(2), e19218.

2　Ervasti, H., Kouvo, A., and Venetoklis, T.（2019）“Social and Institutional Trust in Times of Crisis: Greece, 2002–2011,” *Social Indicators Research*, 141(3): 1207–1231. Lee, K.（2009）“How the Hong Kong Government Lost the Public Trust in SARS: Insights for Government Communication in a Health Crisis,” *Public Relations Review*, 35(1): 74–76. Miller, A. and Listhaug, O.（1999）“Political Performance and Institutional Trust,” Norris, P. ed., *Critical Citizens: Global Support for*

Democratic Government, Oxford University Press.

3 Blair, R. A., Morse, B. S., and Tsai, L. L. (2017) “Public Health and Public Trust: Survey Evidence from the Ebola Virus Disease Epidemic in Liberia,” *Social Science & Medicine*, 172: 89–97.

4 Bol, D., Giani, M., Blais, A., and Loewen, P. J. (2021) “The Effect of COVID-19 Lockdowns on Political Support: Some Good News for Democracy?” *European Journal of Political Research*, 60(2): 497–505. Groeniger, J. O., Noordzij, K., van der Waal, J., and de Koster, W. (2021) “Dutch COVID-19 Lockdown Measures Increased Trust in Government and Trust in Science: A Difference-in-Differences Analysis,” *Social Science & Medicine*, 275, 113819.

5 Adams-Prassl, A., Boneva, T., Golin, M., and Rauh, C. (2022) “The Impact of the Coronavirus Lockdown on Mental Health: Evidence from the United States,” *Economic Policy*, 37(109): 139–155. Banks, J., Fancourt, D., and Xu, X. (2021) *Mental Health and the COVID-19 Pandemic*, Institute for Fiscal Studies.

6 Davies, B. et al. (2021) “Changes in Political Trust in Britain during the COVID-19 Pandemic in 2020: Integrated Public Opinion Evidence and Implications,” *Humanities and Social Sciences Communications*, 8(1): 1–9. Weinberg, J. (2022) “Trust, Governance, and the Covid-19 Pandemic: an Explainer using Longitudinal Data from the United Kingdom,” *Political Quarterly*, 93(2): 316–325.

7 Takahashi, M., Takaku, R., Ashida, T., and Ibuka, Y. (2022) “Vaccination under the Pandemic and Political Support,” medRxiv, 2022-02.

8 Agrawal, V., Cantor, J. H., Sood, N., and Whaley, C. M. (2021) “The Impact of the COVID-19 Vaccine Distribution on Mental Health Outcomes,” NBER Working Paper, 29593.

9 Bernardi, L. and Gotlib, I. H. (2023) “COVID-19 Stressors, Mental/Emotional Distress and Political Support,” *West European Politics*, 46(2): 425–436. Taylor, S. (2022) “The Psychology of Pandemics,” *Annual Review of Clinical Psychology*, 18: 581–609.

10 Beshi, T. D. and Kaur, R. (2020) “Public Trust in Local Government: Explaining the Role of Good Governance Practices,” *Public Organization Review*, 20(2): 337–350. Ervasti, H., Kouvo, A., and Venetoklis, T. (2019) “Social and Institutional Trust

in Times of Crisis: Greece, 2002–2011," *Social Indicators Research*, 141(3): 1207–1231.

11 Ligthart, J. E. and van Oudheusden, P. (2015) "In Government We Trust: The Role of Fiscal Decentralization," *European Journal of Political Economy*, 37: 116–128.

12 Knack, S. and Keefer, P. (1997) "Does Social Capital Have an Economic Payoff? A Cross-Country Investigation," *Quarterly Journal of Economics*, 112(4): 1251–1288.

13 Demirgüç-Kunt, A., Lokshin, M., and Torre, I. (2021) "Opening-up Trajectories and Economic Recovery: Lessons after the First Wave of the COVID-19 Pandemic," *CESifo Economic Studies*, 67(3): 332–369.

14 Agrawal, V., Cantor, J. H., Sood, N., and Whaley, C. M. (2021) "The Impact of the COVID-19 Vaccine Distribution on Mental Health Outcomes," NBER Working Paper, 29593.

15 学校法人慶應義塾（２０１１）「精神疾患の社会的コストの推計」事業実績報告書。Sado, M. et al. (2013) "Cost of Anxiety Disorders in Japan in 2008: A Prevalence-Based Approach," *BMC Psychiatry*, 13(338).

16 Agrawal, V., Sood, N., and Whaley, C. M. (2022) "The Ex-ante Moral Hazard Effects of COVID-19 Vaccines, NBER Working Paper, 30602.

17 Fukai, T., Kawata, K., and Nakabayashi, M. (2023) "Updated Beliefs and Shaken Confidence: Evidence from Vaccine Hesitancy Caused by Experiencing 'COVID arm," *BMC Infectious Diseases*, 23, 612.

18 Abdulkadiroğlu, A., Angrist, J., and Pathak, P. (2014) "The Elite Illusion: Achievement Effects at Boston and New York Exam Schools," *Econometrica*, 82(1): 137–196.

パンデミック下の研究開発と社会実装

佐々木・大竹・齋藤の「当時を振り返る」

ナッジの研究開発から社会実装へ

佐々木　第3章の研究では、新型コロナ・ワクチンの一般高齢者向け接種が始まる前だったので、接種意向をアウトカムにして、ナッジ・メッセージの効果を測定しました。しかし一般的には、意向よりも行動で評価することが望ましい。メッセージが意向を強化することがわかっても、実際の行動も促進するのかはわからないからです。学術雑誌に投稿したときにも、査読者から同じような指摘がありました。

行動でなく意向をアウトカムに使う研究の意義として私が考えたのが、ナッジ・メッセージを見て不快な気持ちになるかとか、強制されたような気持ちになるかといった、人々の感情への影響を補足的に評価できるというものでした。人々にはできるだけワクチンに対して自発的に向き合ってほしいという方針が政府にある中で、ネガティブな感情を想起させるようなメッセージは実際の接種勧奨で採用しづらい。その可能性を事前にチェックできる点が、意向を用いた調査研究のメリットではないかと思いました。

今回は追加的に提示するメッセージの内容や表現をどうすればいいか、という観点でナッジの研究を行ってきました。もちろんそれも大事なのですが、接種券の送付や接種体制の調整は地方自治体の市区町村が行うので、そこの勧奨施策により根差した研究がもっとできたんじゃないか、という反省もあるんです。たとえば、各自治体のワクチン接種のホームページに掲載する情報は大事なものだけに限ってできるだけシンプルにする方が、人々は接種をより検討しやすくなるというような、「減らす工夫」の有効性を示す調査研究も行うべきだったかなと思っています。接種が始まった後に、実際のワクチン接種の予約ページ等に膨大な説明文が細かい字で掲載されていたり、予約手続きがかなり複雑になっていたりした状況を目の当たりにしてから、そういう研究の必要性に改めて気づきました。

大竹　そうですね。ワクチン接種開始前に、政府の担当者から「ワクチン接種を引き上げるためにはどうしたらよいか」という相談を受けて、その段階で私たちの研究からわかっていたことをすべてお伝えして、それがある程度は政府からの情報提供に反映されたと思います。

一方で、先ほど佐々木さんも言われたように、市民への直接的な接種勧奨は自治体が行うし、接種予約も自治体の仕組みを通じてすることになるので、首相官邸や厚生労働省の発信の仕方についてのアドバイスよりも、むしろ各自治体のホームページ上での情報提供のあり方について私たちが例を示すことができていれば、当時の行政現場の混乱や市民の困惑をもう少し和らげることができたのではないかと感じています。

佐々木　私が2022年3月まで所属していた東北学院大学で、ゼミの学生たちと、東北六県にある227の自治体が新型コロナ・ワクチンについてどのような情報をどのように発信していたのかを調査しました。そのとき、いくつかの市町村には電話でインタビューをさせてもらったのですが、ある担当者が、当時は厚生労働省のホームページに新しく掲載される情報を自治体のページに反映するという作業を、とにかく機械的に、なるべく早く行っていたと話していたのが印象的でした。途中で人事異動があったりして、広報経験のない人が担当することになってしまい、何だかよくわからない中で情報を発信していたのが実態だったということでした。

情報発信のフォーマットやガイドラインを、政府が自治体に向けて提示できていれば、こういう状況も少しは違ってくるように思ったのですが。

齋藤　制度の観点から整理すると、「法定受託事務」として自治体が国の仕事を請け負って行っているパターンか、自治体が自ら実施しているパターンかで異なってきます。もし前者なら、国が情報発信の内容まで含めて、パッケージにして実施手順を示した方がよい、ということになります。

もしかしたら、意向調査等も含めて、政府が集権的に実施する方がよいのかもしれませんが、一般的にワクチン接種の業務は市町村レベルで実施することになっています。なので、普段の麻しんやインフルエンザのワクチン接種率を引き上げる取り組みを通じてノウハウを積み重ねて、有事の際はその延長線上として、平時の取り組みの経験を活かして対応できるようにしてほしい、ということになります。

佐々木　普段から自治体が接種勧奨のための情報発信に関するノウハウを蓄積しておいて、パンデミックの際にそれを活かせるようにすることが重要だということですね。

齋藤　それが理想だと思います。国から自治体にできることは、基本的に「技術的助言」に限られます。「こんな方法もあるので、よかったら使ってください」といったくらいのことしか、そもそも言えないという事情もあります。

佐々木　私はその中間辺りの可能性をもう少し探りたいです。厚生労働省のプロジェクトで開発された勧奨資材が、同省のホームページに掲載されて終わりになっていることが割と多い気がするんです。そうではなくて、国か都道府県などと連携しながら、基礎自治体の市区町村に工夫が施された資材を行き渡らせて、市民のところにもちゃんと届けられるような仕組みづくりが必要だと思います。

大竹　佐々木さんと取り組んできた風しんの追加的対策の勧奨事業では、その点を工夫しましたね。大阪府が協力してくれて、厚生労働省の事業で私たちが開発したナッジ・メッセージ付きのチラシや広報用の動画について、大阪府下の市町村だけでなく、企業にも説明する場をつくってくれました。厚生労働省や都道府県のホームページに掲載したり単にメールで通知したりするだけでは、ほとんど見てもらえません。その後、実際に大阪府下では勧奨資材を使ってくれる市町村が増えましたし、そもそも風しんの追加的対策に積極的になってくれる市町村も増えたので、こういう説明会はとても大事だったと思います。

ただ、同じことを新型コロナ・パンデミックという有事の状況下でできたかというと、やはり難しかったと思います。ですから、齋藤さんが言うように、自治体に働きかけて普段からノウハウを蓄積しておいてもらって、有事にも対応できる仕組みをつくっておかないといけないでしょうね。

佐々木　風しんの追加的対策の取り組みでできた大阪府や府下の市町村とのネットワークが、次のパンデミックまで維持できていれば、有事のときにもスムーズに情報発信について意見交換したり相談に乗ったりできます。次のパンデミックまで維持するためにも、風しんだけで終わらず、麻しんやインフルエンザ等の平時の予防接種の情報発信についても連携してやっていくことが大事ですね。

平時からアカデミアと自治体が連携して、行政現場・保健現場の人たちに、感染症についてナッジ等の行動経済学的な技能を使えるようになっておいてもらう。別に感染症に関する業務に限らなくてもいいかもしれない。そうしておくことで、有事が発生したときにも、市民向けの情報発信や勧奨を、混乱なく実施してもらえると思います。
関連して、先日ある会議で、感染症パンデミックへの備えと災害への備えは似ているという話が出たんです。何十年に一回くらいの頻度で発生するという点で、そもそもパンデミックと大地震は似ています。そのため、パンデミックや大地震への備えだけに特化した技術や設備に特別な予算を毎年配分し続けるのは難しい。「平時から役に立ち、有事にも役に立つ」ものをねらって、準備していくしかないと。

齋藤　そういう話が、まさに2023年9月の欧州疾病予防管理センターの会議でのディスカッション・テーマになっていました。そこでは、パンデミックのときにコミュニケーションを円滑に行うための知恵は、普段の予防活動から学ぶしかないので、「ワクチンで予防可能な疾患」と「薬剤耐性」をパンデミック対策のコンテクストの中で強化していこうという流れで議論されていて、今まさにこれらからパンデミックに向けて学んでいこうというのは、よいメッセージだと思いました。

状況が移り変わる中で、政策研究を行うには？

佐々木　新型コロナ・パンデミックのように、ワクチンの供給量が不安定だったり、ウイルスの株も変異したりと、状況が目まぐるしく変化していく中で、どのような科学エビデンスをつくればいいのか、しかも、タイムリーにつくって政策に反映させていくにはどうすればいいのか、という点について議論したいです。

私個人の感想ですが、特に接種がスタートしてからは、とても難しかった。調査や実験を行ってデータを分析している段階には、また次の新しい課題が出てきている。タイムリーさを維持できるように何とか努めたつもりですが、それでも、自分たちのワクチン接種に関する研究がどこまで意味のあるものだったかと振り返って、落ち込むことがあります。

大竹　まず、当時の複雑な状況を整理して振り返ることが大事だと思います。

デルタ株が流行っていた頃までは、政府はとにかくワクチンの接種率を高めようとしていて、実際に目標も達成できていました。一回目・二回目接種まではかなり高い接種率を実現したというのが、2021年の夏から秋頃にかけての状況です。その後、冬にかけて分科会ではワクチン効果が減弱していく可能性を押谷仁先生らが挙げられて、追加接種の必要性に関する議論が始まりました。

2021年末になると今度はオミクロン株への変異が発見され、日本にも入ってくるだろうと。そして、次第にオミクロン株に対するワクチンの効果がわかってきて、感染予防効果は極めて小さいという結果が報告されました。ただ、重症化予防効果はあるし、一時的には発症予防効果もあるということでした。

ここで分科会の論点となったのは、「高齢層のブースター接種を推進していくべきか」それとも「まだ一回目・二回目接種を受けていない中年・若年層の接種勧奨を推進し続けるべきか」ということでした。結果的には、高齢層へのブースター接種を中心に据える方針に変更されていくのですが、その変更に時間がかかりました。何よりも、基本的対処方針にオミクロン株に対するワクチン効果が確定事項として明記されるまでには7カ月もの時間がかかりました。

ウイルスの特性やワクチンの効果を確定して合意形成をするまでには時間がかかったため、それらの変化を勧奨のコミュニケーションにタイムリーに反映させて打ち出すということが、結局、最後までできなかったと思います。ワクチンには重症化予防効果しか見られなくなったという状況がおよそ明らかになった後でも、日本政府として、三回目接種以降は高齢者や重症化リスクが高い人だけが打ってくださいというところまで振り切ることはできませんでした。もちろん、短期的には発症予防効果があるので、それ以外の人たちにも有効性がないわけではないというのも、判断を難しくさせている点ではありますが。

佐々木さんが、実際に接種が始まってから、どういう政策研究を行うのがいいのかの判断が難しくなったと言われていましたが、その「やりにくさ」も、ウイルスの特性やワクチン効果が変化していく中で、正式な見解の確定に時間がかかったというところから来ているのではないでしょうか。基本的対処方針にどれくらい早く明記できるかどうかは別にしても、そうした情報がもう少し早く共有されていれば、高齢層のブースター接種を促すためのナッジ研究等は検討することができたかもしれません。重症化率の低いオミクロン株になっても、新型コロナが特別な感染症として特措法の対象のままで外来診療を中心に医療機関の逼迫を招いていたことも、問題を複雑にしたと思います。

佐々木　今のお話を整理すると、第5章で、私たちが自治体と協力して30代を対象にナッジのフィールド実験を行ったのは「デルタ株」の時期で、30代を含む若年層の一回目・二回目接種が重要だと考えられていた時期に相当するわけですね。もし、その状況が維持されていれば、分析から若干でも効果があるとわかったメッセージを、一回目・二回目接種をまだ受けていない若年層に送付するなどといった展開がありえたのかもしれません。ただ、実験データの分析を終えた頃にはオミクロン株が感染のメインに切り替わっていて、若年層の接種勧奨の位置づけが曖昧になっていたために、研究結果に基づくメッセージの実装という展開には踏み切れなかったということなのかなと思いました。

ここまでのお話、齋藤先生はどのように思われますか？

齋藤　オミクロン株発生以前までは、皆で共通の目標が設定しやすい時期だったと思います。その理由として、一つは、ワクチンが非常によく効いたこと。もう一つは、ワクチンの効果が見えやすい時期だったことが挙げられます。ワクチンの効果は、まだ免疫を持っていない人々が接種して、そこに感染流行を迎えたときに、最も如実に数字として現れてきます。

不顕性感染（感染をしても、症状を発症していない状態）やワクチン接種を何度も繰り返して、社会全体で免疫を持った人が増えてくると、効果測定のための検証デザインの対照群（ワクチン接種歴がない人）の方にも免疫を持った人が意図せず次第に含まれていくことになるので、ワクチンの感染予防効果や発症予防効果が小さく見えるようになってしまいます。

オミクロン株が入ってきた時期は、まさに、そういうことが起きている時期と重なっていた。ウイルスの変異ということだけでなく、タイミング的にワクチンの効果が見えにくい状況で、人々自身も効果を実感しにくくなっていたのだと思います。そのため、ワクチン接種の勧奨について、皆で共通の認識や目標を持つことが難しくなっていたのではないでしょうか。

効果の有無については、新型コロナ以前からもずっと意見に隔たりがあります。季節性インフルエンザのワクチンでもずっと議論されてきたことです。コップに半分水が入っているのを見て、「半分しか入っていない」と見るか「半分も入っている」と見るか、というような議論に似ています。接種で感染と発症のリスクは確実に下がるのですが、普通に生活している中で、接種したから感染しなかったのかは一人ひとりが個人としてはっきり実感できるわけではない。接種を受けているのに感染した人が周りに出てくれば、ワクチンの効果はさらに実感できなくなってしまいます。そうなると「あのワクチンは効かない」と言われてしまう。

公衆衛生の専門家としては、世の中全体を見ているとワクチンを接種すれば明らかに感染リスクは下がるので「効かない」とは言いたくないのですが、一般の人たちの個々人の感覚では「効かないようにしか見えない」という状況になっているということで、とても難しい。実際、初期ほどの高い感染と発症の予防効果が、オミクロン株では観察されなくなったというのは事実です。

一方、重症化予防効果に関してはオミクロン株にも以前と変わらないレベルの効果が確認されて、減弱もしないということがわかってきたので、そこは政策的に自信を持って推せる、皆の共通目標にできるだろうと。そのため、日本政府としても次第に重症化予防効果の方を重視する方針に変わっていったのではないかと思っています。

ただし、強調するポイントが感染予防効果から重症化予防効果にシフトしていく中で、どうしてもせめぎ合いが起きます。感染リスクが下がることは確かなのだから引き続きそれを強調すべきだという意見と、効果が実感できなくなっているのでそこを強調するのはいかがなものかという意見の「折り合い」をつけていくのに時間がかかったなと感じています。

佐々木　ありがとうございます。大変複雑な話でしたけれど、頭の中がすごく整理されました。

自然感染とワクチン接種を通じて社会全体が少しずつ免疫をつけてきたからこそ、接種による感染予防効果が実証的には見えにくくなっていた。一方で、その点が政策方針に反映されるのに反対の立場の人たちは、メカニズムとして感染予防効果を持ちうるのは確かなのだから、年齢や重症化リスクを問わず接種を推進すべきだという立場を維持されるというわけですね。そうお考えの専門家の先生方も多いけれども、それをどうやって市民に納得してもらいながら伝えていくかを調整する中で、時間をかけて、次第に重症化予防効果を強調する方向にシフトしていったということだと理解しました。

加えて、当時はオミクロン株がさらに大きく変異して、ワクチンの効果や感染のしやすさ、重症化リスク等もさらに変化してしまう可能性もあったわけで、まだまだ不確実な状況は続いていました。このことは、ワクチンの効果に関する記述が基本的対処方針に書き込まれるまでの間の政府や分科会等での意見形成に影響したりはしているのでしょうか。たとえば、一度ワクチン接種を促進する姿勢を緩和してしまうと、元の基準にはもう戻せないので、ある程度保守的なスタンスをとらざるをえないというか、社会全体で接種を続けていく方針を維持していかざるをえないという意見もありうると思うのですが。

齋藤　まさにその意見は当時も根強かったです。一度緩めたらもう戻せないという懸念から、政府から発信するメッセージを緩めてはならないという指摘が確かにありました。

ワクチン・検査パッケージと接種を受けるインセンティブをめぐって

佐々木　私たちは「ナッジ」というソフトな施策を中心に研究を行ってきました。一方で、社会全体で見ると、ワクチン接種に関連したさまざまな施策が実装されていました。中でも「ワクチン・検査パッケージ」が社会経済に与えた影響は大きかっただろうと思います。これは、特定の場所に行ったりイベントに参加したりするときに、ワクチン接種証明書や陰性の検査結果を提示することを求める制度や仕組みです。逆に言えば、これらを提示すればイベント等に参加できるということで、ワクチン接種を受けるインセンティブとしても機能していたんじゃないでしょうか。

そもそも、この制度は何を目的として、どういう経緯で導入されたんですか？
大竹　ワクチン接種の勧奨ではなく、行動制限の緩和のためです。緩和条件に、ワクチン接種を入れてはどうかということで議論がなされました。

当時、海外では「ワクチンパスポート」という形式で導入が進んでいました。これについて基本的対処方針分科会で検討するように西村康稔大臣から指示があったのが、２０２１年７月８日です。これは東京の緊急事態宣言の発令が決まったのと同じタイミングです。その先に開催される東京オリンピックも念頭にあったはずですが、大規模イベント開催条件の緩和にワクチン接種を含められないか、というのが議題に上がりました。

佐々木　社会経済活動の再開に寄与するということが目的で、その条件として位置づけられていたわけですね。たとえば、ＰＣＲ検査による陰性証明に基づいて行動制限を緩和する等はそれまでもあったんでしたっけ？

齋藤　入国制限の緩和条件として、ＰＣＲ検査による陰性証明がありましたよね。２０２０年の夏から秋の頃、入国制限に対してＰＣＲ検査を利用したビジネストラックを設けようといった議論がありました。

大竹　おっしゃるように、出入国では、ＰＣＲ検査による陰性証明が早い時期から活用されていました。国内の大規模イベントへの参加や飲食店利用の際に陰性証明を使うという施策は、イスラエルや中国等の一部の国では導入されていたものの、日本ではそれまで行われていませんでした。

国内の行動制限の緩和条件として最初に出てきたのが、ワクチン接種だったわけです。その一方で、緩和条件をワクチン接種だけに限定すると社会的な差別につながるかもしれないという指摘が、尾身先生の勉強会や分科会でなされました。健康上の理由、信条やその他の理由でワクチン接種を受けない・受けられない人がいるわけで、そうした人々が差別されることにつながらないかという点を、尾身先生が特に気にされていました。

当初は、海外と同じように「ワクチンパスポート」という名称を採用することも検討されていたのですが、尾身先生はパスポートという言葉を使うことにも反対されていました。パスポートは、外国人の入国・滞在を許可する条件として携帯・呈示が義務づけられているものです。パスポートを持っていないと、外国に行くという権利が制限されますし、外国に行く際に、パスポートを持つことは義務です。

しかし、日本では、新型コロナ・ワクチンの接種は努力義務であって、義務でないのです。もしコンサートや飲食店で「ワクチンパスポート」という名称のものの提示を義務化すると、ワクチン接種が努力義務であるという前提と矛盾しているように人々が感じるのではないか。「ワクチン接種＝パスポート」と解釈され、ワクチンを接種しないと私権制限を受けると理解されるのではないか、という点を尾身先生は懸念されていました。それで、パスポートという言葉を使うべきでない、と尾身先生は強く主張されていました。

結果として、ワクチン接種とＰＣＲ検査に基づく陰性証明の両方をパッケージとして進めるべきだという話になりました。

佐々木　なるほど、経緯がよくわかりました。当初は、行動制限の緩和目的で導入されたワクチン・検査パッケージですが、私の記憶だと、旅行や飲食店の割引の条件としても活用されていて、実質的には、接種勧奨のインセンティブ施策としても機能していた印象があります。

大竹　「ＧｏＴｏトラベル」等の公的な施策のみに限らず、民間業者がワクチン・検査パッケージの枠組みを使ったサービスを自由に工夫してよいのではないかという点を、分科会で私や小林慶一郎さんが提案しました。

佐々木　それで徐々に、ワクチン・検査パッケージが、接種のインセンティブとしての性格を持ち始めたんですね。

齋藤先生は、ワクチン・検査パッケージの導入に関する議論をどのように振り返っておられますか？

齋藤　ワクチン・検査パッケージの議論が出た背景として、全員一律の厳しい行動制限をかけるのではなくて、何らかの条件を満たした者については制限を緩和して社会経済活動ができるような方法を考えてほしいと、政府から再三の要請があったと聞きました。

しかし、『ワクチンを接種したら大丈夫』『検査の結果が陰性だったら大丈夫』というわけではない」という意見が専門家の間では根強くあった。基本的対処方針分科会でワクチン・検査パッケージの考え方が出された後も、ワクチン接種だけでは不十分なので、さまざまな対策を組み合わせて、引き続き感染対策を行っていくべきという意見がたびたび出されました。たとえば、2021年11月16日付で「ワクチン・検査パッケージ制度構築における留意点」という文書が提出されて、「ワクチン接種と検査をしていれば他の感染対策は何もしなくてよいと思われては困る」ということが繰り返し主張されました。つまり、ワクチン・検査パッケージを強調しすぎると人々の間に誤解を生んでしまい、結果的にまた大流行につながってしまうのではないかということを強く懸念する専門家もいて、どうしてもその点を念押ししておきたかったということだと思います。

佐々木　なるほど。一方で、パンデミックで一般の人々がなぜワクチン接種を受けようと思えるかというと、やはり、社会経済活動の再開につながることを期待できることも大きな理由だと思います。その点が過度に保守的に取り扱われると、そもそもなぜワクチン接種を受ける必要があるのかという疑問を持つ人たちも増えそうなので、強弱のバランスが難しいですね。

次のパンデミックでは、ワクチン接種のインセンティブとしても機能しうる施策として、今回のようなワクチン・検査パッケージやGoToトラベルを、どのような内容でどのように導入するのがよいと思われますか?

大竹　ワクチン・検査パッケージにしろGoToトラベルにしろ、制度をあらかじめ設計していれば、有事の際にはそれらをいつ始めるかを決めるだけになるので、より柔軟に対応できます。そこが重要だと思います。

先ほども述べたように、2021年7月8日の基本的対処方針分科会でワクチン・検査パッケージについて検討するように西村大臣から指示があったものの、7月末から8月にかけて感染が急激に拡大したので、「そんな状況下で緩和策を考え出すのは望ましくない」という雰囲気になってしまって、分科会で議論できなくなり、提言を出すのも遅れ、9月になってしまいました。

議論や提言が遅れたのが政府の判断なのかどうかは私にはわかりませんが、尾身先生の勉強会で、医療系の方々が、「感染拡大しているときに出口戦略を提示すると、感染対策が緩む」という理由で反対をされたことは覚えています。将来のことを考えて現在の行動を決めるのが人間だと考えている経済学者としては、「将来のことを提示することをすべきでない」という考え方はとても違和感がありました。

「ワクチン接種を受ければ近い将来行動制限が緩和されるということを知れば、多くの人はよりワクチン接種を受けようと考える」と予測するのが普通だと思います。そうではなくて、「ワクチン接種を受ければ近い将来行動制限が緩和されるという出口戦略が示されたときに、今からでも感染対策を緩めてしまうのが人間だ」という一部の医療系の人たちの考え方は、行動経済学者である私でも持ったことがなかったです。

感染が急拡大してしまったときに、感染が収まったときにどうするかという議論ができなくなったことが問題です。普段からそうした仕組みを考えておくということ、どんな状況でも必要な議題はきちんと出すことが大事です。

齋藤　ワクチン・検査パッケージ等のアイデアは、ワクチンの効果がどのくらいなのかということについて、流行の抑制効果まで含めてどこまで発揮できるかについては不透明な中で議論されるため、アイデアが出てから導入されるまでに綱引きのような議論があって、かなりの時間がかかってしまいます。

もう一つ、ワクチン接種に経済的なインセンティブを与えて、たとえば、経済的なメリットがあるから受ける・ないから受けないといった構図にすることに対する根強い抵抗感があります。そのせいで、インセンティブに関連する施策の議論自体がしにくい。

物理的なインセンティブを付与して新型コロナ・ワクチンの接種勧奨を行うことが、普段の他のワクチン接種にも、経済的なメリットがないと受けないというような形で影響してしまうのではないかという懸念があるのだと思います。

佐々木　２０２４年7月に新しく「新型インフルエンザ等対策政府行動計画」が発表されましたが[1]、それを読んでも、ワクチン接種のインセンティブ設計をどうするかという話はまったくありませんね。

齋藤　これまでの対策推進会議で、ワクチン接種のインセンティブ設計に関する議論は一度もありませんでした。行動計画にぶら下がるガイドラインのところでそういう話が出てくる可能性はあるとは思うのですが。

佐々木　パンデミック下で、必要なインセンティブ施策が必要なタイミングで導入されるためにも、ワクチン接種の経済的インセンティブが本当に他のワクチン接種にネガティブな影響を持つのかについて、平時の間にエビデンスを作っておく必要がありますね。

大竹　他のワクチン接種への影響はまだわかりませんが、経済的なインセンティブが日本の人たちの新型コロナ・ワクチンの接種にどういう影響を与えそうかについては、いくつかわかったことがあります。私が行った複数のアンケート調査によると、接種を無料にするところまでは接種希望者が順調に増えるのですが、接種で追加の金銭的補助がもらえるまでになると、接種希望者が減る効果の方が大きくなりました。

接種を受けてもらうために金銭的補助まで設定されているようなワクチンは危険ではないかという意識が芽生えたり、重症化リスクの高い人を助けるために接種を受けるという利他的な動機を持っていた人たちが、金銭的補助目当てで接種していると周囲から思われることを嫌ったりすることがあるのだと思います。

なので、こうした経済的なインセンティブを導入するときには、それがないと接種を受けないという人たちだけに届くような工夫が必要になります。たとえば、最初からは導入せず、先に利他的動機を持つ人たち等に接種を受けてもらって、後から導入して、接種率を高めるというようなイメージです。もちろん、公平性に配慮するために、先に接種を受けた人たちも後からインセンティブを受け取れるような仕組みにしておく必要があります。

いずれにせよ、インセンティブ施策についてはかなり複雑になります。その意味で、ナッジのように情報提供の方法を工夫する施策が、日本ではやはり重要だと思います。

注

1 内閣感染症危機管理統括庁ホームページ「新型インフルエンザ等対策政府行動計画」(https://www.caicm.go.jp/action/plan/index.html)。

大竹文雄の目

ワクチン効果の変化と行動制限の必要性をめぐる政策議論

ここでは、公開されている有識者会議の議事録に基づいて、「一回目・二回目接種が進んだ後（2021年11月〜23年3月）」の議論の流れや内容を紹介していこう。この時期の議論の要旨は、次の通りである。

- 追加接種（ブースター接種）の必要性が提案される中で、**オミクロン株が発見**され、ウイルスが減弱化し重症化リスクが下がる、ワクチンの感染予防効果・発症予防効果が小さく、短期的になる、という大きな変化があったこと
- 重症化リスクの低い層へのワクチン接種の必要性が低下する中で、それが国の方針に反映されるまでに時間を要したこと。同時に、感染拡大に際しては、特措法（新型インフルエンザ等対策特別措置法）に基づく従来基準での行動制限（まん延防止等重点措置）が続けられたこと
- この変化に対して、有識者会議では、オミクロン株の弱毒化を理由に**全世代的な行動制限を課すための条件を満たしていないという立場**と、オミクロン株の弱毒化については慎重で、かつ、ワクチンの効果の減少を理由に、**全世代的な行動制限のような対策を継続すべきという立場**の違いが如実になって

いったこと

◆そのような状況下で、5～11歳の子どもへの接種が、努力義務は適用しない形で開始されたこと

2021年11月16日：「追加接種」の議論が始まった

この日の新型コロナウイルス感染症対策分科会（以下、コロナ対策分科会）において、政府から、対象者全体の一回目接種率は78・2％、二回目接種率は74・5％であり、2021年11月中には希望する者への接種が完了する見込みである旨の説明があった。さらに、12月から追加接種が始まること、二回目接種完了からおおむね8カ月程経過した追加接種の対象者のうち、接種を希望するすべての人が追加接種を受けられるように体制を確保するという説明もあった。また、追加接種が始まる12月以降も、一回目・二回目接種を受けていない者に対する接種機会を引き続き確保する旨の説明も行われた。[1]

この政府の説明に対し、私・大竹は「11月中に希望する者への接種をおおむね完了する見込み」ということが強調されており、「今後も若年者を含め一回目・二回目未接種者に対する接種機会を確保」という部分については、「接種機会を確保するだけで一回目・二回目の積極的勧奨は行わない、という趣旨であるかのように読める」と指摘した。このように発言したのは、11月時点では新型コロナ・ワクチンには感染予防効果があると期待されていたので、若年者のワクチン接種率を高めるために勧奨施策を続けるべきだと考えていたためであった。

この日、押谷仁委員（東北大学大学院医学系研究科教授）はワクチンの効果が接種後に減衰する可能性を指摘した。そして、高齢者層で高いワクチン接種率を実現できたおかげで、２０２１年夏の感染拡大では高齢者層の重症者が少なかったものの、追加接種を受けなければ、ワクチン効果が減衰していくために次の感染拡大が生じた場合に高齢者層で重症者が増えるかもしれないという懸念を示した。さらに、「ワクチン接種をしていても免疫の減弱は顕著だというデータが世界各国から出ていて、そういうことを考えなければいけない」として、ワクチン接種が行き渡ったとしても感染拡大が生じる可能性を指摘していた。

２０２１年11月〜22年1月：オミクロン株が拡大し、ワクチンの効果が変化した

２０２１年11月24日に、南アフリカ共和国から世界保健機関（ＷＨＯ）に、新たな変異株である「オミクロン株」の感染例が報告された。それに伴い、11月30日から外国人の新規入国を停止するという水際対策が発動された。それでも、12月27日までに日本でも３１６の感染例が報告され、オミクロン株の感染拡大が始まった。

これを受け、２０２２年1月7日の基本的対処方針分科会（以下、対処方針分科会）では、感染拡大が生じていた広島県、山口県、沖縄県に1月9日から1月31日までの期間でまん延防止等重点措置の発令が審議された。また、この日の前日（1月6日）に開催された新型コロナウイルス感染症対策アドバイザリーボード（以下、アドバイザリーボード）で議論されたオミクロン株に関する以下の情報について、脇田

隆字委員（国立感染症研究所所長）から説明があった。

- オミクロン株は伝播性の高さが懸念されていること
- デルタ株と比較して重症化しにくい可能性が示唆されていること
- ワクチンの重症化予防効果は一定程度保たれてはいるが、発症予防効果は著しく低下していること

その後、感染予防効果もまた著しく低下することも明らかになっていった。この日は、政府から、高齢者等を対象とする三回目接種を前倒しして進める旨の説明もあった。

つまり、オミクロン株への変異をきっかけにして、ワクチン接種の意義がデルタ株以前とは大きく異なる可能性が明らかになってきたのである。接種で発症を抑えることはあまり期待できなくなったが、重症化リスク自体は低下した。つまり、オミクロン株への変異によって、新型コロナ・ワクチンの平均的な費用対効果は下がると予測された。

これを受けて、私は、感染力の高いオミクロン株については、重症化リスクが依然として高い人を中心に接種を進めることが効果を確実に見込めて重要な対策となってくるので、感染拡大地域における高齢者の接種をより促進するような提案・政策を進めるべきだ、と発言した。

押谷委員からは、重症化予防効果が中心となり、感染予防効果や発症予防効果までが小さくなるのであれば、ワクチン・検査パッケージの前提条件やその効果も変わってしまうので、パッケージの中身を見直すべきだ、という発言があった。

この日の基本的対処方針には、オミクロン株について、

「ワクチン接種や自然感染による免疫を逃避する性質が示唆されており、ワクチン二回接種による発症予防効果がデルタ株と比較してオミクロン株への感染では低い可能性がある一方、短期間の調査結果ではあるが、三回目接種（追加接種）により発症予防効果が高まる可能性が示唆されている」

と記載された。さらに、

「更なる知見の集積が必要であるものの、デルタ株と比較してオミクロン株では重症化しにくい可能性が示唆されているが、重症化リスクがある程度低下していたとしても、感染例が大幅に増加することで

図1　第6波における重症化率（東京都）の推移：速報値

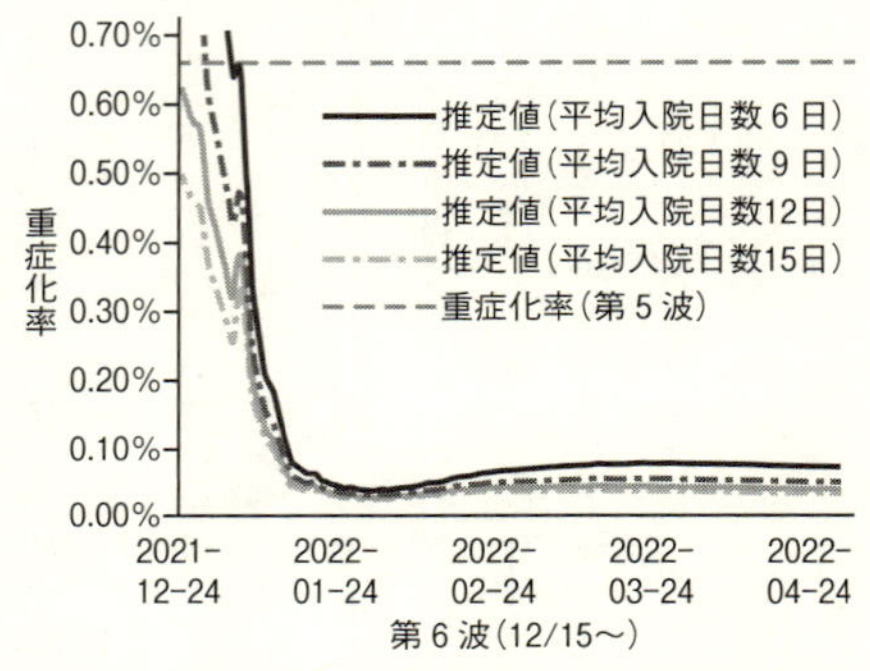

（出所）藤井大輔・仲田泰祐氏のチームのホームページ「コロナ感染と経済活動」の「第六波の重症化率・致死率：東京」（https://covid19outputjapan.github.io/JP/icudeathmonitoring.html）で公表されている推定値に基づく。

図2　第6波における致死率（東京都）の推移

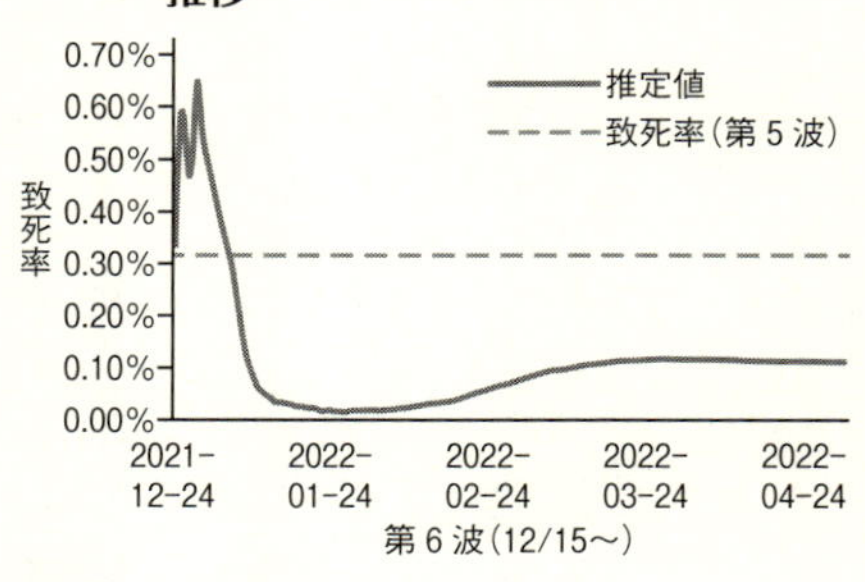

（出所）図1と同。

重症化リスクの低下分が相殺される可能性も考慮する必要がある」と重症化リスクの低下にも言及された。ただし、あくまで「可能性」として記載されており、確定事項として記載されるまでには7カ月程の時間を要した。それに応じて、接種方針や勧奨施策の内容にワクチンの効果や重症化リスクの変化が反映されるのにも時間を要することとなった。

2022年1～2月：「まん延防止等重点措置の発令・延長」に反対意見を表明した

2022年1月19日の対処方針分科会で東京都を含む13都県に対して、1月25日にはさらに18道府県に対して、まん延防止等重点措置を発令することについて議論した。私は1月25日の会議から5回連続で、まん延防止等重点措置の新規適用・期間延長に対して反対意見を表明した。特措法に基づく緊急事態宣言やまん延防止等重点措置の適用条件として、新型コロナウイルス感染症について「肺炎の発生頻度が季節性インフルエンザにかかった場合に比して相当程度高いと認められること」というものがあるのだが、オミクロン株がこの条件を満たしているかどうかに大きな疑念があったからだ。併せて、特措法には「国民生活及び国民経済に及ぼす影響が最小となるようにする」（第1条）という原理原則もあった。

2月10日の対処方針分科会でも、まん延防止等重点措置の期間延長について議論された。この中で小林慶一郎委員（慶應義塾大学経済学部教授）は、季節性インフルエンザと同じように、発熱外来などの一般的な医療体制でオミクロン株を対処できる一つの条件として、追加接種が希望者全員に行き渡ることを挙げている。そして、国民の5〜7割程度が追加接種を受けた状況になれば、感染の状況あるいは重症化率が大きく低下することが期待できるので、まん延防止等重点措置は解除できるだろうとの意見を示した。加えて、おそらく4〜5月には追加接種については接種目標を達成できるのではないかと述べている。これに対して押谷委員は、オミクロン株では追加接種を受けても免疫逃避が強いこと、追加接種の効果の減弱も早いことから、簡単には医療体制を普通の状態にはできないと発言している。

続いて、2月18日の対処方針分科会でもまん延防止等重点措置の期間延長について議論した。政府は、オミクロン株への対策として、追加接種には一定程度の発症予防効果と重症化予防効果があるとして、可能な限り接種を前倒しできるように努めている旨を説明した。

2022年2月25日：「オミクロン株下でのワクチン・検査パッケージ」をめぐって論争した

2022年2月25日の対策分科会では、オミクロン株の特徴をふまえた感染防止策について検討する中で、ワクチンの効果およびワクチン・検査パッケージにも議論が及んだ。

私は、オミクロン株の感染力が非常に強いこと、ワクチンの発症予防効果が小さいことから、ワクチンを接種しても感染拡大を抑えるのはかなり難しいのではないか、と指摘した。そして、そのうえで次のような意見を述べた。

◆追加接種によって感染予防効果が認められているという研究も出てきているようだが、それでも、オミクロン株以前の株に比べると感染予防効果が小さい可能性があることを前提に対策を考えるべきである

◆ワクチン接種に頼れない一方で、そもそもオミクロン株が、行動制限を行ってまで感染拡大を抑えなければならないほど重症化リスクが高いかどうかを、改めて検討すべきである

◆すでにワクチン接種も進み、治療薬も出てきている。特に高リスクの人たちへのワクチン接種の勧奨と、そうした人たちに対する行動規制を対策の中心とすべきではないか

これに対して、押谷委員からは、次のような発言があった。

◆追加接種により一時的に感染予防効果が上がることが示されているが、そうは言ってもオミクロン株に対してはそこまでは上がらない。しかも、急速に減衰していく。15週間以上経つと、ファイザー製ワクチンの追加接種では感染予防効果が40％くらいまで下がっていく。今後、四回目・五回目接種を進めるのかということも含めて、ワクチンに何が期待できるかについてはきちんと議論しなければいけない

◆おそらく今後期待できるのは重症化予防効果であり、感染予防効果への期待はかなり限定的である。そうなると、ワクチン・検査パッケージの考え方がどこまで成立するのかは、長期的な観点から考えなければならない

これを受けて、私はまた次のように発言した。

- ワクチンの感染予防効果が、オミクロン株に対しては一時的にしか望むことができず、重症化予防効果が中心であるならば、ワクチン・検査パッケージに大きな感染拡大抑制効果を期待することはできない。また、重症化予防効果が中心だとすると、オミクロン株については、元々重症化リスクの小さい人にとっては、ワクチン接種はあまり関係がないということになるので、事業所にワクチン接種を積極的に進めてもらう必要はなく、感染防止安全計画の策定を求める程度にすることというのが適切になる
- 一方で、重症化リスクの高い人に対して、特にその中でもワクチン未接種の人に対しては、感染リスクの高い行動を控えるように呼びかけることが適切な対応になる。まん延防止等重点措置のように、飲食・イベントの制限をしたり、一般的な行動制限を実施したりするのではなく、重症化リスクが高い人、およびその周囲にいる人に感染対策を呼びかけて、ワクチン接種率を高めながら行うことが重要となる
- ワクチン接種が進んでも感染拡大が止まらないほどオミクロン株の感染力が高い一方、ワクチン接種によって重症化は防げるということを広く理解してもらうことが重要である。感染リスクの高い行動をとった人はその後、重症化リスクの高い人に会うことを数日間控える、検査をしてから会うということを呼びかけるというのが現実的である
- ブースター接種を受けられる環境を政府が十分に整備すれば、あとは重症化リスクの高い人の自己判断になってくるはずだ。オミクロン株については、政府が大多数の人の行動規制をする合理的根拠というのはほとんどないのではないか

このように、オミクロン株への変異による重症化リスクの低下と、ワクチンの感染予防・発症予防効果の低下をふまえたとき、私は、まん延防止等重点措置のような社会全体に行動制限を課す施策を適用する条件を満たしていない可能性が高いと考えていた。社会全体への行動制限は社会的損失も大きく、「国民生活及び国民経済に及ぼす影響が最小となるようにする」という特措法の原理原則からも外れる。活動自粛も接種勧奨も重症化リスクの高い人を中心にした施策に切り替える方が、社会経済への悪影響も最小限に留められるはずだ。押谷委員も、特にワクチンの感染予防・発症予防効果に大きな期待ができなくなっているという点では同じ認識だったと思うが、まん延防止等重点措置などの行動制限を実施すべきかどうかという点では意見が大きく異なっていた。

2022年3月4日：「まん延防止等重点措置の期間延長」をめぐってさらに論争した

2022年3月4日の対処方針分科会でも、私はまん延防止等重点措置の期間延長に反対した。その理由の一つは、期間延長の議論に、重症化予防効果がしっかりとある追加接種の進展が考慮されていないことであった。官邸の情報によれば、65歳以上の高齢者の三回目接種率は、すでに55・8％になっていた。報告遅れを加味しつつその後の接種進捗を考えれば、数日以内に約60％に達するのではないかと予想された。また、クラスターが発生して重症者が多く出ていた高齢者施設の接種率も、2月末までに74％まで到達しているという厚生労働省の調査もあった。これだけの接種率をふまえれば、今後の重症化リスクはその時点のデータで得られているものよりも大きく低下する可能性が高い。

この点をふまえて、私は以下のような意見を述べた。

- 「行動制限等による私権制限を続けなければならないほどの致死率や重症化リスクが、高リスクの人たちに対してワクチン接種が行き渡った後も続く」という政策判断の根拠はあるのか。私権制限を続けると判断されるとすれば、「ワクチン接種に重症化予防効果すらない」とみなされているとしか考えられない。もしそうだとすれば、ワクチン接種を推進する意味が失われるはずである
- 逆に、ワクチン接種による重症化予防効果はあると考えているにもかかわらず私権制限を続けるのであれば、それは「感染者数が減らない限りは私権制限を続ける」という方針を政府が持っていることを意味してしまい、社会経済への影響を最小限にするという特措法の原則と矛盾する
- ワクチン接種が進んで重症化リスクが下がった状態でも、無症状・軽症の感染者が増えることを抑えるために、元々重症化リスクの低い子どもや若者の学校の行事や生活に制限を加える、ということを社会の人々に納得してもらえるかどうかは疑問である

この私の意見に対して、押谷委員は次のように発言した。

- 2021年夏に一回目・二回目接種が進み、高齢者の感染者も重症者も大きく減ったが、三回目接種ではあのときほど劇的には減らないと考えられる
- 二回の接種で重症化予防効果はかなり得られていることもあり、三回目接種でそれが加速するということはあるが、そして、特に高齢者は三回目接種を絶対にすべきだと思うが、それほどには減らない

つまり、三回目接種の効果は限定的でありワクチンの効果には期待できないので、まん延防止重点化措置などの行動制限の延長に賛成だ、というのが押谷委員の立場であった。

このような「オミクロン株の重症化リスクが、行動制限をしなければならないほど高いか」という議論は、この後２０２３年１月27日に新型コロナウイルス感染症の５類への変更が決定されるまで続くことになった（そして、同年５月８日に５類への引き下げ適用が実施された）。

２０２２年５月23日：基本的対処方針にワクチンの効果の変化が明記された

２０２２年５月23日の対処方針分科会で、基本的対処方針の政府案に、「オミクロン株に対する新型コロナ・ワクチンの効果は重症化予防効果が中心で感染予防効果・発症予防効果は限定的であること」「追加接種でも極めて短期間しか上昇しないこと」が明記された。[2] オミクロン株が発見されたのは、２０２１年11月24日のことだ。政府の公式文書に、オミクロン株の変異によるワクチンの効果の変化が明記されるまでに、実に７カ月の時間がかかったことになる。

当初の政府案は、

「オミクロン株に対する新型コロナワクチンの感染予防効果、発症予防効果及び入院予防効果はデルタ株と比較して低いことが明らかとなっている。二回目接種後の感染予防効果及び発症予防効果は経時的に低下するが、三回目接種により一時的に回復することが確認されている。三回目接種後の入院予防効果については一定程度の経時的低下を認めるものの、発症予防効果と比較すると効果が保たれており、更に三回目接種により回復することが確認されている。さらに、四回目接種の重症化予防効果は60歳以上の者において6週間減衰しなかったという報告や、死亡予防効果が得られることを示唆する報告もある。一方、感染予防効果は極めて短期間しかみられなかったと報告されている」

であった。この四回目接種の効果の表現について、押谷委員から次の指摘があった。

◆この表現のもとになった研究論文の解釈としては、四回目接種は三回目接種に比べて重症化予防効果が高かったことと、観察期間内ではその効果は大きくは減衰しなかったということだと理解できる。いずれの解釈についても観察期間が短いので、長期的な効果の持続期間はまだわからないとすることが正しいはずだ

◆この点をふまえれば、政府案は「四回目接種の重症化予防効果は60歳以上の者において三回目接種に比べ高いこと、さらに少なくても6週間は減衰しなかったという報告がある。さらに死亡予防効果についても同様の傾向が見られることを示唆する報告もある」という表現に修正すべきではないか

◆また、政府案の「感染予防効果は極めて短期間しかみられなかったと報告されている」という表現については、四回目の追加接種後6週目あるいは8週目まで感染予防効果が見られているという研究もあるので修正が必要だ

その結果、次のように修正された。

「オミクロン株に対する新型コロナワクチンの感染予防効果、発症予防効果及び入院予防効果はデルタ株と比較して低いことが明らかとなっている。二回目接種後の感染予防効果及び発症予防効果は経時的に低下するが、三回目接種により一時的に回復することが確認されている。二回目接種後の入院予防効果については一定程度の経時的低下を認めるものの、発症予防効果と比較すると効果が保たれており、更に三回目接種により回復することが確認されている。さらに、三回目接種と比較した四回目接種の重症化予防効果は60歳以上の者において少なくとも6週間で大きく減衰しなかったという報告や、死亡予防効果が得られることを示唆する報告もある。一方、感染予防効果は短期間しかみられなかったと報告されている」

また、ワクチン接種の方針については、次のように記載された。

「新型コロナウイルス感染症の重症化や発症等を予防するため、引き続き、ワクチンの三回目接種を着実に進める。四回目接種については、重症化予防を目的として、三回目接種の完了から5か月以上経過した①60歳以上の者、②18歳以上60歳未満の者のうち、基礎疾患を有する者その他新型コロナウイルス感染症にかかった場合の重症化リスクが高いと医師が認める者を対象とする。なお、四回目接種の対象者の範囲については、引き続き様々な情報を収集しながら検討を行う」

このように、オミクロン株への変異によって、基礎疾患のない若年層や子どもなど、元々重症化リスクの低い人にとっての新型コロナ・ワクチン接種の価値は大きく変化した。しかし、政府の公的文書である基本的対処方針にその変化が明記されるまでにはかなりの時間を要した。

2022年2～3月：「子どものワクチン接種」について議論した

最後に、5～11歳の子どもへの接種がどのように始まったのかを整理しておこう。まさにオミクロン株への変異による重症化リスクの変化やワクチンの効果の変化について議論が行われている最中であり、一方で、政府の公的方針への反映には時間を要したので、結果的には少なくない人たちが違和感を覚えるようなタイミングで子どもの接種が始まることになったと思う。

子どもへの接種は2021年11月にファイザー社から薬事申請があり、厚生労働省の審議会で審議され、22年2月10日の厚生科学審議会予防接種・ワクチン分科会（以下、ワクチン分科会）で承認された[3]。このとき、鈴木基委員（感染症研究所感染症疫学センター長）が、

「新型コロナは、子供においては、確かにほかの世代よりも重症化するリスクは低く、オミクロン株に置き換わったことで、そのリスクはさらに低下しています。ただ、それでも一定数は重症になります。直近の流行の拡大は、教育を含めた社会的なインパクト、健康へのインパクトは、かつてない規模になっているということを理解しておく必要があります」

という指摘をしている。また、脇田隆字・ワクチン分科会長も、

「重症率はオミクロン株によって下がってきているのだけれども、感染者数が増えれば、掛け算をすれ

ば、当然重症者数も増えてきている。それから、学校等への影響もかなり出てきている」と説明している。

審議の結果、12歳以上と同様に、5~11歳に対しても新型コロナ・ワクチンを特例臨時接種に位置づけることが決定された。ただし、12歳以上に対しては接種に努力義務が適用されたが、5~11歳に対しては「接種勧奨はするけれど、努力義務は課さない」ということで決定された。

このようにして、2022年の2月末から5~11歳の接種が始まった。ちょうどこの頃は、オミクロン株の感染拡大で、それまでの変異株と異なり子どもの感染が広がっていて、小学校での学級閉鎖が相次いでいた。

ここまでは主に私は参加していない厚生科学審議会予防接種・ワクチン分科会の議事であるが、私の参加するコロナ対策分科会では、2022年3月11日に「オミクロン株の特徴を踏まえた現行の感染防止策」という説明資料が提示され[4]、その中に「重症化を予防し、医療への負荷を低減する対策の中で、追加接種を加速化すること」と「5~11歳までの子どもへのワクチン接種を進めること」が明記されていた。

これに対し、岡部信彦委員（川崎市健康安全研究所長）からは、

「5歳から11歳までの子供へのワクチン接種はオーケーになったけれども、これは必ずしも重症化の予防を目的とするわけではないと思う。接種の是非はまだ議論が続いているところだが、小児の重症化ということではないわけではないけれども、やはり極めて少ないので、そういう概念ではなくて、この場合は感染の広がりの予防が一つの目的に入っているだろうと思う」

という指摘がされた。

つまり、オミクロン株に変わって子どもの感染が増えているが、それまでと同じように、子どもの重症化リスクは高くない。その意味で、子どものワクチン接種を進めるなら、その目的は高齢者への接種とは異なり、重症化予防でなく感染予防になるはずである。ただし、オミクロン株に対する新型コロナ・ワクチンの感染予防効果は、デルタ株に比べて大きく低下し、短期的になっていることも知られていた。そもそも、オミクロン株の重症化リスクがそれまでの変異株に比べると低いことも、その時点で判明していた。

そうすると、元々新型コロナの重症化リスクの低かった小児に対して、オミクロン株への変異で重症化リスクがさらに下がった状況下で、重症化予防のために新型コロナ・ワクチンの接種を進めるという理由をつけることは難しい。短期的な感染予防効果を期待して、子どもから高齢者に感染が拡大する確率を少しでも下げるためという理由になる。しかし、その理由で子どもの接種を努力義務にすることは妥当でないので、接種勧奨のみになったのだと推測できる。

注

1 新型コロナウイルス感染症対策分科会、第11回資料、２０２１年11月16日（https://www.cas.go.jp/jp/seisaku/ful/taisakusuisin/bunkakai/dai11/gijisidai.pdf）。

2 新型インフルエンザ等対策推進会議基本的対処方針分科会、第27回資料、２０２２年5月23日（https://www.cas.go.jp/jp/seisaku/ful/taisakusuisin/taisyo/dai27/gijishidai.pdf）。

3 第30回厚生科学審議会予防接種・ワクチン分科会、議事録、２０２２年年2月10日（https://www.mhlw.go.jp/stf/newpage_24173.html）。

4 新型コロナウイルス感染症対策分科会、第14回資料、２０２２年3月11日（https://www.cas.go.jp/jp/seisaku/ful/taisak

usuisin/bunkakai/dai14/gijisidai.pdf)、および同議事概要（https://www.cas.go.jp/jp/seisaku/ful/taisakusuisin/bunkakai/dai14/gijigaiyou.pdf)。

第 **4** 部

ワクチン普及後の世界

～「未知」から「既知」へ～

2021年11月上旬

厚生労働省、非接種の労働者・求職者に
不利益が生じないよう、企業に指針

2021年11月26日

WHO、南アフリカでオミクロン株発見と発表
各国、相次ぎ渡航制限

2021年12月１日

三回目接種開始

2022年１月21日

東京都を含む16都府県に、
まん延防止等重点措置適用

2022年１月31日

大規模接種会場での三回目接種開始

2022年２月７日

岸田首相、「三回目接種も１日100万回を目標に」と表明

2022年２月26日

５～11歳への接種開始

2022年３上旬

高齢者三回目接種の進捗、想定よりも遅れ

2022年５月23日

基本的対処方針にワクチン効果の変化が明記

2022年５月25日

四回目接種開始、当面は60歳以上などが対象に

2023年５月８日

新型コロナウイルス感染症、感染症法上の分類が
２類から５類へ引き下げ

第7章

ブースター接種にナッジは必要か？

1　ブースター接種の意向と行動のギャップ

当初、ファイザー社やモデルナ社の新型コロナ・ワクチンは、二回接種が基本だとされていた。しかしその後、伝播性の強い変異株の流行等によってワクチンの効果が減弱することが懸念されるようになり、免疫を強化するためのブースター接種（追加接種）が行われることとなった。海外の先進国では2021年9月頃から、日本では同年12月頃から始まった。

このブースター接種への人々の態度や行動にはどのような特徴があったのだろうか？　私たちのアンケートは同じ回答者を追跡調査した後、高齢者向けのものは2021年8～9月、若年者向けのものは同年12月で一度終了していたが、日本でもブースター接種が開始されることを受けて、ブースター接種に対する人々の態度と行動が一定程度固まったと考えられる22年6～7月頃に、もう一度だけ、追跡調査を行うことにした。

私たちは二回目接種まで完了していた回答者（高齢層３０４２名、若年層１６３５名）に着目しながら分析した。この人たちには、二回目接種を終えた後に、あらかじめ「今後、ワクチンの追加の接種が必要になった場合を想像して、どうしたいかを改めて考えてください」と伝えて、彼らのブースター接種への意向を測定していた。

図7-1　ブースター接種における意向と行動の一致・不一致

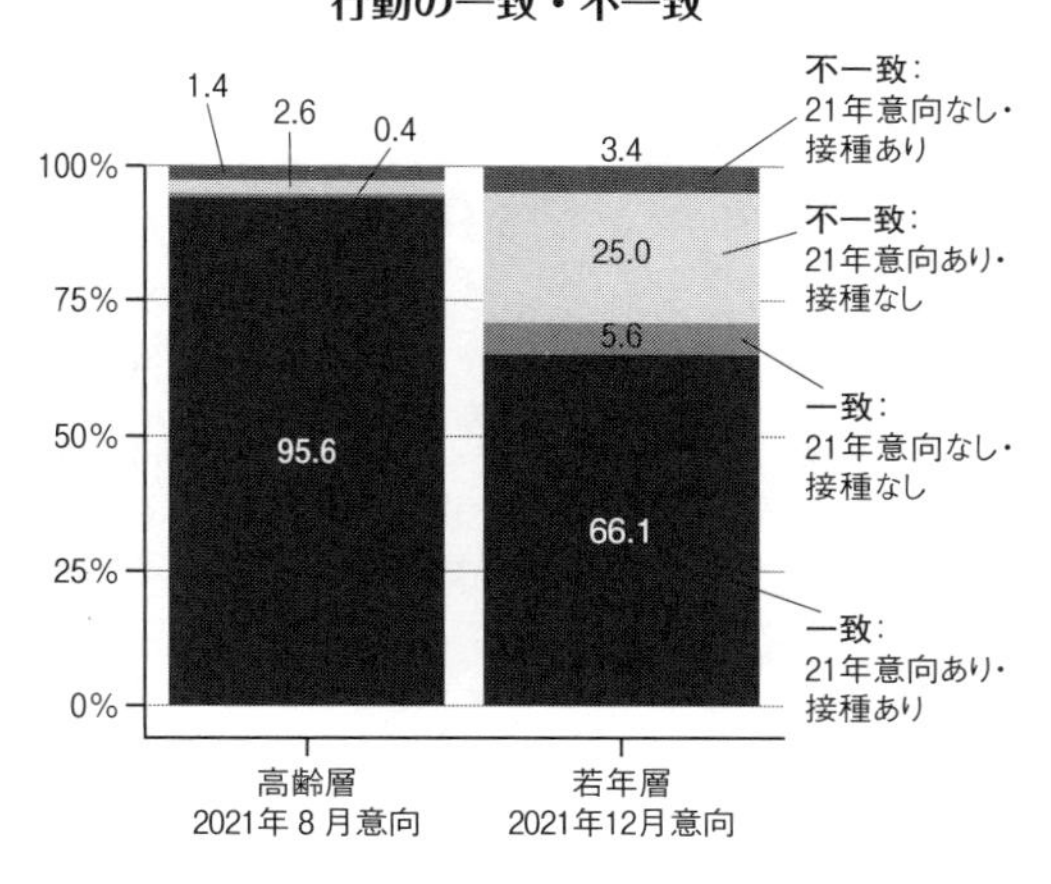

図７－１は、二回目接種終了時の意向と２０２２年６～７月の最終追跡調査の行動を使い、第４章の方法に則ってブースター接種における意向と行動のギャップを整理したものである。これを見ると、まず、二回目接種を完了した高齢者のほとんどすべて**（98・2％）**が、**ブースター接種を受ける意向を元から持っていた**ことがわかる。そして実際、そのうちのほとんどすべての人**（97・4％**＝１００×（95・6÷98・2））が、**当初の意向通りにブースター接種を受けていた**。つまり２０２１年８～９月までに二回目接種を受けていた高齢者では、その後のブースター接種について、意向と行動のギャップはほぼなくなっていたということである。一回目・二回目接種の体験からワクチンの役割や効果を理解していて、ブース

ター接種が実際必要になったときには、その認識のまま接種を受けたということかもしれない。

一方で、若年者の結果は対照的だ。二回目接種を完了した直後は、若年者もまた高齢者と同じように、大部分の人（91・1％）がブースター接種を受ける意向を示していたものの、高齢者とは異なり実際には接種を受けなかった若年者が結構な割合で存在した。具体的に言うと、若年者の**25・0％**（408名）が**ブースター接種を受けると回答していたのに、実際には接種を受けなかった**。ここにきて季節性インフルエンザ・ワクチン等で観察されてきた「典型的な意向と行動のギャップ」が顕著になり、一回目・二回目接種に見られた、意向のなかった人が実際には接種を受けるという「めずらしいギャップ」は少数派になっていた。

この408名の若年回答者に、何が起こっていたのだろうか？　私たちは、2021年12月の時点でブースター接種を受けると回答していたこの人たちが、最後の追跡調査を行った22年7月時点でも、**受ける意向を持ち続けているのか**、それとも**受けないという意向にすでに変わってしまっているのか**を確認してみることにした。データを精査したところ、ブースター接種を受ける意向を持ち続けている（でも実際には受けていない）人は**37・7％**（154名）で、受けないという意向に変わっている（だから実際受けていない）人が**62・3％**（254名）であった。前者の割合も小さくはないが、接種意向が変わった後者の方が多数派だったのだ。

2021年12月から翌年7月までの間に、20・30代のブースター接種の意向が受けないという方向に変化したのは不自然なことではない。若年層がブースター接種を受けられる頃には、ウイルスがオミクロン株に入れ替わっていた。新型コロナ・ワクチンは、アルファ株に対しては感染予防効果を発揮していたものの、デルタ株に対しては効果が小さくなり、オミクロン株に対してはさらに著しく小さくなっていることがわかっていた。ワクチンを接種してもオミクロン株の感染を防ぐ効果が弱いのであれば、元々重症化リスクが低いと言われていた若年層が接種を受ける必要性は小さくなる。そのように情報が更新されたことで、「受ける意向」から「受けない意向」に変化したのであれば、若年者にとってはむしろ合理的な意思決定と言えるだろう。

2 ブースター接種はナッジすべきか？

海外では、このブースター接種へのナッジ・メッセージの研究開発や効果検証のためのフィールド実験も行われていた。私たちも検討はしたものの結果的には実施をしなかったのだが、今では次の二つの理由からそれでよかったのではないかと考えている。一つは、ブースター接種がより必要になるのは重症化リスクの高い高齢者たちだが、少なくとも私たちの追跡調査ではこの年齢層のブースター接種への意向は強く、そして実際に接種を受けていた。したがって、ナッジを使った追加勧奨を検討する余地はあまりなかったように思う。

もう一つは、若年層では受ける意向のあった人たちが実際には受けていないという現象が多く観察されたが、そのうちの半数以上は、ワクチンの情報が更新されたことで受けないという意向にすでに変化していると考えられた。したがって、接種に消極的な人たちへのナッジに関する議論と同じように、検討した結果として受けないと決めた人たちにナッジで接種を受けるよう働きかける施策は正当化しにくい。ただし、受ける意向があるのに実際には受けていない人たちについては、たとえば、若年者でも特に基礎疾患がある等で重症化リスクが高い人に、ナッジで働きかけることは検討できたかもしれない。一方で、ブースター接種の段階になると、ここまで紹介してきた私たちのナッジ研究のように、政府や地方自治体から若年層全体に向けたマス・コミュニケーションの中でナッジの表現を工夫して呼びかけることを前提にする研究までが必要な状況ではなかったように思う。そうではなくて、たとえば、かかりつけ医が重症化リスクの高そうな若年者にブースター接種の検討を呼びかけるという個別コミュニケーションの方が効果的だったろうし、実際にそのようなやりとりは行われていたのではないだろうか。

もちろん、これは日本の状況であり、ブースター接種へのナッジ研究が行われていた海外の国々では、ブースター接種の進み具合は必ずしも順調ではなかったようだ。米国では、2022年6月時点でブースター接種を受けていたのは約30％だったと報告されている。[1] 世界的に権威のある学術雑誌『米国科学アカデミー紀要』に掲載されたチャンたちの論文によると、22年12月にフィールド実験では、「ブースター接種の時期が近づいています。遅れずに接種を受けてください（You are due for a COVID-19 booster shot. Don't delay...）」というリマインダー・メッセージを送ることで、それから2週間以内の接種率が0・86ポイント高まったという。[2] リマインダーは一般的に、行動する意向はあるが実行を先延ばししがちな人たちに効果があると言われているので、日本の調査データにも見られた、接種を受ける意向を持ち続けているがまだ受けていない人の接種を促進したのだろう。さらに、このリマインダー・メッセージの効果は重症化リスクの高い集団で大きかったとのことなので、米国ではブースター接種を促進するナッジの社会的な意義は小さくなかったのだと考えられる。

もう一つ、この研究で興味深かったのは、リマインダー・メッセージに「ブースター接種を受けたら25ドルもらえる」という金銭的報酬を追加しても、ブースター接種率がさらに高まることはなかったという結果である。この論文の著者たちは、ブースター接種の対象者はすでに一回目・二回目接種を完了済みで、接種に対して明らかな抵抗感・忌避感を持っているわけではないので、その点が金銭的報酬の追加効果がないことに影響しているのではないかと考察していた。

注

1 USA FACTS "US Coronavirus Vaccine Tracker" (https://usafacts.org/visualizations/covid-vaccine-tracker-states/).

2 Chang, T. Y., Jacobson, M., Shah, M., Kopetsky, M., Pramanik, R., and Shah, S. B. (2023) "Reminders, But Not Monetary Incentives, Increase COVID-19 Booster Uptake," *Proceedings of the National Academy of Sciences*, 120(31), e2302725120.

第8章 ワクチン接種者と非接種者の分断と共生

1 ワクチン接種を受ける人と受けない人

新型コロナ・ワクチンの接種は、パンデミックによる社会的な混乱を収束させて、社会経済活動を再開するために必要不可欠な施策であると考えられてきた。しかし、当然ではあるが、ワクチン接種に消極的だったり否定的だったりする人たちもいる。世界的に見ると日本の接種率は高く、２０２４年４月1日時点で全人口の一回目・二回目接種率は約80％である。65歳以上の高齢者に限ると93％ほどだが、それでも７％の人たちが一度も接種を受けていないことも事実だ。[1] ワクチンの効果が時間を通じて変化して、接種回数が積み重なってもなかなか感染症の分類が引き下げられない中で、一定割合の人たちがワクチン接種に対して消極的・否定的な態度を持ったことは、むしろ自然な反応だったのかもしれない。パンデミック中は、ワクチン接種の有無で日常生活に制限が課されたことから、フランス・ドイツ等の海外だけでなく日本でも、反ワクチン・デモが行われてきた。デモの様子がテレビのニュースやSNS等で広く共有されたため、接種を受けていない人たちの過激な行動が印象に残っている方も多いと思うが、接種者から非接種者への攻撃的な態度も懸念されており、分科会等の有識者会議で議論され、対策が必要だと指摘されてきた。厚生労働省は、ワクチン接種が強制ではなく努力義務であることをふまえて、接種を受けていないことを理由に、職場において解雇・退職勧奨・いじめ等の差別的な扱いをしないように呼び掛けていたが、実際には職場での差別的扱いは存在したようだ。ある職場で、過去に季節性インフルエンザ・ワクチンの接種で副反応が出た経験から今回の接種を受けなかった人が、他の従業員と接触することを制限されるとともに、他の従業員から離れた場所で業務をするよう指示されたことがニュースになっていた。さらに、従業員全員にそのような対応がなされることを回覧形式で職場に通知される等して、結果的にその人は依願退職したという。[2] この問題が発覚した後に第三者委員会が設置され、「人権保障において問題があった」との指摘がなされた。[3]

このように、ワクチン接種を受けたか・受けなかったかで、残念ながら人々の間に「分断」が生まれてしまっていた。しかし、それでも、私たちは物理的には同じ社会で生活することになる。接種を受けた人も接種を受けなかった人も、何とか同じ社会で共生していけるように努めなければならない。非接種者はワクチンによる免疫を獲得していないので、接種者は非接種者の意向を尊重しながら非接種者に感染を広げないように配慮することが重要だ。一方で、ワクチン接種を受ける意向のある人たちがスムーズに接種を受けられるための環境整備に政府が税金を投入することについては、接種者だけでなく非接種者にも賛成してもらう必要がある。

ワクチン接種政策をパンデミックの重要な出口戦略として位置づけて積極的に推進するなら、接種者と非接種者がお互いにどのくらい協力的で、または敵対的であるかを実態把握することは必須ではないか、と私は思った。

内集団をひいきし、外集団を差別する

私は、普段から共同研究をしている関西学院大学の黒川博文さんに声をかけて、日本の接種者・非接種者の「内集団ひいき」というものを測定するための実験を行うことにした。内集団ひいきは、国・宗教・支持政党等の集団のアイデンティティを共有している「内集団」に対する好意的な態度、またはアイデンティティを共有していない「外集団」に対する敵対的な態度を測る尺度で、行動経済学や心理学研究でよく使われているものだ。アイデンティティは、内集団の目標達成が外集団によって脅かされる状況や内集団かどうかで社会的制約が生じる状況で形成されやすいと言われており、今回の新型コロナ・ワクチンの接種有無もこれらのアイデンティティの形成条件を満たしているだろうと考えた。

内集団ひいきを測定する一つの方法として、自分と他者の間でお金を配分するゲームの結果を使うものがある。同じアイデンティティを共有する内集団がペアになった場合の配分額とアイデンティティを共有しない外集団がペアになった場合の配分額の「差」に着目して、内集団ペアへの配分額が外集団ペアへの配分額よりも高いときに内集団ひいきがあると判定する。

内集団ひいき ＝ 内集団ペアへの配分額 － 外集団ペアへの配分額

心理学者のタジフェルらが1971年に行った「最小条件集団実験」が有名である。[4] 彼らは実験参加者に二種類の絵（画家のクレーの絵とカンディンスキーの絵）を見せて、どちらの絵が好みかを回答させた。そして、参加者をランダムに二つのグループに分けて、片方を「クレーの絵が好きなグループ」、もう片方を「カンディンスキーの絵が好きなグループ」とラベルづけすることで、内集団・外集団を定義した。グループ分けはランダムに行われているので、参加者自身の絵の好みは実際には反映されていないものの、この好みの確認手続きが、参加者にグループ分けが何らかの意味を持つように感じさせる役割を果たしている。このように、「ランダムなグループ分け」と「絵の好みという表現を用いたラベルづけ」という、取るに足らない基準（最小条件）でつくられた、この実験にのみ存在する内集団・外集団であったが、それでも自分とは違う絵を好むとされた外集団よりも同じ絵を好むとされた内集団により多くを配分するという結果、すなわち内集団ひいきが確認された。

その後、国や宗教、支持政党、人種等の社会的なアイデンティティに着目して分類した場合にも、内集団ひいきが観察されることを報告する研究が続々と登場し、経済学への応用も進んでいった。

コラム⑧　経済学とアイデンティティ

2000年にアカロフとクラントンが「経済学とアイデンティティ」という画期的な論文を発表してから、[5] アイデンティティに関する経済学研究が増加していった。伝統的経済学は、人々の経済行動を合理性やインセンティブで説明してきたが、彼らは自分自身や社会的なアイデンティティが行動に及ぼす影響も大きく、それに着目することの重要性を唱えた。その後、労働市場や医療市場において、アイデンティティや内集団ひいきの社会経済的影響が研究されるようになった。

新型コロナのパンデミックについては、人種のアイデンティティに基づく差別がより顕著になることを発見した論文が、経済学の有力学術雑誌に掲載されている。[6] チェコで行われたその研究では、2186人が「他のペアとお金を配分するタスク」に参加し、外国人（EU圏内、米国、アジア、アフリカ）や同じ国内のペアへの配分金額を決定した。参加者は、パンデミック関連の質問に答えた後に配分タスクを行うグループと、質問の前にタスクを行うグループの二つにランダムに分けられた。結果として、事前にパンデミック関連の質問に答えることで、特にEU圏内、米国、アジアからの外国人に対してより少ないお金を割り当てる傾向が強くなることがわかったという。この結果は、公衆衛生上の危機が外国人への敵意を増幅させる可能性を示していて、政策担当者がこうした敵対感情を煽らないように注意する必要があると、この論文の著者たちは提言していた。

新型コロナ・ワクチンと内集団ひいき

私と黒川さんは、日本全国に住む人たちから、新型コロナ・ワクチンの接種者を約800名、非接種者を約800名集めて、これまで合計3回、できるだけ同じ人を追跡しながら、内集団ひいきを測定するための実験をインターネット上で行ってきた。一回目は2022年1～2月、二回目は22年12月、そして、三回目は23年6月である。初回の22年1～2月は、日本での一回目・二回目のワクチン接種プログラムがおよそ完了した時期、最後の23年6月は、新型コロナウイルスの感染症法上の位置づけが2類から5類に移行した直後の時期であった。つまり、私たちの実験データを分析することで、接種者と非接種者のお互いに対する態度が、パンデミックの真っ只中からその出口に向かって、どのように変化していくのかを把握することができるのである。

2022年1～2月に行った一回目実験の結果は、

◆ワクチン接種者からは内集団ひいきが観察されるが、非接種者からは観察されない

というものだった。ワクチン接種者は、配分ゲームのペアが接種者の場合と非接種者の場合で比べると、接種者のときに配分額が高くなる、つまり、内集団である接種者ペアをひいきする。一方で、ワクチン非接種者には、自分と同じ非接種者ペアをよりひいきするような傾向は見られなかった。

続いて、内集団ひいきの背後で何が起こっているのかに迫るため、**内集団への態度**と**外集団への態度**の二つに分解することにした（図8-1）。前者は、内集団ペアへの配分額と、接種者か非接種者かどうかわからない匿名ペアへの配分額を比べて捉えるものである。後者は、外集団ペアへの配分額と匿名ペアへの配分額を比べて捉えるものである。これらの指標を見ることで、内集団ひいきの背後で、内集団への好意的な態度と外集団への敵対的な態度がどのように

図8-1　内集団ひいきの背後にある「態度」

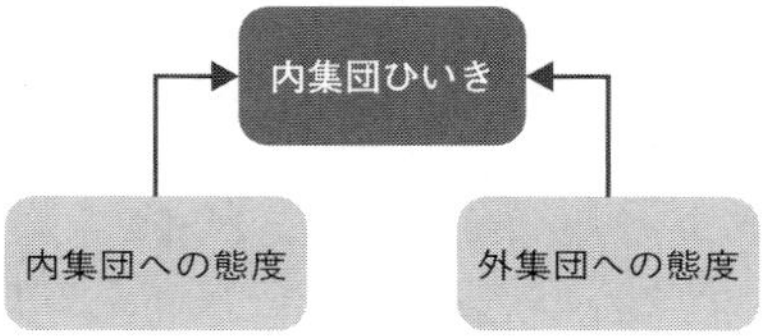

内集団ひいき
内集団への態度
外集団への態度

生じているのかを確認できると考えた。

内集団への態度 ＝ 内集団ペアへの配分額 － 匿名ペアへの配分額

外集団への態度 ＝ 外集団ペアへの配分額 － 匿名ペアへの配分額

確認してみたところ、次のことがわかった。

◆ 接種者の内集団ひいきは、主に、外集団である非接種者への**敵対的な態度**で形成されていた

つまり、接種者は非接種者ペアへの配分額をあえて低くしていたのである。さらに、次のこともわかった。

◆ 非接種者で内集団ひいきが観察されなかったのは、非接種者が接種者ペアと非接種者ペアの両方に**好意的な態度**を示していたから

非接種者は、内集団である非接種者がペアになった場合にも、外集団である接種者がペアになった場合にも、匿名ペアのときと比べて配分額を増やすので、両者への配分額を直接比較したときには差が観察されなかったのである。

このように、2022年1～2月の一回目実験では、接種者からは従来の仮説通りの内集団ひいきが観察され、非接種者からは従来とは異なるユニークな傾向が観察されることがわかった。

さらに、その後の二回目・三回目実験からは、次の事実が判明した。

◆接種者の内集団ひいきは中長期的に維持されること
◆一方で、非接種者が外集団である接種者に示す好意的な態度は段々と消えていくこと

三回目実験を行った2023年6月になると、非接種者も、外集団である接種者よりも内集団である非接種者をひいきするという、典型的な内集団ひいきを持つように変化していくことがわかった。

2 どのように実験を行うか？

私と黒川さんの実験デザインを理解してもらうために、2022年1〜2月に行った最初の実験に絞って詳細を紹介しよう。この頃は、日本の一回目・二回目接種計画の大部分が完了し、高齢者を中心に三回目接種が始まったばかりの時期であった。また、全国的にオミクロン株による感染が急拡大していた時期でもあり、多くの都道府県でまん延防止等重点措置が発出され、社会経済活動の制限が要請されていた。

まず、接種者グループと非接種者グループをつくるための予備調査を行った。インターネット調査会

社に登録している日本全国に居住する回答モニターの中から、７９３４人の参加候補者を集めた。この参加候補者は、年齢・性別・居住地の観点で住民基本台帳の比率に一致するように調整している。予備調査には、国籍、新型コロナウイルス・ワクチンの接種状況、将来の接種意向を把握するための質問を設定していた。そして、これらの質問の回答を使って、次の定義に沿って、接種者のグループと非接種者のグループをつくった。

- **接種者**：新型コロナウイルス・ワクチンの一回目・二回目接種を完了済みで、近いうちに追加ワクチンを接種する意向を持っている日本人
- **非接種者**：新型コロナウイルス・ワクチンの接種を一度も受けておらず、近いうちに接種する意向も持っていない日本人

予備調査の結果、接種者グループは５５９７人で、非接種者グループは１０８５人となった。

続いて、予備調査で集めた接種者グループと未接種者グループからそれぞれ約８００人ずつサンプリングし、その人たちの内集団ひいきを測定するための実験をオンラインで行った。実験では、「独裁者ゲーム」と呼ばれる有名な配分ゲームを行った。独裁者ゲームとは、二人一組のペアをつくり、一人を「配分者」、もう一人を「受益者」として、実験の運営者が配分者にいくらかのお金を渡して、配分者と受益者の間で好きなように分けてもらうゲームである。配分者は独裁的権限を持っていて、受益者は、配分者の決めた分け方に異議を唱えることができない。したがって、配分者が完全に利己的なら、全額を自分に配分するはずである。しかし、多くの実験ではそうはならないことが知られていた。平均３割

程度を受益者に配分する傾向にあり、その受益者への配分額が、配分者の思いやり等、何らかの他者配慮の態度を反映していると考えられてきた。

この実験では、すべての実験参加者に配分者の役割を担ってもらい、受益者のサンプルはまた別に集めた。配分者には最初の持ち金として100円分の金銭ポイントを渡して、実際に、配分者の決定通りに配分者と受益者の間でポイントが分けられる実験設計にした。この工夫を経済学では金銭的報酬で動機づけるといい、配分者の真の好みを抽出するために必要な条件だと考えられている。自分の選択が金銭的報酬と連動しない仮想的な条件だと、どれほど真剣に配分額を検討するかがわからないからだ。

さらに受益者を、①接種者に設定したとき、②非接種者に設定したとき、③接種状況のわからない匿名者に設定したときと大きく三つの条件をつくって、配分者にランダムに割り当てた。[7] つまり、接種者・約800名が配分者となるグループでは、

① 受益者が接種者（内集団ペア）
② 受益者が非接種者（外集団ペア）
③ 受益者が接種状況のわからない匿名ペア

の三つの条件ができる。一方で、非接種者・約800名が配分者となるグループでは、①と②が逆転して、

② 受益者が非接種者（内集団ペア）

図8－2　配分者と受益者の組み合わせ

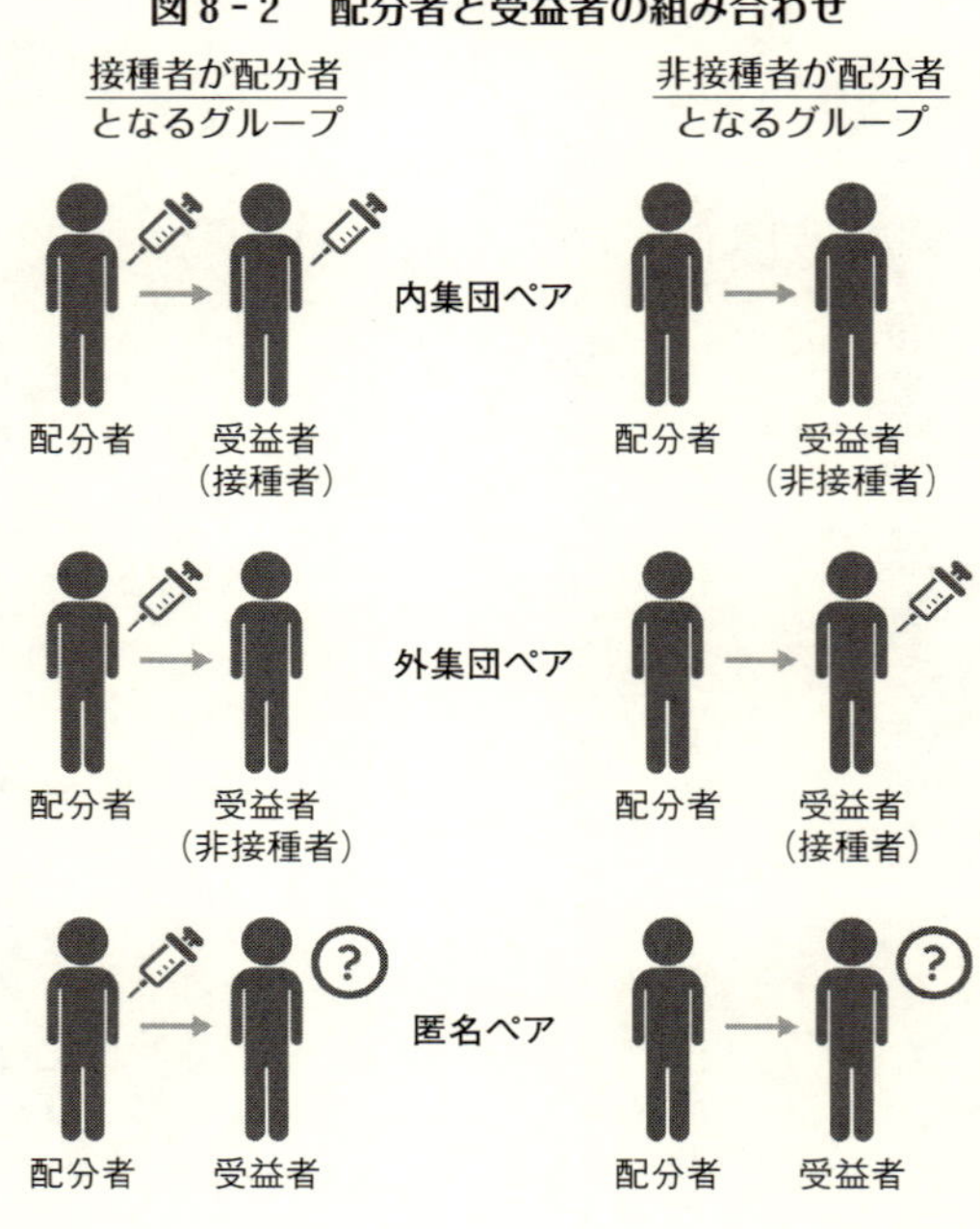

① 受益者が接種者（外集団ペア）

③ 受益者が接種状況のわからない匿名ペア

となる（図8－2）。

実際に使用した実験の説明文を、図8－3に掲載している。この中で「その人は、このアンケート調査には参加していません」という表現を使い、同じアンケート調査に受益者が配分者として参加していないことを説明しているのは、配分者が受益者からの直接のお返しを期待して配分額を決めることを防ぐためである。

また、ペアとなった受益者に配分するのは自分だけであることを説明しているのは、他の参加者の配分行動を想像して配分額を決めることを防ぐためである。

図8－2の三条件の配分額を比較し、その差に着目することで、接種者・非接種者それぞれの「内集団ひいき」「内集団への態度」「外集団への態度」を測定していく。

図8-3　実験の説明文：①受益者が接種者のとき

以下の特徴をもつ人に、あなたは、その100円の内いくらかを分け与えることができます。 ・その人は、同じ調査会社に登録している、他の日本人モニターです。 ・その人は、このアンケート調査には参加していません。 ・その人は、新型コロナウイルス・ワクチンの**1回目接種・2回目接種をすでに完了した人**で、これからも接種を受けていく予定だと回答しています。 どのような配分で100円を分けるかは、あなたが単独で決定できます。また、その人にお金を分け与えられるのはあなただけで、他にはいません。

（注）②受益者が非接種者の画面では、三つ目の説明が、「その人は、新型コロナウイルス・ワクチンの接種を一度も受けていない人で、これからも接種を受ける予定はないと回答しています」に変わる。③受益者の接種状況がわからない画面では、三つ目の説明自体がない。

２０２２年12月と23年6月に行った追跡実験では、基本的には初回調査の参加者を対象にして、同じような内容で実験を行い、各時点の態度を測定していった。ただし、やはり一定割合の参加者が途中で実験協力をやめてしまうので、その分だけ新規の参加者を募りながら毎回約８００名ずつの実験データを収集した。また、追跡実験の時期になるとブースター接種が進んでいたので、三回以上のワクチン接種を受けた日本人を接種済みの受益者として再定義した（非接種の受益者は一度も受けていない人で、同じ定義のままとした）。

3　三度の実験から見えてきた、内集団ひいきの傾向

パンデミックの最中、接種者は身内ひいきしていた

初回実験の結果から見ていこう。何よりもまず、接種者から非常に強い内集団ひいきが観察されることがわかった。図８-４の左側の黒のバーが、「内集団ひいき」の結果である。**8・21ポイントと正の値を**示している。これは、外集団の非接種者がペアになった場合に比べて、

図8-4　接種者・非接種者の内集団ひいき

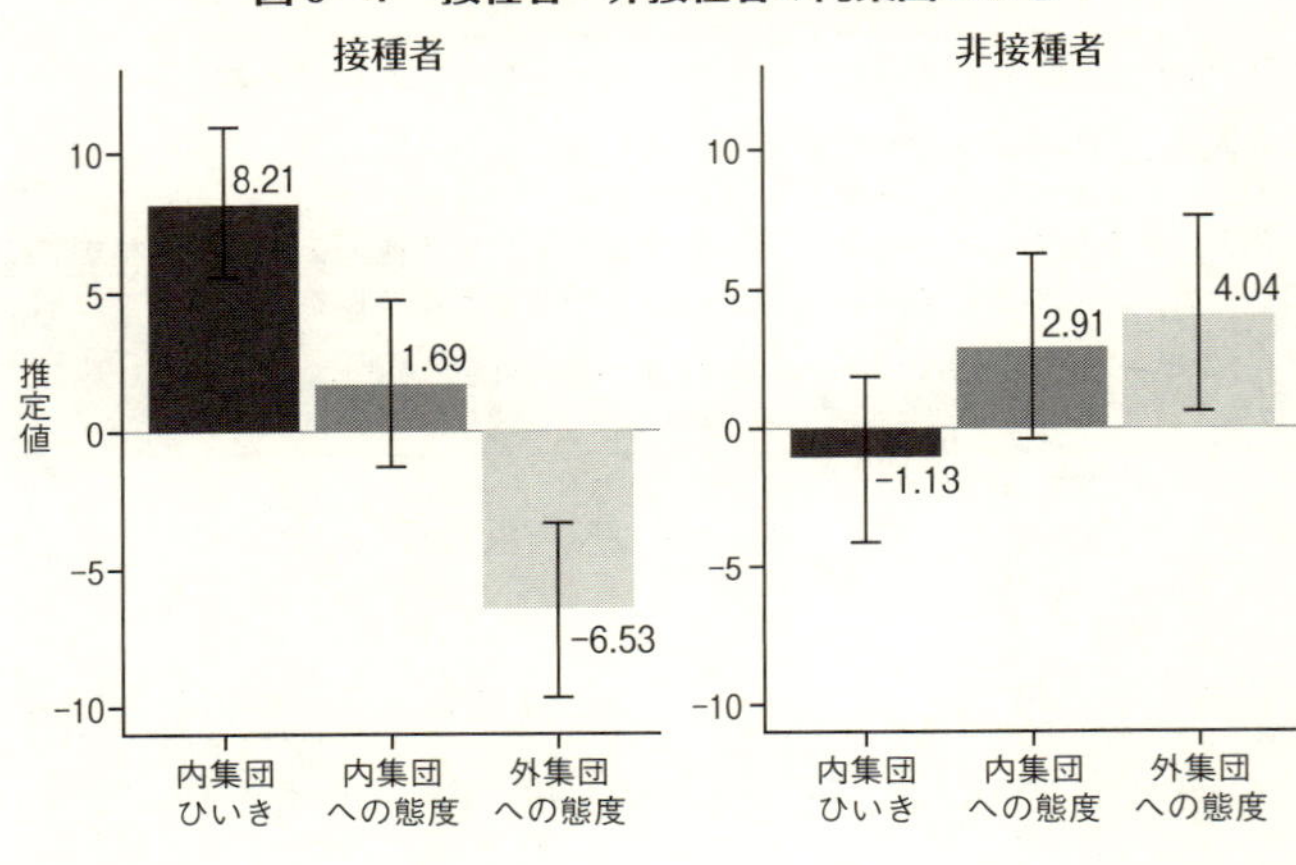

内集団の接種者がペアになった場合には、接種者の受益者への配分額が8・21ポイント高くなるということを意味している。

8・21という値がどのくらい大きいかがわかりにくいので、「コーエンの効果量」と呼ばれる、効果の大きさを標準化するための指標を計算したところ0・46になった。一般的に、0・2付近を小さい効果、0・5付近を中程度の効果、0・8付近を大きい効果と考えるので、接種者の内集団ひいきは中程度の大きさだと評価できる。さらに、これまでに行われた内集団ひいきに関する研究結果を総合的に分析した「メタ・アナリシス」での大きさは0・32、独裁者ゲームを用いた研究に限定すると0・19だったので、内集団ひいき研究の中では大きい値が観察されたと言える。

それでは、この接種者の強い内集団ひいきは何によって形成されているのだろうか。深掘りするために計算したのが、「内集団への態度」（中央の濃いグレーのバー）と「外集団への態度」（右端の薄いグレーのバー）である。内集団への好意的な態度を捉える前者は1・69ポイントと小さく、統計的に意味のある数値とはみなされなかった。一方で、**外集団への敵対的な態度を捉える後者はマイナス6・53ポイント**と負の方向で大きく、統計的にも意味のある数値と判定された。

外集団への態度の結果は、接種状況のわからない匿名者がペアになった場合に比べて、外集団である非接種者がペアになった場合には、接種者の受益者への配分額が6・53ポイント低くなるということを意味している。どういう人かわからない人と比べても、**非接種者ペアにはあえて配分額を下げていたので**ある。

接種者の初回実験の結果は、次のようにまとめることができる。外集団である非接種者がペアになった場合に比べて内集団の接種者がペアになった場合の方が、接種者の受益者への配分額は高くなる。そして、その傾向は、内集団を好んだ結果というよりも、外集団を嫌った結果として生じていた。

一方、非接種者には身内ひいきが見られなかった

それでは、非接種者はどういう傾向を持っていたのだろうか。分析してみると、接種者と**まったく異なる傾向**を示していたので、私と黒川さんは驚いた。結論から先に書くと、非接種者からは内集団ひいきは観察されなかった。なぜなら、非接種者は、内集団である非接種者のペアにも、**外集団である接種者のペアにも、匿名ペアに比べて多めに配分していた**からである。その結果として、非接種者ペアへの配分額と接種者ペアへの配分額には差がつかなかった。

前掲の図8－4を詳しく見てみよう。図の右側において、内集団ひいき（黒のバー）はマイナス1・13ポイントと小さく、統計的にも意味のある数値とはみなされない。一方で、内集団への態度（濃いグ

レーのバー）は2・91ポイントと想定通りに正の値を示していた。注目すべきは外集団への態度（薄いグレーのバー）で、**4・04ポイント**というように接種者の場合と違って**正の値**を示したことである。これは、接種状況のわからない匿名者がペアになった場合に比べて、外集団である接種者がペアになった場合には、非接種者が受益者への配分額を4・04ポイント増やすことを意味しており、一般的な予想とは真逆の結果であった。

非接種者が接種者を思いやるのはなぜか？

実験の結果、「接種者は外集団である非接種者ペアに対して敵対的に振る舞って配分額を下げるが、非接種者は外集団である接種者ペアに友好的に振る舞って配分額を上げる」という形で、両者がまるで正反対の行動をとることがわかった。過去の研究を調べてみると、外集団に対して友好的に振る舞う傾向は、人種的・宗教的マイノリティーや性的マイノリティーの間で観察されていた。日本社会では非接種者もまた少数派であったことから、その点で先行研究の特徴と共通している。

それにしても、なぜ、非接種者は外集団に対して友好的に振る舞ったのだろうか？　そのメカニズムに少しでも迫るため、非接種者の「ワクチン接種を受けなかった理由」に着目してみた。実験では、独裁者ゲームの後に、非接種者に「あなたがワクチン接種を受けない理由に最も近いものを一つだけ選んでください」と質問して、接種を受けない理由を教えてもらった。

非接種者のうち16・0％が一つ目の理由「できるならワクチン接種を受けたいが、健康上の理由等で受けられないから」を選択し、71・5％が二つ目の理由「そもそもワクチン接種を受けたくないから」

図8-5　非接種者の態度の深掘り：ワクチン接種を受けなかった理由別

理由1：できるならワクチン接種を受けたいが、健康上の理由などで受けられないから
理由2：そもそもワクチン接種を受けたくないから
理由3：その他

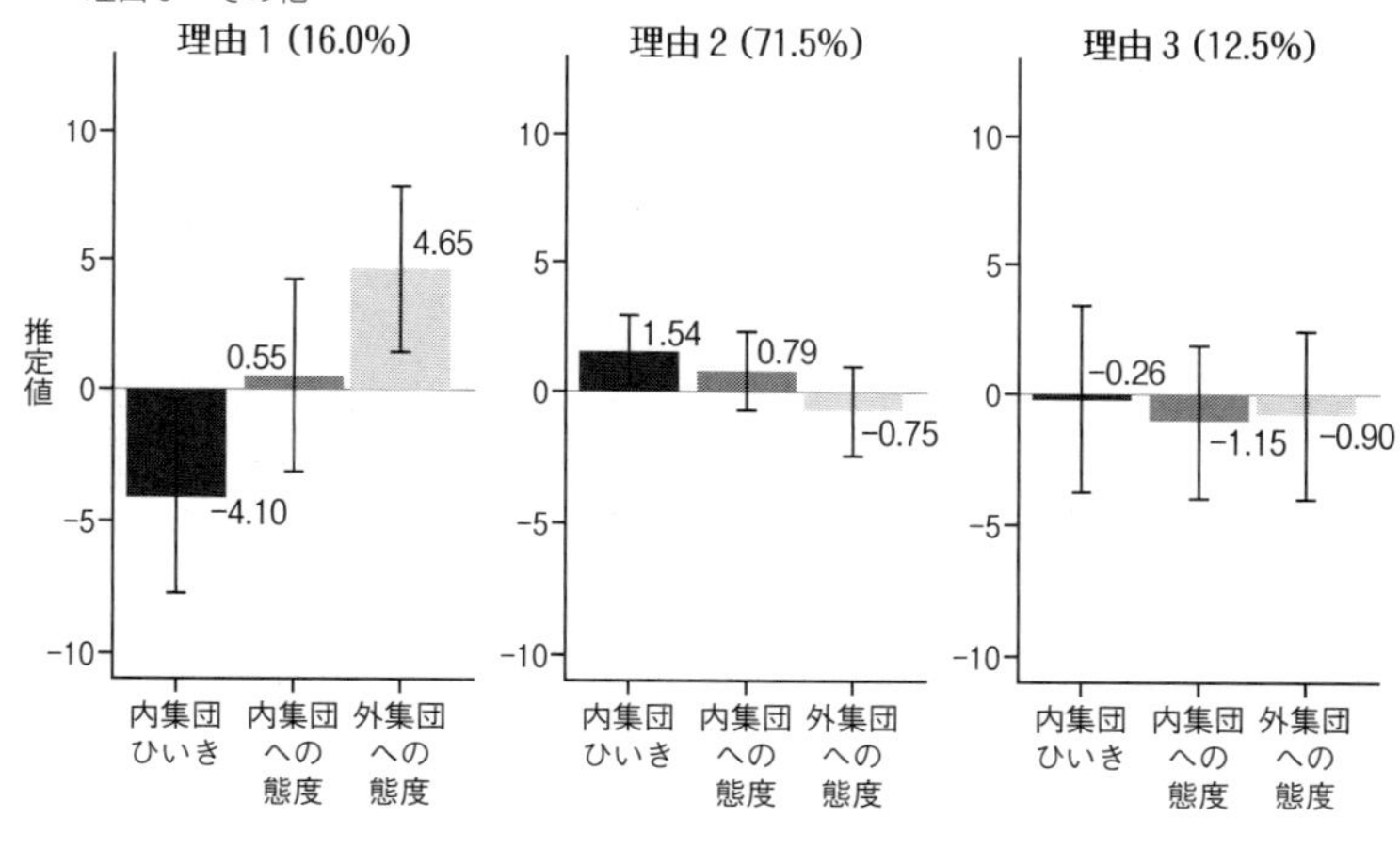

を選択し、残りの12・5%が三つ目の理由「その他」を選択した。多数派が選択したのは二つ目だったが、選択した理由別に分けて内集団ひいきを測定してみたところ、とても興味深い傾向が見えてきた。

図8-5からわかるように、外集団である接種者に対する配分額を増やす傾向が観察されたのは、一つ目の理由「できるならワクチン接種を受けたいが、健康上の理由などで受けられないから」を選択した非接種者であった。理由と照らし合わせると、この非接種者たちの態度は、自分の代わりに接種を受けた人に対する「好意」が表れていると解釈できるかもしれない。あるいは、本当は自分も接種を受けたかったわけだから、「自分にとっての真の内集団は接種者だという認識」が表れていると解釈できるかもしれない。

一方で、「そもそもワクチン接種を受けたくないから」や「その他」を選択した非接種者では、

内集団ひいき・内集団への態度・外集団への態度のいずれも0に近い、小さな値を示していた。「そもそも～」を選択した人たちの内集団ひいきは統計的に意味のある数値と判定されたが、1・54ポイントという水準は接種者の内集団ひいきの5分の1以下で、やはり小さかった。内集団への好意・外集団への敵意はさらに0に近く、統計的に意味のある数値とは言えなかった。つまり、少なくとも初回調査の時点では、非接種者の間で内集団・外集団は明確に形成されていなかったのである。

4 パンデミックの出口に向けてどのように変化したのか？

パンデミックの真っ只中であった2022年2月の実験で見られた接種者や非接種者の態度は、同年12月の一回目追跡実験や、翌23年6月の二回目追跡実験でも、同じように観察され続けたのだろうか？先に結論を言うと、接種者は「イエス」で、非接種者は「ノー」だ。

接種者の推移について見ていこう。接種者の内集団ひいきの推移は、

- 22年2月：プラス8・21ポイント
- 22年12月：プラス7・66ポイント
- 23年6月：プラス6・20ポイント

図8－6　内集団ひいきの変化

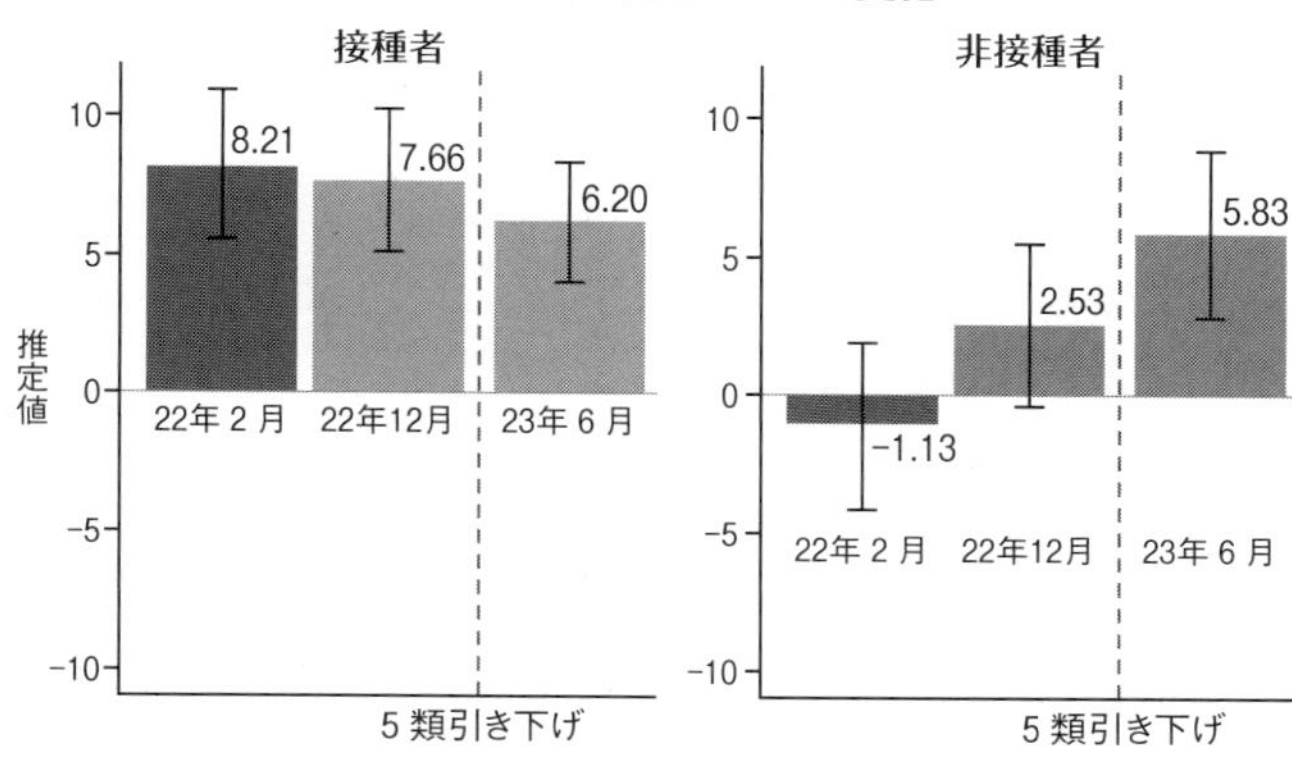

であった（図8－6、左側）。少しずつ小さくはなっているが、依然として大きいままだ。内集団ひいきが外集団への敵対的な態度から形成されているという背景メカニズムもそのままで、外集団への態度の推移は、

- 22年2月：マイナス6・53ポイント
- 22年12月：マイナス6・25ポイント
- 23年6月：マイナス4・98ポイント

だった。これらの変化は、三回すべての実験に参加した者に限定して分析したときにも、同じように観察された。

最後の追跡実験は、新型コロナウイルス感染症の感染症法上の位置づけが5類に移行した（23年5月8日）直後の23年6月に行った。社会が本格的にアフター・パンデミックの段階に入っても、非接種者に対して敵対的に振る舞うことからくる接種者の内集団ひいきはなくならずに、根強く残っていたのである。

一方で、非接種者集団の態度は時期によって大きく変化していった。何よりもまず、従来の仮説通りの内集団ひいきがだんだんと観察されるようになったことが驚きだった。その推移は、

◆22年2月：マイナス1・13ポイント
◆22年12月：プラス2・53ポイント
◆23年6月：プラス5・83ポイント

である（図8-6、右側）。5類移行後の23年6月時点になると、接種者とほとんど変わらない水準にまでなっている。

背景メカニズムに目を向けると、内集団への態度の値はあまり変わらなかったが、外集団への態度の推移が、

◆22年2月：プラス4・04ポイント
◆22年12月：マイナス0・38ポイント
◆23年6月：マイナス2・41ポイント

と劇的に変化していた。22年2月時点では外集団への態度の値は正で、外集団である接種者への配分額を増やすというめずらしい傾向を示していたが、22年12月になるとその傾向はなくなっていた。さらに、アフター・パンデミックに入った23年6月時点の値は負となり、外集団である接種者への配分額を減らすという仮説通りの傾向を示すようになっていた。

5 分断をなくすために、どのような政策が必要なのか？

なぜ、接種者の内集団ひいきは、パンデミックの出口に差し掛かっても小さくならないのだろうか？もしも接種者の非接種者に対する敵対的な態度が、パンデミックという危機に、ワクチン接種という社会的に必要とされた行動をとらない非接種者を罰しようという動機から来ていたのならば、その危機を脱した後には、もっと小さくなってもいいはずだ。一度形成された内集団ひいきは、すぐには小さくならないのだろうか。あるいは、ワクチン接種を受けてもパンデミックの出口がなかなか見えなかったことを受け、成果を感じづらい接種という努力義務からずっと逃れていた非接種者への妬みのような感情が、内集団ひいきとして表出しているのだろうか。

なぜ、非接種者の内集団ひいきは、パンデミックの出口に向かってだんだんと強くなっていったのだろうか？ 非接種者が同じ非接種者をひいきする内集団への好意は、当初から存在していたが、非接種者は自分とは異なる接種者にも当初は好意的に振る舞っていたので、両者への態度の差が見えなかった。一方で、時間が経つにつれて、非接種者から接種者への好意的な態度だけがだんだん小さくなって、従来の仮説通りの敵対的な態度に変容していった。その結果として、内集団ひいきが表に出てくるようになった。

では、当初は好意的だった接種者への態度がだんだんと敵対的になっていったのはなぜだろうか？

非接種者も、接種が進んでも出口がなかなか見えなかったことを受けて、ワクチンへの信頼をなくしていったのだろうか。実際、オミクロン株以降ではワクチンの感染予防効果は小さくなったうえ、新型コロナウイルス感染症そのものの重症化率も低下してきたので、高齢者や基礎疾患を有する人以外にとってのワクチンの必要性は小さくなっていた。あるいは、接種者の非接種者に対する敵対的な態度を受けて、「目には目を、歯には歯を」の考えから、同じように敵対的な態度をとるようになったのだろうか。

　私と黒川さんの研究は単純な実態把握で、その背景メカニズムを完全に解明するには至っていないし、具体的な解決策を提案できるわけでもない。しかし、その単純な実態把握の結果が、日本政府や私たち市民が、ワクチン接種者と非接種者の相互理解をどう図るか、という大きな問題を放置してきたことの証左となっていることも事実である。将来のパンデミックに備えようとする際に、この問題に取り組むことはもはや必須だろう。

　これまでも心理学等の分野で、差別や偏見を低減するための施策に関する研究は行われてきた。代表的なものとして、社会心理学者であるオルポートをきっかけに進展してきた「接触仮説」の研究がある。[8]これは、「差別や偏見は相手に対する知識の欠如が大きな原因であり、相手と接触する機会を増やして、真の情報に触れれば、差別や偏見は解消されるはずだ」という仮説である。ただし、オルポートは同時に、接触が有効に働くための必要条件として、①多数派と少数派が対等の立場で共通目標を追求できるような機会があることや、②両者の接触が制度的に認められていること等を挙げている。

　感染症のパンデミックでチャレンジングなのは、②の条件を満たすことが難しい点である。ワクチンによる免疫を獲得していない非接種者にまで感染を広げないために、接種者が非接種者と物理的に接触しないように努めることは非接種者への配慮にもなりうる。庇う意図はまったくないが、もしかすると、日本のいくつかの職場において非接種者への差別や偏見と判断された措置の背後には、非接種者への感染拡大を防ごうという接種者の意向も、部分的には含まれていたのかもしれない。

配慮すべき事項が無数にあり、対策が複雑になりがちなこの問題に関して、私は今後も行動経済学の知見をふまえながら、社会実装可能な対策を研究開発して、将来のパンデミックへの備えに貢献できるように努めたいと思うし、この宣誓を私のコミットメントとする。

付記

第8章の元になった論文：Sasaki, S. and Kurokawa, H.（2024）“Vaccination and Discrimination: Experimental Evidence During and After the COVID-19 Pandemic,” Osaka University CiDER Discussion Paper, No.001, May 2024.

注

1 厚生労働省「新型コロナワクチンの接種回数について（令和6年4月1日公表）」（https://www.mhlw.go.jp/stf/seisakunitsuite/bunya/kenkou_iryou/kenkou/kekkaku-kansenshou/yobou-sesshu/syukeihou_00002.html）。
2 「ワクチン未接種の職員を隔離『差別と感じた』 識者は『人権上問題』」朝日新聞デジタル、2023年6月1日付。
3 「コロナワクチン未接種の職員隔離　第三者委『人権保障に問題』」NHK NEWS WEB、2023年12月26日付。
4 Tajfel, H., Billig, M. G., Bundy, R. P., and Flament, C.（1971）“Social Categorization and Intergroup Behaviour,” *European Journal of Social Psychology*, 1(2): 149-178.
5 Akerlof, G. A. and Kranton, R. E.（2000）“Economics and Identity,” *Quarterly Journal of Economics*, 115（3）: 715-753.
6 Bartoš, V., Bauer, M., Cahlíková, J., and Chytilová, J.（2021）“Covid-19 Crisis and Hostility Against Foreigners,”

European Economic Review, 137, 103818.

7　実際には、もう少し複雑なランダム化を行っている。詳細は、次の原著論文を参照。Sasaki, S. and Kurokawa, H.（2024）"Vaccination and Discrimination: Experimental Evidence During and After the COVID-19 Pandemic," Osaka University CiDER Discussion Paper, No.001, May 2024.

8　Allport, G.（1954）*The Nature of Prejudice*, Addison-Wesley.

ナッジの意味とは

佐々木・大竹・齋藤の「当時を振り返る」

パンデミック下でのナッジの役割

佐々木　オミクロン株の出現で、接種勧奨の方針が、高齢層や基礎疾患のある人にいかに追加のブースター接種をしてもらうかという内容に切り替わっていったことを、当時の私は素早くフォローできていませんでした。ただ、仮にフォローできていたとしても、高齢層のブースター接種を促すためのナッジ・メッセージの研究開発をした方がよかったのかどうかは、いまだによくわかりません。その段階までくると、対象者の人たちは新型コロナ・ワクチンについて自分で情報を収集していて、さらに何度か接種も経験している状態です。自分の知識や経験に基づいて、接種する人はする・しない人はしないというように、すでに態度を固めている人が多かったのではないかと思います。

ナッジは、個人と社会の両方にとって「最適な方向」に人々の選択を促すことを目的とするものです。ナッジを使って人々に介入することが正当化される一つのケースは、最適な方向が社会全体で共有されているようなときです。たとえば、社会の価値観として、当事者を含む多くの人々が「この属性の人たちはワクチンを接種すべきだ」ということについて、その通りだと考えているというような状態です。

しかし、社会でその価値観が広く共有されているということは、すでに多数派の人たちはワクチン接種を受けようという気持ちになっているわけです。そういう状況だと、ナッジであえて追加的に後押しをされる必要がない人もたくさんいる。その人たちは、ナッジがなくても接種を受けるからです。そして結果的に、一回目・二回目接種の頃までは、その価値観が広く共有されていたのだと思います。

一方で、三回目・四回目のブースター接種の頃になってくると、社会全体で共有できる価値観や目標が次第に弱くなり、本来であれば接種した方がよいリスクの高い属性の人々の中にも、目標や価値観を共有しない人が増えてきます。その人たちに接種を受けてもらうには何らかの介入が必要になりますが、しかし、それは本人のその時点の意向に反して接種を勧めるようなことにもなるので、ナッジを使った介入の正当化が簡単ではなくなってきます。

ブースター接種のためのナッジの検討の余地が残っていたとすれば、次の二つのケースだと思います。一つは、ブースター接種を受けようとは思っているけれど、先延ばしをして、すぐには受けないような人たちが多数いるケース。この人たちにリマインダーとしてナッジ・メッセージを提供することで、接種の時期を早めることはできたかもしれません。

もう一つは、本当ならブースター接種を受けた方がよいのに、そのことを知らずに、受けなくていいと思い込んでいる人が多数いるケース。社会全体でワクチン接種の重要性や位置づけが次第にトーンダウンしていくと、たとえば、自分自身の重症化リスクは高くても、周りの重症化リスクの低い人と同じように、もう接種を受けなくていいだろうと誤解してしまうかもしれません。マス向けのメッセージと、特定の属性を持った人々に向けたメッセージをきちんと区別して理解するのは簡単ではありません。そうした誤解が発生しているかどうかを確認したうえで、誤解に対して気づきを効果的に提供できるようなナッジ・メッセージなら、研究開発すべきだったかもしれません。

ただ、日本の高齢層では少なくとも三回目の接種率は非常に高かったので、追加的なコミュニケーションの工夫を探る余地が、やはりあまりなかったように感じています。

大竹　それもあるし、高齢層のブースター接種が始まったばかりの頃は、一回目・二回目接種のときと同じように、ワクチンの供給量が限られていましたからね。

佐々木　そうですね。確かに、接種予約が非常にとりにくい状況でした。第5章のフィールド実験のように、ナッジ・メッセージを見た人がすぐに接種を受けると、他の人が接種の予約をとることができない、というような事態が起こってしまいそうです。

大竹　ただし、高齢層の三回目の接種率が結果的に高かったとはいえ、そのスピードを早めることは大事でした。つまり、初動ではすぐに予約をとろうとしないような高齢者たちに、十分なワクチンが共有された段階で、いかに接種を早くに受けてもらうかは重要だったということです。

当時の状況を整理すると、2022年1～3月頃のまん延防止等重点化措置では、オミクロン株でも重症化リスクが高い高齢者への対策が重要で、特に、高齢者施設での感染拡大が問題になっていました。高齢者の三回目接種率のスピードがもう少し早ければ、まん延防止等重点化措置という行動制限の期間をもっと短くできたと思います。

「オミクロン株にはワクチンがあまり効かないので行動制限を続けるべきだ」という意見と、「重症化予防効果はあるのだから高齢者への接種を早めれば行動制限を緩和できる」という意見が混在していました。

特措法（新型インフルエンザ等対策特別措置法）は重症化リスクの高い感染症のときのみ私権制限を可能にする法律だという理解を、多くの関係者がきちんと共有していたなら、こうした意見の混在も生じなかったと思います。特措法に基づく整理を素早くして、重症化リスクが高い人には三回目以降のブースター接種は重要という内容で、政府のメッセージを統一しておけたらよかった。そうしたことがはっきりわかってくるのに時間がかかったのも事実ですが。

齋藤　確かに、高齢者や基礎疾患のある人で、まだ接種していない人にどうやって受けてもらうかという課題は残っていたと思います。この時期から、「まったくワクチンを受けていない集団」が目立ち始めました。接種率が7～8割まで高まってくると、どうしてもそういう人たちが見られるようになってきます。すべての集団の中で7～8割の人たちが接種を受けているわけではなく、100％が接種済みの集団もあれば、まだ全然接種が進んでいない集団もあった。たとえば、まだ誰もブースター接種を受けていない高齢者施設などです。そういうエアポケットのようなものが生まれると、そこが感染拡大の要因になります。

佐々木　ですが、そのような集団の接種促進にナッジが効果的かというと、そうではない気がしますね。

大竹　それはそうでしょうね。高齢者施設での接種率を上げていくためには、接種環境の整備の方が大事でした。実際、高齢者施設での接種の診療報酬を上げて、医師が派遣されやすくなるようなインセンティブ設計が実装されました。

齋藤　少し話を戻すと、一回目・二回目接種は順調で、ナッジによる後押しを必要とする人が多くはなかったかもしれないという整理ですが、多くの人は頭では理解しているけれども心が追いついていない状況、つまり、ワクチンの効果は確かにありそうだけれど、実際に自分が接種を受けるかどうかを迷っているという状況はやはりあったと思います。

医療従事者の優先接種が始まった頃に、その後の接種の呼び水として「私も接種を受けました」と医師たちが発信する取り組みがありました。こういうメッセージは、あのような局面ではやはり必要で、実際に効果もあったのではないでしょうか。

大竹　私も同感です。私たちの調査でも、事前の段階で接種を受けようという意向を持っていた人は多かったですが、実際は「周囲が接種を受けるなら自分も受ける」という人たちが多数派だったんじゃないでしょうか。「あなたが接種を受けることは、周りの人の接種を後押しすることになる」というメッセージを見たときに、高齢者の接種意向が高まることもわかってきました。このように人々の接種の意思や行動が可視化されることが、日本のワクチン接種の動向にかなり寄与したのではないかと思います。

接種が始まったばかりの状況下では、こういうナッジで人々の接種を後押しすることが必要となります。その後、ワクチンの効果や性能がわかってきた段階になると、ワクチンの更新情報はしっかり提供するという前提のうえで、接種を受けるかどうかは個人の判断にお任せするステージに移っていくべきなんだろうと思います。

日本特有の事情

佐々木　接種意向を高めるためのナッジに関する第3章で紹介した論文を国際学術雑誌に投稿したときに感じたことですが、ワクチンの効果が不安定だったり不確実だったりする中で、どのような人々にどのようなコミュニケーションをとり、いかにして自発的に接種してもらうかを研究テーマにするということ自体が、海外の人たちには少し意外に思われたようです。

実は、ある査読者から、ワクチンの効果の不安定で不確実な部分に関する記述について、「なぜ、こういうことを書くのか?」といった指摘を受けました。ワクチンの持つ不安定性や不確実性に着目しながら接種勧奨の施策を検討したり、接種の優先順位を検討したりすることは、日本特有の事情なのでしょうか?

大竹　日本の場合は、ワクチンの効果そのものが測定しにくいという事情もあったと思います。ワクチンが海外で開発されて、先に海外で臨床試験が行われたうえで生産されているという状況で、日本国内での試験は規模が小さかったのが事実です。そのため、日本人に関するエビデンスが豊富には存在しない中で接種を開始せざるをえなかったという面があると思います。

つまり、海外ではすでに臨床試験が行われて、効果が比較的はっきりわかっている一方で、日本では日本人への効果がはっきりしていないにもかかわらず、計画を立てて接種を進めているというところがありました。

また、従来のワクチンは、何年もかけて繰り返し検証したうえで製品化されるのに対して、新型コロナのmRNAワクチンは開発から1年も経たずに市場に出てきたものです。この点は、やはりかなり特殊で、さらに日本での臨床試験はほとんど形だけで終わることになり、海外とはかなり異なる状況下で接種を進めざるをえなかったと思います。

齋藤　これはかなり難しい話で、さまざまに繊細な論点が伴います。

特に新型コロナ・パンデミックのときには、限られたワクチンを優先的に子どもに配るのか、それとも高齢者に配るのか、いわば「未来を考えて子どもたちを守るか、重症化しやすい高齢者を守るか」という点も問題になりましたが、これは、社会の価値観に関する議論になります。こうした議論はずっと前から行われてきたものです。

これまでは、子どもを優先的に守るか、それとも高齢者を守るかは、どんな人がそのときのウイルスに感染しやすく、どんな人がより重症化しやすいか、といった背景を考慮したうえで、最終的に意思決定をしようという考え方でやってきました。しかし実際には、感染の影響を明らかにするのが非常に難しいという問題もあります。特に誰が重症化しやすいのかという点については難しい。ウイルスに感染したらすぐに亡くなるわけではないですし、感染したからといってそんなに頻繁に亡くなるわけでないので、本当に大流行しないと、誰が重症化しやすいのか、亡くなりやすいのかは見えにくいですし、重症化や死亡に対するワクチンの効果もわかりにくいのです。

当時から海外のデータは少しずつ出てきていましたが、日本はかなり感染を抑えることに成功していたこともあって、感染の影響やワクチンの効果がよくわからないという状況だったと思います。

佐々木　日本の人たちを対象にした客観的なエビデンスを得にくいという事情に加えて、仮にエビデンスが得られたとしても、子どもを優先するのか、それとも高齢者を優先するのか等については人々の価値観にも関わってくるというところに、接種計画の決めづらさがあるのですね。

そういう不確実な中でワクチン接種を勧奨する政策を検討するとなると、まずは私たちの研究のように、ナッジ・メッセージを発信するような、ソフトな施策くらいしか試せないのではないかと感じました。

海外の一部の国々のように、ワクチン接種を義務化したり罰則を科したりするよりは、人々に情報提供をして自発的な検討を促すという手段の方が、新型コロナのパンデミックで日本が直面していた状況においては、まだ社会に受け入れてもらえる施策のように思います。

大竹　そうですね。ただし、従来の情報提供は、ワクチンの性能を科学的に正確に表現することだけが重視されていて、一般の人にとっては理解が難しいものでした。情報提供のあり方について普段から工夫する訓練や実証研究を進めておくことが重要です。

接種者と非接種者の協力可能性について

佐々木　もう一つ印象的だったのは、ある国際学会で、ワクチン接種者から非接種者への敵対的態度に関する第8章の研究について発表をしたときに、一人の参加者から「非接種者に対してそのように振る舞うことの、何がダメなのか？」と質問されたことです。私はそんな質問をされるとは想像もしていなくて非常に驚いたのですが、これも大竹先生の言うように、海外ではワクチン接種の効果が比較的はっきりわかっていることに加えて、それに基づく人々の信念がより強いことの現れかもしれませんね。

ところで、接種者から非接種者への敵対的態度が、2023年5月に感染症法上の新型コロナの分類が2類から5類に移行した後も維持されているという結果や、非接種者の身内ひいきがだんだんと強くなっていくという結果について、どう思われますか？

大竹　一回目・二回目接種までと三回目以降のブースター接種では、やはり状況がずいぶん異なると思います。オミクロン株に変わってからは、ワクチンの感染予防効果がほとんど見られなくなり、発症予防効果が続く期間も短くなりました。加えて、オミクロン株では重症化率が非常に低くなりました。そのため、ワクチンの効果がどんどん実感されにくくなっていきました。

そんな状況下で、引き続き、三回目以降も接種を受けた方がいいというプレッシャーに多くの人がさらされたことで、対立が出てきたのではないでしょうか。

佐々木 同感です。接種者自身、だんだんと「これ以上はもう接種しなくていいんじゃないか」と感じられるようになってきたワクチンを、繰り返し接種するように勧奨されて、実際に接種を受けてきた。そして、非接種者は、自分が受けられない、または不要だと思うものを何度も接種するように勧奨されてきた。そのウンザリ感を反映しているんじゃないかと。

こうした対立を解消する方法は、何かあるのでしょうか？ それとも、ある程度の対立が生じるのは、仕方ないことなのでしょうか？

大竹 一つは、ワクチンの効果と病気の評価をできるだけ早く示すことが大事だと思います。日本の場合はそれができませんでした。最初の臨床試験のデータは海外が中心で日本人のデータが十分には含まれておらず、日本人で実際どうなのか、なかなか出せなかった。ウイルスが変異した後も、ワクチンにどんな効果が引き続き期待できるのかについて、タイムリーに、一般の人々でも自分が接種するかどうかの判断材料にできる情報を出して、それに応じた接種勧奨に変えていれば、それほど不信感は生まれなかったと思います。

ところが実際には、基本的対処方針にウイルスの変異によるワクチン効果の変化について書き込まれるまでに7カ月もの時間がかかったわけです。さらに、ワクチンの効果が弱まっていると言われていた中で、子どもへの接種も始まりました。これ自体には、臨時休校を減らす等の目的もあったかもしれません。しかし、通常の季節性インフルエンザと違い、子ども自身はそれほど重症化しない病気に対して、子どもの接種まで推奨したというのは、病気の実態とかなりズレていたと思います。重症化予防効果はあるわけですから、重症化しやすい高齢者への接種勧奨を続けるのはよかったと思うのですが、子どもへのワクチン接種が認可されたタイミングもあって、ワクチンの効果と勧奨の実態の間に大きなギャップが生じてしまったことが、対立を生んだ一番の要因ではないかと考えています。

ワクチンの効果の変化をタイムリーに反映して、それに応じた呼びかけに都度変えていくというように、エビデンスに基づいて接種勧奨をするようにしなければならないと思っています。

佐々木　齋藤先生はいかがでしょうか？

齋藤　2021年の秋頃から、先行して接種が進んだ国を中心に接種後6カ月時点で免疫が減弱している、またはウイルス株が変化したときに抗体価が落ちているといった情報が出てくるようになり、初期のデータに見られたほどの効果はないということがわかってきました。ただし、重症化予防効果は依然としてありそうだということも見えてきました。

このようにワクチンの効果には限界があるということが少しずつわかってきたタイミングで、オミクロン株への変異が追い打ちとなって、感染予防効果はあまり期待できなくなってしまいました。しかも、ほぼ同じ時期に子どもへの接種が始まり、次第にワクチン接種の意義を説明しにくくなっていったということだと思います。

実は、季節性インフルエンザのワクチン接種でも同じような議論があります。効果があることはあるけれども、人々の期待ほどではなく、多くの人は効果を実感できない。「周囲の人の中で私だけ接種していて、皆が感染したけれども、私だけ感染しなかった」くらいにわかりやすく効果が見られればよいのですが、そういうものではない。全体で見れば確かに感染リスクは下がっているのですが、それを一人ひとりに実感のある形で伝えることができません。

こうしたワクチンの効果や意義をめぐる論争は従来からずっと続いていて、それと同じ状況が新型コロナのパンデミックでも起こったということです。それで、「ワクチンに意味があるのか」という論争が、専門家の間でも出てくるようになった。

平時にすべき備えとしては、季節性インフルエンザをはじめとして、ワクチンの意義論争にもう少し着実に答えていかなければならないのだと思っています。そのうえで、有事のときにワクチンの効果をどう伝えるか、ベネフィットをどう伝えるか、さらに接種するインセンティブづけについてどう考えるのか、ということを準備しておかなければならないと考えています。

佐々木　大竹先生の提案は、ワクチンの効果に関するエビデンスを国内でつくり、その結果をタイムリーに接種勧奨施策の中身に反映させれば、接種者・非接種者側の違和感が新型コロナのときほどは高まらないだろうから、接種勧奨施策にも納得感が得られて、互いの対立も減るだろうということだと理解しました。

次のパンデミックに向けて、ワクチンの開発環境や効果検証の体制、あるいはデータ収集の仕組みをどう改善させるかということが現在検討されていると思うのですが、その新しい環境のもとでなら、タイムリーな調査・分析や、政策への反映が本当にうまくいくのでしょうか。

齋藤　タイムリーな調査・分析について、欧米では「診断陰性例コントロール試験」という手法を取り入れて、シーズンの途中にその年の季節性インフルエンザ・ワクチンの効果を評価するという仕組みがあり、定着していました。シーズンが終わり、完全なデータが得られてから解析して結果を示すということだけでなく、評価の中間速報を長くやってきた歴史があるので、新型コロナでも実践できたのだと思います。

それに加えて、デジタル化の恩恵もあって、2カ月ほどでデータをとってすぐに効果検証を行うといったことができるようになっていたのが、今回のパンデミックの諸外国の状況でした。日本で信頼できるデータによる速報をどこまで出せるかということについては、まだまだわからないと思います。

佐々木　それに加えて、臨機応変に内容が変わる勧奨施策に、市民側が柔軟に反応できるのか？　接種しなくてよくなるという変化には対応しやすいと思いますが、ウイルスが再び変異して、また接種が必要になるという変化もありうると思います。

柔軟に反応できるなら、エビデンスに応じて勧奨施策の内容を臨機応変に変更する方針がよいということになりますし、柔軟に反応できないなら、それをふまえた勧奨施策に調整しないといけません。この問いは、将来のパンデミックに向けて行動経済学が明らかにすべきものですね。

政策研究のアジェンダの発信

佐々木　政府や分科会などでは、時期に応じてさまざまな課題を取り上げて議論していたと思うのですが、パンデミックのステージが移り変わっていく中で、「この段階でこんな調査研究があれば参考になる」といった政府側のニーズが、政策研究のアジェンダとして、社会や学術コミュニティに向けてもっと発信されてもよかったのではないかと思っています。

政府や分科会に独自の調査研究の機能がなかったとすると、研究者側で工夫して対応するしかありません。どんな調査研究に政策ニーズがあるのかというのを発信してもらえれば、研究者側も計画的にスケジュールを立てられたのではないかと感じています。

大竹先生はご自身のネットワークを活用して、私や東京大学の仲田泰祐さんなどに、「こういうテーマで、経済学で調査研究やシミュレーションができないか」というようにリクエストをされていましたが、政府や分科会も公式にそういう機能を持つべきだったと思います。

大竹　おっしゃる通りです。分科会の方から研究者側にリサーチ・クエスチョンを提示したいという議論は常にしていたのですが、実際にはそういう仕組みをつくることはできませんでした。本来であれば、組織として研究者側に対して、知りたい政策的なアジェンダを並べて示すべきでした。「ワクチンについてはこれが知りたい」「感染対策の建築工学的な部分についてはこれが知りたい」「マスクは効果がどの程度か検証してほしい」というように、さまざまなアジェンダが当時もあったはずなのですが、それをきちんと伝えていくような仕組みがありませんでした。将来のパンデミックでは、この点を仕組みとして確立できなければダメだと思っています。

齋藤　たとえるなら、「団子サッカー」をやっているような状態になってしまっていました。その時点で重要と思われるテーマに専門家が大勢殺到して、人が集中してしまうという形です。

本来はそれではダメで、行動経済学の研究グループはワクチンの接種意向に関する調査を開始して、建築についてのグループは別のことを考えて……、といった形で、分業してきっちりフォーメーションを組んで進めていかなければいけません。当時は、そもそも人員が限られた中での総力戦だったので、なかなかそのようにうまく調整することができませんでした。

将来のパンデミックでよりうまく対応するには、お二人のおっしゃるように、初期の段階からリサーチ・クエスチョンをいくつも立て、複数の研究チームにそれを割り振って分業して進めていけるような体制をつくることが重要だと思います。

大竹　加えて、もしも有事になったら協力してくれる研究者をすぐに集められるような仕組みもつくっておく必要があります。私が経済学者として専門家会議や分科会に参加したのは、2019年の末から風しん追加的対策の行動経済学的研究を厚生労働省の新興・再興感染症および予防接種政策推進研究事業の助成で始めていたという「偶然」があったからです。それまでは、感染症とはまったく関係のない研究しかしていませんでした。関連する幅広い分野から研究者を集めろと急に言われても、政策担当者にとっては無理な話だと思います。

齋藤　大学の方も、有事の際に人を出せる仕組みをつくっておく必要があります。たとえば、大学の業務をその期間は誰かに代わってもらえるような仕組みも必要でしょうし、政府の仕事に取り組んでいる間の給与や研究費をどうするか、既存の研究プロジェクトの遅延に対してどう対応するか、テニュア・トラック中の若手研究者の評価をどうするか、などといった点で配慮できるような仕組みがあった方がいいと思います。

佐々木　文部科学省の科学研究費は、研究にエフォートを割くため、担当授業の代行教員を雇用する人件費に支出できる仕組み（バイアウト制度）があります。これを参考にして、厚生労働省の研究費や事業費でも、参集する研究者の本務先での仕事を代行してもらう人の人件費に使えるようなスキームをつくることはできそうな気がします。加えて、大学の勤務形態の方でも、スムーズに人を出せる仕組みをつくるべきですね。

第 5 部
ネクスト・パンデミックのために「行動経済学＋感染症学」ができること

第9章 将来のパンデミックに向けた10の政策研究アジェンダ

1 行動経済学＋感染症学の政策研究アジェンダの提案

2024年7月に、『新型インフルエンザ等対策政府行動計画（以下「行動計画」）[1]』が新しく発表された。これは、「感染症の危機が生じた際に、感染拡大を可能な限り抑制し、国民の生活及び健康を保護するとともに、国民生活・経済に及ぼす影響が最小限になるように、国、地方自治体、事業者等が連携・協力し、発生段階に応じて行動できるようにするための指針として、あらかじめ定められたもの」である。その「第7章　ワクチン」において、

「国は、予防接種の意義や制度の仕組み等予防接種やワクチンへの理解を深めるための啓発を行うとともに、接種スケジュール、使用ワクチンの種類、有効性及び安全性、接種時に起こり得る副反応の内容や

表9-1　将来のパンデミックに向けた10の政策研究アジェンダ

パンデミック発生前

1. 日本の人たちの「ワクチンへの信頼・接種意向」を把握する調査方法を確立しておく
2. 政策担当者・専門家の「誤認識の可能性」を検証しておく
3. 自治体との協力のもと、定期接種や任意接種の行動をアウトカムにして「フィールド実験」を行い、ナッジなどの接種促進施策の効果を検証しておく
4. 経済的インセンティブの「悪影響の可能性」を検証しておく
5. 新しく開発されるワクチンの「治験への忌避感とその対処法」を研究しておく
6. ワクチン接種者と非接種者の「分断への対処法」を研究しておく
7. 政府の臨機応変な方針転換に「人々が柔軟に対応できるのか」を検証しておく

パンデミック発生後

8. 「開発中のワクチン」に対する接種意向を把握する調査を行う
9. 接種意向をアウトカムにして「オンライン実験」を行い、接種促進施策の効果を検証する
10. 接種者と非接種者のお互いの態度を測定し、分断への対処法を講じる

その頻度、副反応への対処方法、接種対象者、接種頻度、副反応疑い報告、健康被害救済制度等の予防接種に係る情報について積極的にリスクコミュニケーションを行う。国民等が正しい情報に基づいて接種の判断を行えるよう、科学的に正確でない受け取られ方がなされ得る情報への対応を行う」

と書かれており、国民向けの情報提供や発信の必要性が述べられている。

一方で、そもそも人々がワクチンについてどのような知識や意向、態度を持っているかを、どのように把握するのかという手続きへの言及が抜けている。その把握がなければ、効果的な情報提供や発信が成立しないことは言うまでもないだろう。このように、今後、国のガイドラインや自治体の行動計画等で補われなければならない項目が多数残っている。

この章では、この本の締めくくりとして、私たちが行動経済学の立場からこれまで行ってきた新型コロナ・ワクチンに関する政策研究の成果やそこから得た学びや反省点に基づき、「将来のパンデミックに向けた政策研究のアジェンダ」を提示する。アジェンダに沿って研究が実施されれば、その研究成果が、国の行動計画を肉づけするものになるはずである。

著者三名の振り返りで議論したように、新型コロナ・パンデミックでは、「どの時期に、どのような研究が必要なのか」という政策研究のニーズが明示されなかったことが課題であった。そこで、少なくとも行動経済学の見地からアジェンダを提示することで、行動経済学に関わるさまざまな人たちの手によって、パンデミックの発生前から必要な研究成果が蓄積されて、発生以降も必要なタイミングで研究が実施される、というような研究体制の構築に貢献できるのではないかと考えた。

この第5部では、まずこの章で、政策研究のアジェンダをパンデミックの**発生前**と**発生後**に分けて整理する。その後第10章では、私たち三名の鼎談形式で、

「アジェンダに沿ってどのような内容で研究を実施するのがいいか?」
「そもそも、誰がやるのか?」
「将来のパンデミックが、新型コロナ・パンデミックとは異なる内容で発生したときに、このアジェンダで十分なのか?」

の観点で議論して、政策アジェンダの妥当性や実現可能性をチェックしていく。

2　パンデミック発生前の政策研究のアジェンダ

アジェンダ1：日本の人たちの「ワクチンへの信頼・接種意向」を把握する調査方法を確立しておく

アジェンダ2：政策担当者・専門家の「誤認識の可能性」を検証しておく

新型コロナ・ワクチンの接種が始まる前は、「日本の人たちは一般的にワクチンの信頼が低いこと」「新型コロナ・ワクチンの接種は順調には進まないのではないかということ」が、政策担当者や専門家の間で懸念されていた。しかし、結果的に、特に一回目・二回目接種はどの年代でもかなり順調に進み、最終的な接種率も国際的に見て非常に高い水準になった。

ここから、二つの可能性が示唆される。第一に、日本の人たちはワクチンをあまり信頼していなくても実際には接種を受けるとか、接種を受けないと言っていても実際には接種を受けるというように、ワクチンに対する信頼・接種意向・接種行動の間に特異な傾向がある可能性がある。その特異な傾向を把握するとともに、それをふまえて、接種行動との矛盾が小さくなるような信頼や接種意向の測定方法を開発して確立しておく必要がある。私たちが新型コロナ・ワクチンで実践したように、ワクチンの効果や社会の感染状況、同年代の接種率で条件付けて接種意向を把握することは一つの候補になるが、その工夫がどのような感染症やワクチンに対しても適用できるのかを含めて、検討が必要である。

第二に、実は日本の人たちはワクチンをある程度信頼していて、接種意向もあるのに、政策担当者や専門家がそうではないと誤認識している可能性がある。政策担当者や専門家が一般の人たちはワクチンを接種したがらないということをいつも前提にして政策を検討しているとするなら、その政策判断は見当違いなものになってしまうかもしれない。日本の人たちのワクチンに対する信頼の低さを指摘したのは海外の研究者らによる国際比較研究であったし、パンデミック下の分科会やアドバイザリー・ボードには人々の接種意向について新聞社実施の世論調査のようにスナップショット的な調査結果が共有され、参考にされることも多かったという。アジェンダ1とも関わることだが、それらの結果が日本の人たちの実態をどれくらい正確に捉えているかについて政策担当者や専門家が常には慎重でなかったとすれば、誤認識が生じている可能性は大いにある。近年、行動経済学は、人々の認識（専門用語では、信念と呼ぶ）を抽出するための実験手法を開発してきた。それを用いれば、政策担当者や専門家の誤認識の程度を把握できる。

アジェンダ3：自治体との協力のもと、定期接種や任意接種の行動をアウトカムにして「フィールド実験」を行い、ナッジなどの接種促進施策の効果を検証しておく

アジェンダ4：経済的インセンティブの「悪影響の可能性」を検証しておく

平時の間にフィールド実験エビデンスを蓄積しておけば、効果が確認できた促進施策を、パンデミックの発生後、ワクチン開発に成功してからなるべく早い段階で活用することができる。パンデミックの最中に、新しい施策の効果を実際の接種行動で評価するフィールド実験を行って、その成果をタイムリ

ーに施策に反映させることは簡単ではない。平時の間に定期接種や任意接種等で効果を確認しておき、パンデミックの発生後には、時間的に無理のない方法で新しいワクチンでも同じ効果がありそうかを再確認してから採用する、という手続きをとれると望ましい。

新型コロナ・パンデミックにおいて、海外では、ワクチン接種が始まる直前の2020年秋に、季節性インフルエンザ・ワクチンの接種行動をアウトカムにして、「あなたのためにワクチンを確保しています」というナッジ・メッセージが効果的であることを確認していた。そのメッセージの有効性を社会に発信するのと併行して、21年1～2月に、同様のメッセージが新型コロナ・ワクチンの接種行動も促進することを確認した。このような二段階型の検証を、パンデミックの発生前から実施できる方がより望ましいだろう。また、この二段階の検証を行うならば、特定の感染症ワクチンにのみ適用可能な促進施策というよりは、どのようなワクチンにも適用可能な施策の効果を検証できる方がいい。海外の「あなたのためにワクチンを確保しています」というメッセージのように、ワクチンの種類を選ばない汎用的なものを検討すべきである。その意味で、追記するメッセージの内容や表現だけでなく、シンプル化（優先順位の高い情報に絞って掲載する）等についても検討する価値がある。

平時の間にフィールド実験を行い、自治体や保健所と連携しながら、その成果を施策として採用してもらう一連の手続きを経験しておくことには、「現場で採用しやすい施策の特徴が理解できる」「現場の行動経済学に関するリテラシーが上がる」「研究開発側と現場のネットワークが構築できる」等のさまざまな副次的な良い効果も期待できる。

また、経済的インセンティブが本当に他のワクチン接種にネガティブな影響を持つのか、の検証も重要である。パンデミック下の接種勧奨に必要となる経済的インセンティブが、必要なタイミングで導入されるためにも、たとえば、あるワクチンの接種勧奨を経済的インセンティブを付与して行ったことで、「他のワクチン接種もインセンティブがないと受けない」という形で悪影響を及ぼしてしまうのかについて、平時の間に確認しておきたい。

アジェンダ5：新しく開発されるワクチンの「治験への忌避感とその対処法」を研究しておく

今回のパンデミックでは、当初日本国内で開発されたワクチンはなく、海外で効果が確認されたワクチンを、日本で追加の治験を行ってから採用することになった。一方で、仮に当初から日本でワクチン候補が開発されていたとしても、早期に治験や臨床試験を大規模に展開できたかはわからない。この背景には、一般的に日本の人たちがワクチンの治験や臨床試験への参加に忌避感を持っていることがある。実際、被験者を集めることは簡単でないという。日本国内でワクチンの効果に関するエビデンスを蓄積しづらいことが、政府がワクチンの効果を積極的に発信できなかったり、人々がワクチンの効果について不安を感じてしまったりする一つの原因になっていた可能性もある。日本の人たちが開発中のワクチンの初期段階の治験に参加することに対して強い忌避感を持っている状態がこのまま続けば、日本の人たちに対するワクチンのエビデンスが蓄積しづらく、結果として、日本の人たちのワクチンの効果が不確実に感じられてしまうという、ある種の悪循環に陥る状況は変わらない。これらの問題にどのように対処できるか、治験の参加に対してどのようなボトルネックがあり、どうすればそれを解消できるかについて、平時から研究しておく必要がある。

アジェンダ6：ワクチン接種者と非接種者の「分断への対処法」を研究しておく

アジェンダ7：政府の臨機応変な方針転換に「人々が柔軟に対応できるのか」を検証しておく

第8章の研究結果のようにワクチン接種者と非接種者の間に「分断」が生じてしまった場合に、その対処法としてどのような介入が有効なのかも明らかにしたい。

対症療法ではなく予防策としては、ワクチンの勧奨施策の方針や内容に人々が違和感を覚えないように、ウイルスの変異による重症化リスクの変化・ワクチンの効果の変化を、タイムリーに施策の方針や内容に反映することが有効ではないか、と私たちは振り返りの中で議論した。一方、政府が臨機応変に方針を転換したときに、人々が柔軟に行動を変えられるのか、変動しがちな政府の方針により人々が逆に政府への信頼を下げてしまわないかを確認しておかないと、臨機応変な方針転換が本当によいのかどうかはわからない。平時の間に、自然実験や実験室実験等を活用しながら、この点を検証しておく必要がある。

3 パンデミック発生後の政策研究のアジェンダ

アジェンダ8：「開発中のワクチン」に対する接種意向を把握する調査を行う

アジェンダ9：接種意向をアウトカムにして「オンライン実験」を行い、接種促進施策の効果を検証する

パンデミックの発生後は、基本的にパンデミック発生前の研究成果の追加検証を行うという内容で、アジェンダを提示する。将来のパンデミックに備えて、東京大学や大阪大学等に設置されたワクチン拠点では、ウイルスの遺伝子情報がわかってから100日以内にmRNAワクチンを開発する体制の整備を進めている。[2] 従来はワクチン開発に年単位の期間がかかっていたことをふまえると、それほどの短期間で開発されるかもしれないワクチンの接種意向や勧奨施策の効果検証に関する研究デザインを、パンデミックの発生後に一から組んでいては間に合わない。平時のアジェンダ1、3の研究をふまえて基本的な質問文や項目、実験デザインをあらかじめ設計しておいて、だんだんと判明してくるウイルスやワクチンの特性をふまえて微調整を加えたうえで、迅速に実施することが望ましい。

そして、平時に明らかになったワクチンの接種意向の分布の特徴とどのように共通していて、どう異なるのか、接種がある程度進んだ後は、接種意向と行動の関係の特徴がどの点で共通していて、どこが異なるのかを検証する。その結果を、感染拡大のシミュレーション分析や、接種の優先順位や目標接種率の決定に役立ててもらう。

ナッジなどの接種促進施策についても、平時の検証で効果的だと判明したものが、開発中のワクチンに対しても同じように効果が見込めそうかを追加検証する手続きが中心になる。施策の介入を受けることの精神的負担が過度にないことも確認したうえで、直接の接種勧奨を担当する自治体や保健所に実装してもらう。実装にあたって、各地域の状況や特性に合わせて施策の内容を微調整する手続きは、現場

主導で行ってもらう。平時のアジェンダ3の研究で、研究開発側と現場の間にネットワークが構築され、現場の行動経済学リテラシーも高まっていれば、円滑に遂行できる。

アジェンダ10：接種者と非接種者のお互いの態度を測定し、分断への対処法を講じる

接種がある程度進んだ後に、接種を受ける人と受けない人がお互いに対してどんな態度を持っているかを実態把握する。新型コロナ・ワクチンの例のように、両者の間に分断が生じているのであれば、その特徴に応じて、アジェンダ6で研究開発された対処法を講じる。

注

1 内閣府感染症危機管理統括庁ホームページ「新型インフルエンザ等対策政府行動計画」(https://www.caicm.go.jp/action/plan/index.html)。

2 東京大学国際高等研究所新世代感染症センター（UTOPIA）、大阪大学ワクチン開発拠点先端モダリティ・DDS研究センター（CAMaD）。

第10章

政策研究アジェンダの「実現可能性」を議論する

1 では、どうやるのか？

佐々木　ここからは、私たちの政策研究のアジェンダに沿って、実際にどのような内容で研究を実施していくのがいいかについて意見交換していきます。もちろん、私たちだけですべての研究デザインを固められるわけではありませんが、読者の皆さんに、具体的なイメージを持ってもらえるような議論ができればと思います。

平時・有事にどんな調査を行うべきか？

〔発生前〕アジェンダ1：日本の人たちの「ワクチンへの信頼・接種意向」を把握する調査方法を確立しておく

〔発生後〕アジェンダ8：「開発中のワクチン」に対する接種意向を把握する調査を行う

齋藤　まず、政策研究のアジェンダの設定とその共有は、非常に重要だと思います。研究アジェンダが示されれば、それに基づいて全体の研究の方向を定めることができますし、研究費付与等のインセンティブも設計しやすくもなります。

加えて、平時にできる部分と有事にならなければできない部分は、分けておくのがいいですね。実際にパンデミックが起こってみて初めてわかることは多々あります。パンデミック発生直後に必要な情報を収集するための基盤となるような研究を、平時から行っておくことが重要だと思います。

たとえば、**アジェンダ8**のように、パンデミック発生後にワクチンの接種意向に関する調査を迅速に行うためには、**アジェンダ1**のように、平時の間に、調査票の内容、質問文や選択肢について十分に検討しておく必要があります。つまり、平時から接種意向について定点調査を行い、パンデミック時にも応用できるような調査票を設計しておくのが理想です。

定点調査を行っておけば、有事の際にどう変化したのかを把握できるようになります。普段から人々が保有する「抗体価」（血液中の抗体の量）を調べておくこと等はすでに行われているのですが、意向調査のように、そういう社会科学版の調査があるといいと思います。

大竹　**アジェンダ1**と**8**で接種意向の調査研究を設計するときには、調査者の質問の仕方と回答者の回答の仕方を区別してそれぞれで検討することが大事だと思います。まずは、できるだけ正確に回答してもらえるような質問方法を開発する。ここでの正確とは、「行動との乖離の小さい意向」という意味です。そういう質問方法を使ったとしても、やはり乖離は完全にはなくならない。質問方法にフィードバックして、もう少し乖離を減らせそうならそれを試みる。それでも難しいなら、回答者側のどういう癖が影響しているのかを分析していく、というような流れです。そのためにも、まずは、より正確に接種意向を答えてもらえるような質問文や選択肢の開発が必須だと思います。

　では、「未知のワクチン」への接種意向に関する定点調査を、平時からどんな内容で行うのがよいか。接種意向は、ワクチンの性質や聞かれたときの状況等いろいろな要素によって大きく異なってきます。感染予防効果がメインなのか、それとも発症予防効果なのか、重症化予防効果なのか、あるいは副反応はどの程度ありうるのか、すでにどれくらいの人が接種を終えているか、答えるタイミングは感染が拡大している時期なのか、あるいは落ち着いている時期なのかに依存して異なるということが、新型コロナ・ワクチンでの私たちの調査からわかったことです。なので、具体的な状況を設定したうえで調査していく方針がいいのではないかと思います。

齋藤　重要なご指摘だと思いますが、平時において、仮想的な質問の中で具体的な条件を設定して接種意向を把握するのは簡単ではないようにも感じています。

　私たちが新型コロナ・ワクチンの調査を始めた2021年1月頃は、ワクチンの性質や海外での状況が少しずつ見えてきた時期だったので、私たち調査者側も着目すべき条件を絞り込めたし、回答者の方も具体的な状況描写を何とかイメージすることができました。一方で、まったくの平時において、仮想的な状況設定のもとで質問を投げかけても、それにどれだけリアリティを持って回答してくれるかは疑問です。むしろ平時には、普段から運用され、すでに定期接種や任意接種で使われているワクチンに関する接種意向のデータを収集することと、そのデータからどのようにしてパンデミックのときに応用可能な知見を引き出すかを考えていくことが重要ではないかとも思います。

ただし、これも簡単なことではありません。というのも、新型コロナ・ワクチンのように、全世代に、特に高齢者だけでなく一般成人にまで広く接種を呼びかけるような事態は、これまではありませんでした。そのため、全世代に接種を呼びかけなければならない状況に適応可能なデータを平時のワクチンの接種行動から収集するのは、かなり難しいだろうと思います。

子どもや高齢者には予防接種法上の定期接種があるので、その対象者や家族に対しては、現実のワクチンを使って、「こういう性質のワクチンで、これだけの人が接種を受けています。あなたは接種を受けますか？」といった質問への回答データがとれると思うのですが、その限られた年齢層でのデータからわかったことが、全世代への接種展開にどこまで応用可能かについては疑問符が付いてしまうかもしれません。

ただ、次のパンデミックでも、今回と同じように、全世代に向けて接種を呼びかけなければならなくなるとは限りません。ある程度ターゲットを絞って特定の年齢層の接種率を上げていく取り組みがより重要になってくる局面はありえます。なので、まず特定の年齢層の接種意向を正確に把握する方法や接種率を上げるための促進施策を研究する過程で知見を積み上げたうえで、そこから他の年齢層への適用可能性を検討していくという流れになるのかなと思いました。

佐々木　個人的には、お二人の意見をミックスさせるのがいいのかなと思っています。全世代に向けて、多少抽象的でも「未知のワクチン」の接種意向を調査して、仮想的な状況設定の違いで意向がどう変化するかを把握しておく。同時に、定期接種が行われている年齢層を対象に、現実のワクチンを使って意向調査を行い、状況別の意向も測定して、接種行動との乖離を捉えていく。両者で重なっている年齢層の「未知のワクチン」の接種意向と現実のワクチンの接種意向を取り出して、両者を比較しながら共通している部分と違っている部分を見ていくという感じでしょうか。

では、**アジェンダ2**の、政策担当者や専門家の誤認識の可能性に関する調査についてはどうでしょうか。少なくとも、自分たちの認識にどれくらい乖離があるのかを政策担当者や専門家が自覚しておくことは重要だと私は思います。仮に多くの人はワクチン接種を受けないだろうと誤認識していたときに、それが必ずしも政策判断を誤らせたり社会に悪影響を与えたりするとは限らないですし、その点自体が別途検証しないといけないアジェンダでもありますが。

〔発生前〕アジェンダ2：政策担当者・専門家の「誤認識の可能性」を検証しておく

齋藤　これも非常に重要だと思います。接種意向の予測の話ではないですが、新型コロナのパンデミックでは、行動経済学研究やリスク・コミュニケーション研究ではすでに結論の出ているような内容であっても、政策担当者や他分野の専門家が知らなかったり、間違って認識していたりすることがたびたび見られました。誤認識の実態を明らかにしておくことは大事だと思います。

佐々木　こういった調査に、感染症の専門家は協力してくれるでしょうか。たとえば、齋藤先生ご所属の国立感染症研究所や私と大竹先生が所属する大阪大学感染症総合教育研究拠点（ＣｉＤＥＲ）の研究者に調査に参加してもらえるように、あらかじめネットワークを築いて、政策担当者や専門家を対象にした調査体制をつくっておけるといいのですが。

大竹　あとは、厚生労働省の医系技官等にも協力してもらいたいですね。

ナッジ・メッセージの開発と検証はどう進めるべきか？

大竹　ネットワークの構築とも関係するので、**アジェンダ3**や**9**について話を進めてもいいですか？今回のパンデミックでの私たちの反省は、勧奨に使えるナッジ・メッセージをつくったのが、接種開始の直前だったということです。行政上の手続きを考慮すると、タイミングとしては遅くなってしまいました。手続きにどれだけ時間がかかるか、どんな方法で接種クーポン券を配布するのか等をふまえて、逆算して研究開発スケジュールを設定しないと、現場で使ってもらうことができません。そういうことが新型コロナの経験を通じてよくわかりました。

東京大学や大阪大学等に設置されたワクチン拠点によると、次は、ウイルスのゲノム情報がわかってから100日以内にmRNAワクチンを開発できると言われています。100日で開発され、それが量産化されるまでのスケジュールをふまえて、いつまでにナッジ・メッセージの研究開発を終えておいたら現場への実装に間に合わせることができるのかを、ワクチン開発の研究者、行動経済学の研究者、そして行政の間ですり合わせておく必要があります。

〔発生前〕アジェンダ3：自治体との協力のもと、定期接種や任意接種の行動をアウトカムにして「フィールド実験」を行い、ナッジなどの接種促進施策の効果を検証しておく

〔発生後〕アジェンダ9：接種意向をアウトカムにして「オンライン実験」を行い、接種促進施策の効果を検証する

佐々木　確かに、パンデミックが発生してから、感染症やワクチンの性質に合わせてナッジ・メッセージを作成しようとすると、そうした対応がより重要になりますね。一方で、**アジェンダ3**や**9**で提案したのは、どういう性質の感染症やワクチンでも汎用的に使用できる施策やメッセージを開発しておいて、それをパンデミックでも使ってもらうというものでした。そうすると、パンデミックの発生後に必要なのは、想定通りに効果がありそうかを追加確認する手続きだけなので、もう少し時間に余裕が出てくると思います。

また、パンデミックが発生してからナッジ・メッセージを研究開発するにしても、研究者側が主導するのではなく、現場で既存のメッセージを参考にしたり調整したりしてもらって作成する、というやり方もあると思います。平時の間からナッジ・メッセージの実装に協力してもらっていれば、その関係性から私たちが直接アドバイスできますし、研修等を通してナッジをつくる技能を身につけておいてもらえれば、ある程度自分たちでやってもらえると思います。ナッジの効果には地域差・文化差があるので、その意味でも、現場主導でメッセージを作成または調整してもらって、困ったときに私たちがアドバイスする、効果検証等でサポートする等の体制を組めるのが理想だと思います。

平時から介入の効果を検証しておくという点では、**アジェンダ4**も大事ですね。金銭的報酬等の経済的インセンティブが強調されると、ワクチンの信頼がむしろ下がってしまうのか。経済的インセンティ

ブをきっかけに一度ワクチン接種を受けてしまうと、その次もそれがないと受けないのか。そういった懸念が本当に表れるのかを平時の間に確認しておいて、有事になったときに必要なインセンティブ施策をちゃんと打ち出せるようにしたいです。

〔発生前〕アジェンダ4：経済的インセンティブの「悪影響の可能性」を検証しておく

治験参加への忌避感をどう探るか?

佐々木　続いて、**アジェンダ5**の「治験への忌避感とその対処法」についてはいかがでしょう？　日本の人たちが新しく開発されたワクチンの治験に参加することに対して強い忌避感を持っていると、日本の人たちに対するワクチンのエビデンスが蓄積しづらくなって、結果として、日本の人たちのワクチンの効果が不確実に感じられてしまうという、ある種の悪循環に陥ってしまいます。その悪循環を断ち切るためには、やはり治験に協力的な人を増やすことが必要です。

〔発生前〕アジェンダ5：新しく開発されるワクチンの「治験への忌避感とその対処法」を研究しておく

齋藤　この点については、日本で医薬品・ワクチン開発の臨床研究の推進に向けた議論をしている中で、重要な課題として認識されています。たとえば、日本人は治験参加者になりたがらない傾向が強く、治験で人を集めるのが難しい状況ではあるが、本来はもっと集める余地があるはずだという議論をしています。

佐々木　「治験に参加しないことが、逆に日本の人たちに対するワクチンの効果の不確実性を高めているかもしれない」というのは非常に興味深いジレンマで、その意思決定構造とともに解消策を研究することには、学術的にも価値がありそうです。

大竹　そうですね。齋藤先生のおっしゃる「余地」については、治験に協力することに対して全員強い忌避感を持っているわけでもないと思うので、治験に協力してくれる人をいかにしてうまく探し出すかということも、行動経済学的な研究課題になると思います。

佐々木　他者や社会の便益を自分の便益として感じるような利他性が鍵になってくるのでしょうか？

大竹　そうですね。私が骨髄バンクと行った研究も参考になると思います。ドナー登録者率は人口の1%未満なのですが、そういう人たちの候補をどのようにして探し出すのかが重要な問題でした。献血経験が多い人はドナーとして登録しやすいことがわかりましたが、献血の頻度は利他性とも強く相関するものですし、治験への協力とも同じような関係があると思っています。そうした調査を行うためには、日本赤十字と一緒にどういう共同研究の体制がとれるか等も考えていく必要がありますね。

社会の状況や政府の発信から、人々はどう影響を受けるか？

佐々木　最後に、**アジェンダ6と10**の、ワクチン接種者と非接種者の分断の解消法についてはいかがでしょうか？

〔発生前〕アジェンダ6：ワクチン接種者と非接種者の「分断への対処法」を研究しておく

〔発生後〕アジェンダ10：接種者と非接種者のお互いの態度を測定し、分断への対処法を講じる

大竹　新型コロナの場合は、ウイルスが変異してワクチンの効能も変わっていったのに、政府の方針がなかなか変わらなかった。そのギャップが混乱を招き、接種者と非接種者の態度にも影響を与えた部分は少なくなかったと思います。もちろん、対応が遅れざるをえなかった事情もわかるのですが、ウイルスの変化に応じて政府方針もタイムリーに切り替えていくことが、根本的な解消法になると思います。

佐々木　接種勧奨の対象から一度外れてしまうと、再びウイルスが変異して、また接種勧奨の対象に含めないといけなくなったときに、スムーズに接種を受けてくれないのではないか、という不安が政府担当者や専門家の間にあったのではないかと思います。その意味で、この課題には**アジェンダ7**と合わせて取り組むことが大事ですね。

個人的には、専門家が心配しているよりも、案外、市民は臨機応変に対応してくれるのではないかと考えています。たとえば、一回目・二回目のワクチン接種を終えた人たちは、直後の2021年夏頃に感染が急拡大した中で、外出機会や他者との接触を増やすような行動はとっていなかったことが私たちのデータでも他の研究でもわかっています。実は市民が状況の変化に応じて機敏に対応してくれることがわかれば、大竹先生が提案されているように、「政府は状況が変化したことをタイムリーかつ明確に発信すればいい」ということになりますよね。

〔発生前〕アジェンダ7：政府の臨機応変な方針転換に「人々が柔軟に対応できるのか」を検証しておく

齋藤　それに関連して、政府の発信や社会の出来事から人々のワクチン接種行動がどのように影響を受けているのかを検証して、それぞれのパンデミックにおいてエビデンスを蓄積していくことが大事かもしれませんね。たとえば、「こういうワクチンの副反応の報告があった」といったような印象強いイベントが、人々の接種行動に影響を与えたのかどうかは知りたいところです。意外に人々はそうした情報に行動までは左右されないのではないかという気もしています。定期接種として政府が位置づけていれば、多少ネガティブな出来事や報道があっても、接種自体は受けると決めているような人が多いのではないかと。

佐々木　確かに、そういう研究を積み重ねていければ、政府の方針転換に人々がどれくらい臨機応変に対応できるのかがわかってきそうです。ワクチン以外の政策でも急な方針転換への人々の対応は検証できますし、そういう研究なら平時でもできます。方針がアッチコッチ変わると、政府への信頼を逆になくして、だんだんと方針転換に機敏に反応してくれなくなるという可能性もありますが、実際のところどっちなのかを明らかにしておくことが大事です。

大竹先生の言う、変異株の出現やワクチンの効果の変化に応じて、タイムリーに方針を転換することで接種勧奨の内容への違和感をなくす、というのは、そもそも接種者と非接種者の間の分断が発生しないようにするための予防策の一つだと思います。

一方で、分断が発生したらどうするか、という対症療法も準備しておく必要があると思っているんですが、いろいろ検討してみても、どういう研究を企画したらいいかがまだわからないんですよね。もしかすると、行動経済学者と感染症学者だけでは取り組むのが難しい問いなのかもしれない。この点は、この本を読んでいる他の分野の専門家からアドバイスをもらいたいところです。

2 政策研究のアジェンダはちゃんと機能するのか？

佐々木　ここからは、私たちがまとめた「政策研究のアジェンダ」がちゃんと機能するのか、という観点から議論していきたいと思います。たとえば、研究者側に、このアジェンダに沿って研究するインセンティブがどれくらいあるでしょうか？

個人的には、パンデミック発生前のアジェンダは、政策的な価値だけでなく学術的な価値も見出せそうですし、平時なら、成果を発表するときにその価値を説得する時間もとれそうなので、何とかなるかもしれない、と思いました。一方で、パンデミック発生後は、時間的な制約が厳しい中で、速報的な研究成果が求められることになります。また、ここでのアジェンダは、平時で確認されたことがパンデミック下でも成り立つかどうかを追加的に検証するものが多いので、学術的価値、特に新規性のある成果につなげるのは難しそうです。

こういう条件下で、このアジェンダをどのように実現させていったらいいでしょうか？　まずは、**パンデミック発生前のアジェンダ**から考えていきたいと思います。

［発生前］政府が研究アジェンダを提示することが重要

大竹　発生前のアジェンダについては、政府や学会が「こういった研究テーマが重要である」ということを示せば、研究は進んでいくだろうと思います。日本経済学会や行動経済学会等の学会からの発信も重要ですが、まず政府から研究アジェンダを示すというやり方もありえます。

たとえば、厚生労働省に「雇用政策研究会」という会議があります。[1]その会議では、将来の人手不足や失業に対してどのように対応するかということについて、将来の予測を行ったうえで対応策を考えてきました。私はその議論の中で、重要なテーマであるにもかかわらず、まだわかっていないことがたくさん出てきたので、「そうしたまだわかっていない重要なテーマを、政府が研究アジェンダとしてまとめて提示しておくのがよいのではないか」と提案して、報告書に入れてもらいました。そうすれば、研究者は自身の研究計画を考えるうえで参考にするのではないか考えたからです。政府側も重要なアジェンダが何かを外部に示していくことは大切ではないかと思っています。

これは何もめずらしいことではありません。米国や英国等の諸外国では、政府が学会に対して研究アジェンダを示すということがすでに行われています。

齋藤　それに加えて、政府が提示したパンデミック研究のアジェンダに合致する研究計画が提出されたときに、研究として採択して資金が優先的に拠出されるようなスキームも必要だと思います。

海外では割と頻繁に、研究アジェンダや戦略的研究計画のような形で提示されます。こうした日本全体として取り組むべきアジェンダを示す役割は、２０２５年の春に創設される新機構[2]にも期待されることなのかと思います。

大竹　政府がアジェンダを提示すれば、国立研究開発法人日本医療研究開発機構（ＡＭＥＤ）や国立研究開発法人科学技術振興機構（ＪＳＴ）、独立行政法人日本学術振興会（ＪＳＰＳ）等の研究費の配分機関がリサーチトピックを考えるときに参考にする可能性も高くなります。そうすると、研究費を確保しやすい環境もできてくると思います。

［発生前］研究者不足の問題にどう対処するか？

佐々木　ここまでの議論は、政策研究の需要側である政府が、アジェンダを発信することで、研究者は研究費の確保をしやすくなり、取り組みやすくなる、という話として理解しました。

しかし、政策研究の供給側、特に経済学者に目を向けてみると、それらの対策だけでは十分ではないと私は思います。何よりもまず、マンパワーが不足しています。行動経済学者で感染症研究に取り組んでいるのは、ほとんど大阪大学の私たちの研究チームくらいです。これはどの分野でもそうらしいですが、新型コロナ・パンデミックが終わって、感染症やワクチンをテーマにした政策研究の論文が学術雑誌に掲載される確率がどんどん下がってきているので、これから感染症研究に新規参入してくれる経済学者が自然に増えていくことも想像しづらいです。このような困難を乗り越えて、私たちの政策研究のアジェンダをどのように実現していくか、誰を巻き込んでいくかについても考える必要があると思います。

齋藤先生に伺いたいのは、もし今回まとめた政策研究のアジェンダが、行動経済学者だけでなく、感染症学や公衆衛生・疫学の専門家の方々の関心にもマッチするものなら、両者のコラボレーションとして取り組んでいくようなことができないだろうか、ということです。日本経済学会の会員数は３０００人強、行動経済学会だと５００人強ですが、医学系の学会には桁の違う人数の研究者・実務者が参加されていると思います。私たちのアジェンダは、感染症学や公衆衛生・疫学を専門とする人たちにも関心をもってもらえそうでしょうか。

齋藤　もちろん、関心を持つ人はたくさんいると思います。私たちの政策研究アジェンダをこちらから医学系の学会に出て行って伝えていけば、興味を示してくれる人とつながれるのではないでしょうか。たとえば、日本ワクチン学会や日本感染症学会、日本臨床ウイルス学会、日本小児感染症学会等、ワクチンに直接関心のある人が多い学会等が候補になると思います。

佐々木　なるほど。私は２０２４年6月に、押谷仁先生たちと日本感染症学会のシンポジウムに登壇する機会があったのですが、そういう場に出続けていくことが大事ですね。[3]

大竹　医学系の研究者や実務者の方が一般の経済学者よりも社会実装への関心が高い人が多いので、私たちのアジェンダにも意義を感じていただける方も多いかもしれません。私も、そういう人たちとコラボレーションしていくことが早道だと思います。

［発生後］学術業績につながりにくい「政策研究」に、誰がどう取り組むか？

佐々木　ここまでの議論で、パンデミック発生前のアジェンダは何とか実現できるかもしれない、という気持ちになってきました。一方で、**発生後のアジェンダ**の方は新規性等の学術的価値をアピールしづらいので、研究分野に関わらず、興味関心を示す研究者が少なくなりそうです。どうすれば実現できるでしょうか？

齋藤　必ずしも研究という形ではなく、政府の調査委託という形で実施するのがやりやすい気がします。研究者は調査・研究のデザインの部分を担って、シンクタンクやコンサルティング会社が調査の実施工程や実務的な部分を担うような体制がつくれるといいと思います。そうすれば、学術的な新規性が低いものにも資金を提供することができますし、研究者側の負担も調整できます。

ただし、これを機能させるには、調査委託の業務を企画立案して、仕様書にまで落とし込める人材が、政府の内側にいる必要があります。

佐々木　クロスアポイントメント制度（研究者が二つ以上の機関に所属・兼任する制度）を使って、研究者が政府の中に入るというイメージでしょうか？

齋藤　それもよいと思います。たとえば、著名な先生が政府側に入り、研究企画を立てて、それを政府側に提案するというのも一つの方法です。

業務委託で行うことにも問題はあって、委託する政府側の望んでいる結果を出させるようなメカニズムが働いてしまう懸念があります。諮問会議のように、政府とは独立した視点から調査結果を見て評価するような体制も組めれば、なおよいです。

佐々木　クロスアポイントメント制度で政府の中に入るにしろ、調査業務を研究者が直接受託して取り組むにしろ、パンデミックの際に、研究者が通常の大学業務や研究活動を離れて、危機対応の政策研究に専念できるようなスキームも必要になるのでしょうか。

齋藤　現状、有事が起きたときに自分の業務や研究を投げ出して駆けつけることができる研究室は、日本にはほとんどないのではないかと思います。ただ、制度的には、若手研究者等を大学から一時的に政府側に移籍させて、その期間は研究プロジェクトの期限や任期を延長するような仕組みづくりは可能だと思います。現在も育休や産休を取得した際にはそうした対応がなされていますが、有事の際の危機対応にもこういう制度を整備しておくというのは一つの方法としてありうるでしょう。

佐々木　とはいえ、少なくとも経済学で若手研究者を動員する場合には、その活動自体を業績として評価してくれる仕組みがほしいですね。プロジェクトの期限や任期への配慮だけだと、やはり積極的には参加しにくいのではないでしょうか。

大竹　それはとても大事な指摘です。経済学の学会でも、これまではあまりにも純粋にアカデミックな業績だけしか評価していなかったところから、政策への貢献等ももう少し評価できるようにしようという動きは出てきているのですが、まだまだですし、動きも遅いですよね。

【発生後】政策現場での実践報告をきちんと評価するには？

佐々木　もう一点、齋藤先生にお伺いします。先生たちの研究分野では、発生後のアジェンダとして示しているような、平時に効果が確認された施策について、パンデミック下でも同様の効果が観察されるかどうかを追加検証するような研究でも、発表できるような学術雑誌はあるのでしょうか？　また、そうした政策研究を学術コミュニティとして評価するような仕組みになっているのでしょうか？

齋藤　結論から言うと、どちらも基本的には「ノー」ですね。

佐々木　そこは経済学と同じなんですね。

齋藤　この問題には非常に苦労していますが、問題意識としては皆抱えています。たとえば、米国に『Health Security』という約20年続いている学術雑誌があるのですが、ここはまさに、厳密には学術論文的なスタイルでない実務的な内容であっても、論文としてアクセプトしている媒体です。他にも、そうした実務的な成果を評価する学術誌はいくつかあります。ただし、数は少ないですし、インパクトファクターの高いものではありませんが。

大竹　ただ、それ以外にも、感染症等の医学系の分野では、学術雑誌に事例報告的な文章が載ったりすることもありますよね。元から事例報告を載せているところはあって、実践経験の共有も大事にしてきたということだと思うんですね。一方で、経済学は「ゼロ」なんですよ。

齋藤　確かに、公衆衛生の事例報告や医師の症例報告と同じような枠をつくれれば、こういう政策研究ももっと発表しやすくなるでしょうね。

実務志向の災害や公衆衛生関連の学会では、学術研究より実践報告が大半を占めることがありますが、これも医師の症例報告のように、ケースレポートのフォーマットを決めて、書くべき項目や内容を標準化できれば、質の管理もしやすいと思います。

大竹　そうですよね。そういうタイプのものを経済学の学術雑誌にも取り入れたいと思っているんです。特に最近は、経済学の社会実装がこれだけ進んできているわけなので、実践報告も大事だと思います。でも、経済学には医学系の症例報告のように既存の似たような取り組みがないので、他の経済学者との間でイメージが共有しづらくて、説得するのが大変です。

佐々木　最初から専用の雑誌をつくったり正式に枠をつくったりするのは大変そうなので、実践報告の

「特集号」を一度組んでみることから始めるのがいいかもしれませんね。形になると、こういう内容になるんだということが他の研究者もわかって、検討しやすくなると思います。

大竹　確かに、特集号から始めるのはいいですね。

3　もしも次のパンデミックで「子ども」の死亡率・重症化率が最も高くなったら

佐々木　最後に、一つのケーススタディとして、「もし次のパンデミックが、子どもの死亡率・重症化率が最も高い感染症で発生したらどう対応できるか？」について、私たちの政策研究のアジェンダに照らし合わせながら考えてみたいと思います。このケーススタディを通じて、アジェンダの中で見落としている点がないかを確認していきましょう。

新型コロナは高齢者の死亡率・重症化率が高かったので、次回のパンデミックも同じような内容で発生すると暗に思い込んでいる人が多いように思います。しかし、歴史を振り返ると、子どものリスクが最も高くなる感染症やパンデミックも多い。たとえば、１９１８年のスペイン風邪のパンデミックは、子どもを含む若年層の死亡率が高かったと言われています。子どもの接種は、必ずしも本人が意思決定するものではなく、親等の保護者が決めることが多いはずです。そのため、必要となる政策研究も新型コロナのようなパターンとは変わりそうです。

優先接種の順番をめぐる社会とのコミュニケーション

齋藤　子どもの接種には結果的に親の意思決定が大きく影響するわけですが、では、その親の意思決定について何がわかっていて、何がわかっていないのかを整理しておく必要がありますね。

大竹　大阪大学の上田豊さんや八木麻未さんたちの研究結果は、HPVワクチンの接種について、対象女子の親の多くは「周囲の人が打ったら」という条件付きで接種意向を示していたというものでした。[4] 本当に接種させたくないという親は実は少数派だったということです。

このような形で、平時からさまざまな子どものワクチン接種の機会を利用して、接種の選択に何が影響しているのか、どういう媒体を使ってどういう表現で情報提供をすれば、効果的な接種勧奨ができるのかを研究しておけば、次のパンデミックが子どもを中心に起こったときにも応用できると思います。

佐々木　新型コロナのことを思い出すと、最初に医療従事者が接種した後、第一弾の優先接種対象は65歳以上の高齢者でした。たとえば、第一弾の優先接種対象が子どもとなったときに、果たして新型コロナのように接種は順調に進んでいくでしょうか？　新しく開発された未知のワクチンを大人より先に子どもに接種させるということには、何か特別な心理的ハードルがあるような気がします。親と子どもの両方を優先接種の対象にして、一緒に接種してもらう等の工夫が必要になるのではないかと思いました。

大竹　それはそうでしょうね。一方で、接種の優先順位を決めるときは、社会全体を説得できるかが重要になってきます。新型コロナの場合でも、当初ワクチンには発症予防効果しかないだろうという設定のもとで高齢者から優先的に接種を始めていくことに決めたわけですが、途中で感染予防効果があるかもしれないというエビデンスが示されると、それなら他の年代の接種も積極的に進めるべきだろうという方針になりました。

ですから、どういう性質の感染症で、ワクチンの効果はどのようなものが期待できるのかということに応じて、社会をどのように説得できるかが変わってくると思います。

子どもが保育園や学校で感染すると、親も感染して会社に行けなくなるという状況は容易に想定できるので、その観点で見れば、親子を一度に防御しなければならないという理屈はつくれると思いますが。

佐々木 期待できるワクチンの効果が発症予防効果であっても、親が会社に行けなくて経済的損失が生じるかもしれないという理屈を組めれば、親子の両方を優先接種の対象にするという提案が受け入れられる可能性はあるわけですね。もちろん、感染予防効果まである方が、子どもを通じて親が感染して、さらに社会に感染拡大させるリスクを親子の優先接種で低下させられるので、より説得しやすいように思いますが。

一方で、子ども手当にも不公平感から反対意見が出るような社会なので、子どもと親を優先接種の対象にすることは不公平だというような意見が出ないとも限りませんね。

齋藤 「対策の効果上のワクチン優先接種の理想的な順番」と「その優先順位を社会が受け入れられるかどうか」、そして「現場で実装可能かどうか」の三つが必ずしも一致しないのが難しいところです。

子どもが最も感染症の影響を受けるなら子どもから接種を受けるべきだということがわかっていて、それならば子どもを接種に連れていく親も一緒に受けた方がワクチン接種率を迅速に上げられるからよいだろうという話にはなります。しかし、行政が子どもと親のセットで接種券を配ることが可能なのかどうかという問題もあります。また、子どもと別居している親にも接種券が届いた場合に、その親も優先的に接種を受けてよいのかという問題も出てくるかもしれません。こうした状況の中で、最も実現可能性が高く、社会に受け入れられやすく、なおかつ、効果的な方法を模索していかないといけないのが現実です。

新型コロナ・ワクチンでは「高齢者」や「若者」とターゲット絞って少しずつ接種を進めていきましたが、実はターゲットを絞らずに、来た順番にどんどん打って接種率を一気に上げていく方法が一番効果的だった可能性もあります。でも、現実にはそれはできない。「早い者勝ち（first come, first served）」というのは社会的に説得がしにくいからです。このように、理論的にベストな方法が実現できるとは限らないのです。

対象者の解像度を上げて考える

佐々木　なるほど、さまざまな面で難しさがあるわけですね。さらに難しさが増しそうですが、「子ども」の解像度をもう少し上げて、乳幼児と小学生に分けてみるとどうでしょうか？　個人的な印象では、乳幼児にはさまざまな定期接種を受ける機会があるので、親と一緒に接種を受けに行くという行動が習慣として残っているように思います。

一方で、小学生になると、季節性インフルエンザ・ワクチンのように任意接種がほとんどになります。自らクリニックに申し込んで接種に行くという習慣化されていない行動を、多くの子どもと親がスムーズにとれるのかは疑問です。私が子どもの頃は、保護者の同意があれば学校でインフルエンザ・ワクチンを接種するような集団接種の機会があったのですが、現在は行われていませんね。

齋藤　学校での接種は子どものワクチン接種率を引き上げるための最も効果的な方法だったわけですが、さまざまな理由から、現時点では原則として行われていません。

大竹　季節性インフルエンザは子どもも重症化しますが、「学校での集団接種はできない」という制約のもとで、子どもと親の接種の意思決定を分析して、接種の検討を促すメッセージを開発しておくことは、次のパンデミックが小学生を中心に発生したときに備える意味でも重要ですね。

佐々木　はい。私たちの政策研究のアジェンダを、次のパンデミックが高齢者の死亡率・重症化率が高い感染症で発生した場合、子どもを中心に発生した場合、子どもの中でも乳幼児が中心だった場合、小学生が中心だった場合と、解像度を上げて、場合分けをして知見を積み上げておくことが大事だと思いました。

一方で、細分化すると、政策研究のテーマがどんどん増えていって大変なので、優先順位をつけて取り組む必要があります。その中で、子どもに着目することは接種の選択が親子の意思決定になって、成人の接種の場合と特徴が大きく異なってくるので、優先順位は高いと思います。今回はワクチン接種を中心に議論しましたが、子どもから優先接種の対象になっていくということは、開発されたワクチンの治験も子どもから始まるということかもしれません。治験の参加者を子どもから集めていくというところにも、さまざまなハードルがありそうです。

感染症やワクチン接種の研究に取り組む行動経済学者の数はまだまだ少ないですが、まずは私たちが先陣を切って、平時の政策研究を始めて、同時にフォロワーを増やすような取り組みをしていけたらと思っています。

注

1 「雇用政策研究会報告書　多様な個人が置かれた状況に関わらず包摂され、活躍できる労働市場の構築に向けて」（資料３）、雇用政策研究会、２０２４年８月（https://www.mhlw.go.jp/stf/shingi2/0000204414_00017.html）。

2 国立感染症研究所と国立国際医療研究センターを統合して２０２５年４月に設立される「国立健康危機管理研究機構」のこと。

3 第98回日本感染症学会学術講演会　シンポジウム５「総合知でNext pandemicに挑む」（https://www.c-linkage.co.jp/jaid98-jsc72/program.html）。

4 Yagi, A. et al. (2016) "Development of an Efficient Strategy to Improve HPV Immunization Coverage in Japan," *BMC Public Health*, 16, 1013.

あとがき

大竹文雄

学術研究と政策研究の違い：時間制約、優先順位……

私がワクチンの行動経済学の研究に関わるようになったのは偶然だった。私は平井啓さん、佐々木周作さんらと『医療現場の行動経済学』（東洋経済新報社）という本を2018年に出版した。この本は、行動経済学の医療への活用を目指して、大阪大学で継続的に開催してきた医療行動経済学研究会の成果だった。この研究会に参加していた医療関係者に、当時の厚生労働省結核感染症課の医系技官の方を紹介していただいた。新型コロナウイルス感染症の感染が拡大する直前の、2019年12月のことだった。厚生労働省は、1962～78年度生まれの男性に風しんの抗体検査・ワクチン接種の無料クーポンを送付して、抗体保有率を高め、日本から風しんを排除する事業を2019年度から進めていた。その医系技官の方が、風しんクーポンの担当者だったのである。「クーポンの利用率を高めるために、行動経済学を活用したい」という依頼を受け、私は佐々木さんの協力を得て、受診勧奨の行動経済学研究を始めた。急に始まったプロジェクトだが、数カ月で研究成果を出すだけでなく、成果をもとに広報活動をして、その効果検証をする必要があった。通常の学術研究では、このような短期間で社会実装まで進めることはない。本書のコラム⑥（201ページ）で紹介している研究成果は、こうして生み出された。

風しんプロジェクトを進めているうちに2020年1月になって、新型コロナウイルス感染症の世界的な感染拡大が始まり、日本でも2月にはダイヤモンド・プリンセス号内での感染拡大と、その乗客の受け入れ問題が発生した。私は、3月19日から、新型コロナウイルス感染症対策専門家会議（専門家会議）に「座長が出席を求める関係者」という立場で参加することになった。専門家会議で、感染対策の行動変容の専門家が必要だということになったためであった。そのとき偶然、厚生労働省結核感染症課で行動変容に関わる研究をしていた私に、専門家会議への参加依頼があったのである。風しんの研究をしていなかったら、私は新型コロナウイルス感染症対策にあれほど関わることはなかったと思う。

通常、学術研究には、中長期的な社会実装計画はあるものの、学術的課題を解明するために、「新規的で」「厳密で」「正確な」研究が求められる。成果として学界で認められるためには、論文が査読付き学術雑誌に掲載されなければならない。経済学の分野だと、論文を雑誌に投稿してから査読プロセスを経て掲載されるまで、1年以上かかるのが普通だ。

しかし、政府や自治体から求められる政策研究は、そのようなスケジュールで進めるものではない。次年度の予算要求に間に合うように6月や7月までに結果を出す、あるいは今年度予算内に研究をすべて実施するといったプロセスが普通だ。ある自治体の依頼で、豪雨災害時の避難促進のためのメッセージ作成の研究をしたときの自治体の要望は、「秋からプロジェクトを始めて年度内には結果を出し、次年度の豪雨が多くなる前の5月には社会実装したい」というものだった。「学術的な価値のあるエビデンスをつくる」ことと、「そのような政策のタイムスパンに合わせる」ことを両立させなければならないのが、政策研究の特徴だ。研究者としては、厳密なエビデンスとは言えないものに基づいて政策提言をするわけにもいかない。しかし、政策のタイムスパンを無視しては、せっかくの研究成果を社会に実装することができない。

また、政策研究では、「新規性よりも堅実性」「正確で厳密なものよりも大まかな方向性」が重要であり、政策効果の「有無」ではなく、政策効果の「大きさ」が重要となる。つまり、学術研究で重視しているものと基準と優先順位が異なるのだ。学術研究と政策研究の違いをしっかり理解しないと、政策に役に立たない研究になってしまう。

政策課題の中には、環境問題や人口減少問題のように、長期的に、じっくりと政策対応を考える余地があるものもある。その場合は、学術研究のサイクルと政策対応の間には、それほどのギャップはない。研究者は、厳密なエビデンスを求めて研究し、その成果を政策担当者が活かしていくことができる。

しかし、政策研究には、「今年度の予算期間内に」「次年度の予算要求に間に合うように」「次年度の対策に間に合うように」といった形で、期限内に研究成果を出すことを求められるものが多い。２０１９年度から始まった風しん抗体検査・ワクチン接種の受診勧奨事業は、無料クーポンに元々有効期限がある政策だったので、その期限までに研究成果を出し、社会実装する必要があった。

新型コロナ・パンデミックでの政策研究の難しさ

さらに、新型コロナウイルス感染症のように「突然発生して、急激に感染拡大し、変異のスピードも速い」場合に必要とされる政策研究には、通常の学術研究ではありえないようなスピードでの対応が求められる。同様のことは、資産価格の暴落のような金融危機でも発生する。事前に予期されていなかった社会課題に研究者が対応する際の最大の課題は、研究資金の確保だ。新型コロナの場合は、関連する科学研究費のテーマを変更することが認められた。しかし、新型コロナの日本での感染拡大は2020年1月以降であり、研究者はその年度の研究費をすでに使い切っている状況である。多くの研究者にとって、タイムリーに研究を始めたくてもすでに研究費がないタイミングだったのだ。

私自身は、専門家会議に出席して、人々に感染対策の徹底を促進するための効果的なメッセージについて、エビデンスに基づいて社会実装したいと感じていた。しかし、専門家会議で提言をまとめるまでの時間的余裕がないうえに、年度末であり自分でメッセージの効果検証を行う研究費も残っていなかった。当初は、行動経済学の既存研究で示されている知見に基づき、提言の文言を考えていた。たとえば、利他的メッセージや利得メッセージの活用だ。どうしても、医療関係者は「○○を控えてください」という、人々に損失を感じさせるメッセージを使いがちになる。しかし、行動経済学の知見に基づけば、人々に「したいことができない」という損失を強調してしまうと、求められている行動変容をしなくなることが予想される。ただし、この点は理論的に予想されるというだけで、新型コロナウイルス感染症において、日本人の行動変容に効果的なメッセージが何かは、実際に研究してみないとわからなかった。

2020年度になってから採択された大型の科学研究費で、私は佐々木さんたちと一連の研究を行った。まず、人との接触を減らすために効果的なメッセージを探索する研究だ。この研究では、利他的メッセージが効果的であることが明らかになった。その次に行ったのは、接触確認アプリ「COCOA」のダウンロードを促進するナッジメッセージの開発だったが、残念ながら効果的なメッセージをみつけることはできなかった。

2020年の秋頃には、新型コロナウイルス感染症のワクチンが開発されて、日本でも接種の準備がスタートすることが明らかになった。しかし、本書で紹介したとおり、新型コロナ対策分科会では、当初は「新型コロナに対するワクチン接種率が日本では高まらないのではないか」という危惧が持たれていた。そこで、佐々木さん、齋藤智也さんとともに、ワクチン接種促進に効果的なメッセージの研究を進めることにした。この研究は、政策に役立つメッセージを開発するために、ワクチン接種が始まる21年3月以前に効果検証を終えることを目標に始めた政策研究だ。齋藤さんからは、今までのワクチン接種では、社会の感染状況が接種率に大きな影響を与えることを教えてもらった。また、具体的なワクチンの効能についても、期待できるのは発症予防効果だけなのか、それとも感染予防効果を持ちうるのかなど、当時はよくわかっていなかったため、そうした点も設定にふまえてワクチン接種意向を評価することにした。研究結果は、経済産業研究所（ＲＩＥＴＩ）のディスカッション・ペーパーとして、第一弾を２０２１年2月に、第二弾を同年4月に公表できた。一般向け接種が本格化する前にメッセージの開発はできたものの、実はもっと早く成果を共有できていないと、自治体の業務への実装には十分に間に合わないという問題に直面した。

本書でも述べたように、政府ではワクチンが開発される前の２０２０年の夏から、ワクチンが開発されたらどのような方針で接種するかを議論していた。その時点から私たちも研究を開始していれば、実際のワクチン接種の実務や政策に研究成果をもっと活かすことができたように思う。効果的なワクチンがそれだけ早くに開発されるということを十分に想像できなかったことが、私たちが研究をより早いタイミングでスタートできなかった大きな理由である。

エビデンスに基づく政策形成（ＥＢＰＭ）を遂行するには、政策形成に間に合うようにエビデンスを提示しなければならない。私たちは、新型コロナウイルス感染症という展開の速い感染症において、適切な政策形成に間に合うように政策研究を実施すべく努力してきたが、それでも難しかったのも実情だ。

オンライン調査から政策現場への「スケーリング」

もう一つ、オンライン調査をもとにした研究を社会実装する際に生じる「スケーリング（Scaling）」という問題もある。オンライン調査の参加者は、一般の方々と必ずしも同じタイプの人ばかりではない。たとえば、感染対策やワクチンに関する調査に参加してくれる人は、そうでない人に比べて感染症やワクチンに関心がある人が多いかもしれない。また、オンライン調査の参加者は、パソコンやスマホを頻繁に使用する人に偏ることも考えられる。さらに、オンライン調査に参加してくれた人は、提示されたメッセージの内容を真面目に読んでくれる可能性が高い。一方で、実際に社会に実装した場合には一般の人々がそのメッセージに注意を向けてくれる可能性は、オンライン調査のときよりも低くなるだろう。したがって、オンライン調査で効果が観察されたメッセージを社会に実装しても、小さな効果しか観察されないということが起こりうる。そのギャップを埋めるには、調査や分析で工夫が必要だ。たとえば、介入メッセージを数秒間しか見せずに、興味を持った人だけがメッセージを十分な時間で読めるようにするというような工夫が考えられる。

スケーリングのもう一つの問題は「異質性」で、効果のあるメッセージが対象者によって異なる場合があることだ。この場合、単一のメッセージしか用意できなければ、それに影響を受ける人たちが行動変容を終えると、もうそのメッセージには効果がなくなってしまう。極端な場合、あるメッセージは、一部の人には逆効果ということもありうる。対象者ごとに異なるメッセージを伝えることが可能な状況ならば、異質性を考慮して異なるメッセージを用いるべきだ。ワクチン接種の場合には、多くの人が接種していない段階で効果的なメッセージと、多くの人が接種した段階でも効果的なメッセージは異なる。ワクチン接種の場合は、「感染者が多い」「ワクチン接種者が多い」ときには、ワクチン接種を希望する人が増える。しかし、ワクチン接種者が少ないときには、「ワクチン接種者が多い」という嘘の情報は使えない。その場合に効果的なメッセージを考える必要があるし、ワクチン接種の進展とともに情報提供の内容を変えていく必要もある。

さらに、ワクチンで直面するスケーリングの問題として、ワクチン接種の外部性が挙げられる。第1章で説明されたように、感染予防効果を持つワクチンであれば、周囲の人が接種すると感染そのものが減るため、個人のワクチン接種意欲が低下して、社会的に望ましいワクチン接種水準よりも接種率が低くなってしまう。そのため、ワクチン接種の水準が過小になることを防ぐようなメッセージも開発する必要がある。私たちの研究では、接種率に関して複数の設定をおいて行ったものがそれに対応している。

「パンデミック下の社会規範をどのように解除するか」という新しい課題

このように新型コロナウイルス感染症対策で行動経済学的手法を活用してきたが、これまでは十分に考慮していなかった課題も明らかになった。ワクチン接種にしても、感染対策にしても、努力義務で規定したうえで「多くの人がそうしている」という情報を提供する方法は、非常に効果的だった。これは、それにより感染対策が社会規範になったからだった。しかし、変異株でワクチンの費用対効果が低下したり、感染が落ち着いてきたときにマスク着用による感染対策の効果よりもコミュニケーションを阻害するという副作用が大きくなったりしても、社会規範として定着したものを変更するのは簡単ではなかった。さまざまな感染対策はあくまでも努力義務であり、政府が強制していたわけではない。したがって、新たに形成された社会規範を解除するための努力を、政府はあまりしなかった。人々も社会規範にしたがっているだけなので、そこから逸脱するインセンティブを持たない。義務と罰則で行動変容が促進されていたならば、それらが解除されれば、私たちは元の行動に戻りやすいかもしれない。行動変容が罰則や金銭的インセンティブでなされているからだ。しかし、努力義務と社会規範によって促進された行動変容は、そのままでは必要性がなくなっても維持されてしまう傾向が強いのだと思う。

　行動経済学の活用で促進された行動変容は、それを元に戻す際にも行動経済学的な介入が必要となる。これは、環境問題や生活習慣病対策に行動経済学の知見を活かす場合とは大きく異なっている。環境によい行動や生活習慣病を防ぐ行動は、その習慣形成をした後、元に戻す必要性がほとんどない。その意味で、行動経済学的なナッジは一方向だけを考えればよい。ところが、感染対策の徹底は、感染が拡大している時期には重要だが、感染拡大が落ち着いている時期には、社会経済活動への悪影響の方が大きくなる。感染対策の促進に行動経済学を用いた場合、それが不要になった場合に元に戻すという方向にも行動経済学を用いる必要があるのだ。

　私たちは、新型コロナウイルス感染症対策で、できる限りＥＢＰＭとして社会実装可能になるような研究を行ってきた。私自身は、これまで第三者として、政策提言をすることが多かったが、思いもよらない形で新型コロナ対策の有識者会議に参加することになり、政策のプレーヤーとして、研究と対策を考える機会を持つことができた。行動経済学の第一線で活躍している佐々木さん、国立感染症研究所感染症危機管理研究センターのセンター長としてパンデミック対策研究の中心にいる齋藤さんとともに、ワクチン接種の行動経済学研究を進めることができたのは、とても幸運だった。この成果を、今後のパンデミック対策やワクチン政策に活かすことができれば望外の喜びである。

あとがき

齋藤智也

新型コロナウイルスによる新しい感染症「COVID-19」が発生したのは、2019年末のことだった。ヒトからヒトへの感染が確認され、感染が急速に拡大する中で、ワクチン開発への期待は急速に高まっていった。「一日でも早く日常生活を取り戻すために」「安心して過ごせる日々を取り戻すために」、ワクチンの開発が待ち望まれた。

新型コロナ・ワクチンの開発は、ワクチンの歴史の中でも非常に大きな出来事となった。mRNAワクチンという新しいタイプのワクチンは、開発は進められていたものの、感染症に対して実用化されたもの、つまり、薬事当局に承認されたものはまだ存在していなかった。通常、新しいワクチンを開発するには十年単位の時間がかかる。ワクチンの標的となる分子を探し、効果的に免疫を与える物質をつくり、動物実験で効果と安全性を確かめ、そしてヒトを対象とした臨床試験で効果と安全性を確かめ、ようやく薬事承認が得られる。動物を対象とした実験でうまくいっても、ヒトではうまくいかない場合はいくらでもある。数万人を対象とした臨床試験では重大な副反応はなかったものの、数百万人、数千万人と接種対象を広げていくと、稀に重大な副反応を認める場合もある。ワクチンは、感染症にかかる前に健康な状態で接種するものであるため、安全性の確認が特に重要となる。感染症によるリスクとワクチン接種によって得られる利益（ベネフィット）の両方をともに判断しながら開発が進められる。新型コロナウイルスに対するｍＲＮＡワクチンは、これらのプロセスが1年弱で成し遂げられたのである。

しかし、ワクチンの開発自体は、その始まりに過ぎない。ワクチンの効果を社会が最大限に享受するためには、多くの人がワクチンを接種することが重要だ。接種率を上げれば、感染して症状を出す人や重症化する人の数を減らすことにつながる。また、ワクチンの接種率が向上すれば、感染者数が減り、生活の中で人々が感染する可能性は低くなる。さらに、重症者を減らすことで、医療体制への負荷も軽減される。パンデミック対策として、早急に多くの人に接種を進めることが急務となった。ワクチンが承認されて接種が可能になったとしても、生産体制を整え、必要量を供給し、それを接種会場まで届け、そして、医療者を集めて接種する体制を整えなければ、ワクチン接種はできない。COVID-19の流行は待ったなしであり、感染拡大が続く中、できるだけ早く接種の体制を構築することが急務になった。

しかし、接種体制が整ったとしても、対象となる人々が接種会場に来てくれなければワクチン接種は進まない。どのようなワクチンを接種するのかをお知らせし、その効果や副反応について人々に理解していただき、自ら接種しようと思って接種会場に来ていただかなければならない。どのくらいの人々がワクチンを実際に接種したいと思っているのか、そして接種会場に実際に足を運んでくれるのか。実際に接種を開始してみなければわからない面があった。ワクチンがいつ、どこで接種できるようになるのか、自分は接種の対象になるのか。こういった情報を知る機会がなく、接種の機会を逃してしまう人がいるかもしれない。ちょっとした誤解から、ワクチンに対して不信感を抱いて接種を避けてしまう人もいるかもしれない。あるいは、お金がなくて接種が受けられない人もいるかもしれないし、そもそもまったく関心がない人もいるかもしれない。この新しい、未知のワクチンを、どのようにすればより多くの人に接種を受けてもらえるか。どのようにお知らせすれば接種会場に足を運んでもらえるのか。このようなことも、ワクチン接種を進めていくうえでは考えていく必要がある。パンデミック対策という公衆衛生政策を進めていくうえで、重要な知見を少しでも得られれば、という思いで、自分の専門とする感染症や公衆衛生の世界から学問領域としては少し離れた、佐々木先生と大竹先生の行動経済学の研究プロジェクトに参画させていただくことになった。

予防接種は、公衆衛生の王道とも言える対策の一つだ。ワクチンの開発から、接種を広く展開するに至るまでに、病原体の基礎研究から免疫学的研究、疫学、公衆衛生学から、法学、行政学、コミュニケーション学など、さまざまな学問領域が密接に関わってくる。さらには、基礎研究の振興から研究開発の促進、企業への開発インセンティブの付与、接種のプログラム化、財源確保、副反応の把握や補償、リスク・コミュニケーション、接種体制確保、接種促進策、等々多岐にわたる政策が関係してくることになる。そのため、さまざまな領域の専門家との学際的なコラボレーションが極めて重要となる。ただ、専門家にとって、学際的交流は必ずしも居心地がよいものではない。分野が違えば、使う言葉も研究手法も異なるため、戸惑いを感じることも少なくない。加えて、学際的な論文は専門誌で評価されにくいことがあるため、他分野での業績が自分の専門分野では正当に評価されないこともある。それでも、こうした異分野間の理解の壁を乗り越えていくことで、現実の課題に対しての深い洞察が得られ、有効な解決策をもたらすことができることを、今回の研究プロジェクトを通じて実感することができた。

本書は行動経済学という学問の視点で、予防接種を促す政策とその背景を紹介する内容となっている。本書を通じて、予防接種政策のダイナミクスやその背景について理解を深める一助となれば幸いである。

著者紹介

佐々木 周作（ささき・しゅうさく）

大阪大学・感染症総合教育研究拠点・特任准教授

1984年生まれ。大阪大学にて博士号（経済学）を取得。専門は、行動経済学、実験経済学。

行動経済学会の副会長とともに、中央府省庁や地方自治体のナッジ・ユニット等で有識者委員やアドバイザーを務める。三菱東京 UFJ 銀行（現・三菱 UFJ 銀行）行員、京都大学大学院経済学研究科特定講師、東北学院大学経済学部准教授等を経て、2022年より現職。

大竹 文雄（おおたけ・ふみお）

大阪大学・感染症総合教育研究拠点・特任教授

1961年生まれ。大阪大学にて博士号（経済学）を取得。専門は、行動経済学、労働経済学。

新型コロナ・パンデミックでは、政府の新型コロナウイルス感染症対策分科会、基本的対処方針分科会等に参加した。著書『日本の不平等』（日本経済新聞社、2005年）ではサントリー学芸賞、日経・経済図書文化賞、エコノミスト賞を受賞。2006年に日本経済学会石川賞、2008年に日本学士院賞を受賞。大阪大学社会経済研究所教授、同大学大学院経済学研究科教授等を経て、2021年より現職。

齋藤 智也（さいとう・ともや）

国立感染症研究所・感染症危機管理研究センター・センター長

1975年生まれ。公衆衛生学修士（ジョンズ・ホプキンス大学ブルームバーグ公衆衛生大学院）、医学博士（慶應義塾大学大学院医学研究科）。医師。専門は、公衆衛生危機管理、バイオセキュリティ。

新型コロナ・パンデミックでは、厚生労働省新型コロナウイルス感染症対策アドバイザリーボード、東京オリンピック・パラリンピック競技大会における新型コロナウイルス感染症対策調整会議等に参加した。厚生労働省厚生科学課健康危機管理対策室で東日本大震災への対応等公衆衛生危機管理、結核感染症課で新型インフルエンザ対策等に従事。2021年より現職。2023年より、新型インフルエンザ等対策推進会議委員も務める。

行動経済学で「未知のワクチン」に向き合う

2025年1月15日　第1版第1刷発行

著　者　佐々木周作
　　　　大竹文雄
　　　　齋藤智也
発行所　株式会社日本評論社
　　　　〒170-8474　東京都豊島区南大塚3-12-4
　　　　電話　03-3987-8621（販売）　03-3987-8595（編集）
　　　　https://www.nippyo.co.jp/　　振替　00100-3-16
印刷所　精文堂印刷
製本所　難波製本
装　幀　図工ファイブ

検印省略
ⓒ Shusaku Sasaki, Fumio Ohtake, Tomoya Saito 2025
落丁・乱丁本はお取替えいたします。
Printed in Japan　　ISBN 978-4-535-54074-3

JCOPY　<（社）出版者著作権管理機構 委託出版物>

本書の無断複写は著作権法上での例外を除き禁じられています。複写される場合は、そのつど事前に、（社）出版者著作権管理機構（電話 03-5244-5088、FAX 03-5244-5089、e-mail: info@jcopy.or.jp）の許諾を得てください。また、本書を代行業者等の第三者に依頼してスキャニング等の行為によりデジタル化することは、個人の家庭内の利用であっても、一切認められておりません。